I0820746

böhlau

Damit es nicht verlorengeht …

Sonderband

Begründet von Michael Mitterauer.
Herausgegeben vom Verein
»Dokumentation lebensgeschichtlicher Aufzeichnungen«
am Institut für Wirtschafts- und Sozialgeschichte
der Universität Wien

Helene Belndorfer

Wegwerfen ist eine Sünde

Österreichische Konsumgeschichten aus beinahe hundert Jahren

Böhlau Verlag Wien Köln Weimar

Bibliografische Information der Deutschen Nationalbibliothek:
Die Deutsche Nationalbibliothek verzeichnet diese Publikation in der Deutschen Nationalbibliografie; detaillierte bibliografische Daten sind im Internet über http://dnb.de abrufbar.

© 2019 by Böhlau Verlag GmbH & Co. KG, Kölblgasse 8–10, A-1030 Wien
Alle Rechte vorbehalten. Das Werk und seine Teile sind urheberrechtlich geschützt. Jede Verwertung in anderen als den gesetzlich zugelassenen Fällen bedarf der vorherigen schriftlichen Einwilligung des Verlages.

Umschlagabbildungen:
ANNO/Österreichische Nationalbibliothek: Oetker-Pudding, Steyr-Waffenrad
Österreichische Nationalbibliothek/Bildarchiv und Grafiksammlung: Imperial-Feigenkaffee, Kathreiner, Frauenlob
Fotos von Erzähler/innen: Josef Jedelsky (links oben), Judith Schachenhofer (links unten) und Wilhelmine Hinner (rechts oben)

Satz: SchwabScantechnik, Göttingen
Druck und Bindung: Memminger MedienCentrum, Memmingen
Printed in the EU

Vandenhoeck & Ruprecht Verlage | www.vandenhoeck-ruprecht-verlage.com

ISBN 978-3-205-20018-5

Inhalt

Vorwort
Damit es nicht verlorengeht …

Es sind häufig Brüche oder wenigstens auffällige Differenzen zwischen erlebter Vergangenheit und Gegenwart, die das historische Denken und somit auch das private lebensgeschichtliche Schreiben und Erinnern beflügeln. Häufig werden konkrete Anstöße und Reibungsmomente im Alltag von heute zu Ausgangspunkten für biografische Reflexionen über prägende Erfahrungen und Wendepunkte der eigenen Lebensgeschichte. Wenn also in Diskursen der jüngeren Vergangenheit öfter von Problemen einer »Überfluss-« oder »Wegwerfgesellschaft« die Rede war und ist, dann verlangen auch gegensätzliche Erfahrungen im biografischen Bewusstsein vor allem älterer Menschen verstärkt nach Beachtung und Verständnis: Kriegs- und Krisenzeiten haben, insbesondere in der ersten Hälfte des 20. Jahrhunderts, die Kindheit und Jugend vieler beeinträchtigt, Entbehrung und Fremdbestimmung haben dauerhafte Spuren in ihren Lebenseinstellungen hinterlassen.

Der Titel dieses Buches steht für eine solche tief eingeprägte Haltung bei Menschen, die zum sparsamen und sorgfältigen Haushalten mit allen verfügbaren Ressourcen erzogen wurden. Während die Älteren überwiegend noch gelernt haben, mit dem Mangel an materiellen Gütern in allen Lebensbereichen zurechtzukommen, und gern ihre Erfahrungen mit dem Sparen und Verzichten, mit dem »Organisieren«, Reparieren und Improvisieren weitergeben, bilden in den autobiografischen Erzählungen etwas jüngerer Schreiber/innen auch verschiedene »Errungenschaften« des angehenden »Konsumzeitalters« zusehends eine zentrale Erzählleitlinie. Auf dieses historisch-gesellschaftliche Spannungsfeld im Wandel zielten die Fragestellungen eines Schreibaufrufs mit dem Titel »Vom Selbstversorger zum Endverbraucher. Last und Lust des Konsumierens, 1900–1980«, den die *Dokumentation lebensgeschichtlicher Aufzeichnungen* am *Institut für Wirtschafts- und Sozialgeschichte* der *Universität Wien* im Jahr 2005 innerhalb ihres Autorenkreises ausgab.

Die Dokumentationsstelle verfolgt seit den frühen 1980er Jahren das Ziel, schriftliche Lebensaufzeichnungen (persönliche Erinnerungen, Tagebücher, Familiengeschichten usw.) zu sammeln, um anhand solcher Dokumente privater Überlieferung historische Entwicklungen aus einer differenzierteren alltags- und erfahrungsgeschichtlichen Perspektive zu untersuchen bzw. zu veranschaulichen. Die Einrichtung stützt sich dabei auf einen Kreis von zurzeit mehr als 1000 meist älteren Schreiberinnen und Schreibern, die persönliche Erinnerungen, Fotos oder andere Selbstzeugnisse zur Verfügung stellen und gegebenenfalls auch aktiv in Bildungs- und Forschungsprojekte eingebunden werden.

Die Grundlage für die vorliegende Buchpublikation bildete der schon erwähnte Schreibaufruf, bei dem rund 1500 Personen in ganz Österreich eingeladen wurden, eigene Erinnerungen an verschiedene Aspekte des Konsumierens beizutragen. Eingeschickt wurden insgesamt 122 Beiträge, von denen knapp die Hälfte auszugsweise in diesem Band vorgestellt wird.

Das Interesse der Dokumentationsstelle an individuellen Konsumerfahrungen stand zum einen in engem Zusammenhang mit konsumgeschichtlichen Forschungsarbeiten am *Institut für Wirtschafts- und Sozialgeschichte der Universität Wien;* zum anderen basierte es auf einer Kooperation mit dem *Wien Museum,* das im selben Jahr mit der Ausstellung »Die Sinalco-Epoche. Essen, Trinken, Konsumieren nach 1945« ebenfalls einen deutlichen Akzent in Richtung einer erfahrungs- und alltagsgeschichtlichen Neuorientierung setzte.

Innerhalb der *Dokumentation lebensgeschichtlicher Aufzeichnungen* reihte sich dieser Schreibaufruf in eine seit den 1980er-Jahren entwickelte Tradition des thematisch angeregten lebensgeschichtlichen Schreibens mit dem Ziel, aussagekräftige Quellentexte für sozialhistorische und kulturwissenschaftliche Forschungen hervorzubringen. Mit dieser Methode kann eine breite Materialbasis von thematisch fokussierten persönlichen Erfahrungsberichten gewonnen werden, die unterschiedliche biografische Kontexte und Entwicklungslinien beleuchten und je nach Forschungsinteresse, z.B. unter milieu-, generations- oder genderspezifischen Gesichtspunkten, weiter differenziert und analysiert werden können. Aus vergleichbaren Schreibappellen waren zuvor schon persönliche Erinnerungstexte zu Alltagsthemen wie Elektrifizierung, Beichte, Musik, Radio und »Faszination des Fahrens« gesammelt und in langjähriger Kooperation mit dem Böhlau Verlag entsprechende Sammelbände in der Buchreihe *Damit es nicht verlorengeht …* publiziert worden. (Näheres zur Buchreihe siehe S. 262 dieses Bandes.)

Aufgrund des gewählten Buchformats und einer veränderten Präsentationsform erscheint die vorliegende Textedition als Sonderband der genannten Buchreihe, folgt jedoch demselben Ideal der möglichst umfassenden Wiedergabe unterschiedlicher persönlicher Blickwinkel auf eine sozialhistorisch relevante Thematik. Die gesammelten Erzählungen über gängige Konsumpraktiken in mehr als hundert Lebens- bzw. Familiengeschichten brachten neben einer übergroßen Fülle an Erzählstoff notwendigerweise auch inhaltliche Redundanzen mit sich, sodass eine stärker selektive Verarbeitung des Textmaterials unumgänglich war. Erinnerungstexte werden im vorliegenden Fall also überwiegend nicht in ihrer Ganzheit und Originalgestalt wiedergegeben, sondern es wurden unter inhaltlichen Gesichtspunkten besonders aussagekräftige Textausschnitte ausgewählt und in ein thematisch gegliedertes Bandkonzept eingebettet. Ebenso soll die reiche Illustration mit teils sachbezogenen, teils aus privaten Familienalben der Schreiber/innen stammenden Bildern zu einer anregenden, abwechslungsreichen Lektüre beitragen.

Kurzum, das Buch will – ganz nach Art der Konsum- und Werbeindustrie, die auch altbewährte Produkte von Zeit zu Zeit in ein neues, attraktiveres Gewand kleidet – in geeigneter und ansprechender Form pointierte Einblicke in ein Feld der Alltagspraxis vermitteln, das sich in den letzten hundert Jahren grundlegend gewandelt und zugleich enorm an gesellschaftlicher Bedeutung gewonnen hat. Bleibt zu wünschen, dass dem Buch annähernd so viel Aufmerksamkeit zuteil wird, wie seine Thematik von uns alltäglich beansprucht.

Günter Müller
Dokumentation lebensgeschichtlicher Aufzeichnungen, Universität Wien

Einleitung

Konsum prägt Alltag und Identitäten. Produkte und Marken werden Teil der Rituale der Alltagskultur und schreiben sich tief in das Gedächtnis von Personen und Generationen ein. Die Konsumgeschichten aus beinahe hundert Jahren erzählen aber auch von Verzicht und Sparen. Über 60 Erzählerinnen und Erzähler verschiedener Jahrgänge und Regionen öffnen mit ihren schriftlichen Erinnerungen einen Spalt in ein Konsumuniversum, das zwischen Extremen pendelte und ihnen für persönliche Bedürfnisse und Vorlieben zeitweise nur bescheidene Handlungsspielräume offen ließ.

Die Texte belegen die Vielschichtigkeit des Phänomens Konsum, den die Soziologie als eine komplexe Gemengelage von ökonomischen, sozialen und kulturellen Praktiken betrachtet, die sich in Zeit und Raum ändern. Ambivalenzen deutet bereits die lateinische Wortquelle an. *Consumere* steht laut Stowasser für *gebrauchen, verwenden,* aber auch für *aufbrauchen, verbrauchen,* und metaphorisch für *vernichten* und *zerstören.* Die Erinnerungen unterstreichen, dass die Historiografie gut daran tut, neben der Marktversorgung, die bei der klassisch-ökonomischen Definition dominiert, auch die Eigenversorgung in den Fokus zu nehmen. Im 20. Jahrhundert bildete die Letztere noch mehrfach die Basis für das Überleben. Die Makroökonomie streicht die Bedeutung des privaten Konsums für die Volkswirtschaft heraus und betont die fundamentale Abhängigkeit des Konsums vom verfügbaren Einkommen der privaten Haushalte. Die Verfügbarkeit von Waren und Dienstleistungen wird in Konsumdefinitionen des 21. Jahrhunderts als gegeben angenommen. In der Vergangenheit war dies keineswegs immer der Fall, wie die Texte eindrücklich in Erinnerung rufen. Es waren auch häufig nicht die Subjekte des Konsums, die auf Basis ihrer vielfach beeinflussten Bedürfnisse und Befindlichkeiten Entscheidungen über ihr Konsumleben trafen, sondern Entscheidungsträger aus Politik und Wirtschaft, die ganz andere Prioritäten hatten als das gute Leben der Konsument/inn/en und entsprechend restriktive Konsumrahmenbedingungen vorgaben. Es mangelte, so die Erinnerungen, in den 1930er-Jahren erst an Geld und ab Ende der 1930er-Jahre an Waren. Bessere Zeiten mit Geld und Waren gab es für die Mehrheit der Bevölkerung erst ab den 1950er-Jahren.

Die Erzähler/innen nehmen die Leser/innen mit auf diese Tal- und Bergfahrten des Konsums und der Hoffnungen, von der Zwischenkriegszeit (ab den 1930er-Jahren) über Nationalsozialismus und Krieg in die Nachkriegszeit und die »Wirtschaftswunderjahre«. Sie erinnern an Konsumrituale und Konsumfelder der Vergangenheit wie die »gefürchteten Waschtage«, das samstägliche Bad in der Zinkwanne in der Küche oder die »Orgien zur Einkochzeit«, die bei vielen Leser/innen auch eigene Gedächtnisbilder auslösen werden. Sie kehren zurück an die früheren Orte des Konsums, zu den Greißlern und Dorfkrämern der Kindheit, machen in ihren Texten aber auch die Entwicklung zu den Super- und Verbrauchermärkten mit. Sie erzählen, wie sie Weihnachten, das mit Geschenken, Christbaum und Festessen immer auch eine Hochzeit des Konsums war, zu verschiedenen Zeiten feierten. Am Beginn jedes Kapitels soll die Skizze des zeitgeschichtlichen Konsumkontexts eine Einordnung individueller Erinnerungen in kollektive Entwicklungen ermöglichen. Im Kontext wird auch wichtigen Hinweisen in den Texten mithilfe der Fachliteratur nachgegangen, werden einzelne Unternehmen, die hinter lange erinnerten Konsumgütermarken stehen, vor den Vorhang geholt. Die zeitgenössische Werbung, die als Vermittlerin zwischen Konsum und Produktion Waren im Auftrag von Unternehmen mit Marken-Symbolik auflädt und zum Kauf animiert, verschafft vielen in den Texten erwähnten Produkten einen visuellen Auftritt und ermöglicht ein zusätzliches Eintauchen in den Zeitgeist. Fotos aus dem Fundus der Erzähler/innen vermitteln kleine Einblicke in das persönliche Konsumumfeld und die Bilder eines Erzählers und Malers bringen verschwundene Portale von Geschäften und Gasthäusern zurück.

Die Erzähler/innen geben mit ihren Texten die Pfade in die Konsumvergangenheit vor, wobei ihre Ausgangspunkte ganz unterschiedlich waren. Ihre Lebens- und Konsumreise begann auf einem Bergbauernhof in Tirol oder in einer Innsbrucker Bürgerwohnung, bei einer Heimarbeiterfamilie im Waldviertel oder über der Grenze in der damaligen Tschechoslowakei, bei einer steirischen »Keuschlerfamilie« in einem entlegenen Landstrich oder in einer Grazer Beamtenfamilie. Bei den meisten Erzähler/innen begann sie erwartungsgemäß in der Hauptstadt Wien, wo etwa die Hälfte der Erzähler/innen geboren ist, gefolgt von Niederösterreich, der Steiermark und Tirol. Vertreten sind außer Salzburg alle Bundesländer. Zwei Erzählerinnen berichten als ehemalige Flüchtlinge vom schwierigen Neuanfang im Nachkriegs-Österreich. Etwa ein Drittel der Schreiber/innen wuchs am Land auf, oft auf Bauernhöfen oder in »Kleinhäusler«-Familien, mit einem hohen Grad an Eigenversorgung und geringen Konsumausgaben. Die Texte berichten, wie sich Stadt und Land in Kriegs- und Nachkriegszeiten annäherten, die Hersteller von Nahrungsmitteln neue Macht erlangten. Die Geburtsjahrgänge der Erzähler/innen umspannen die Periode zwischen 1919 und 1958. Eine große Gruppe der Erzähler/innen (etwa 40 Prozent) wurde in den 1920er-Jahren geboren und erinnert sich an mehrere Epochen der wechselvollen Konsumreise, wenn auch anfänglich aus der Kinderperspektive in Erlebnisgemeinschaft mit den Eltern. Es folgen die 1930er- und 1940er-Jahrgänge, die in Krisenszenarien oder in die zarten Anfänge des zunehmenden Wohlstands geboren wurden. Die meisten Erzähler/innen sind in ihren Texten in verschiedenen Rollen präsent, als Enkel, Kinder, Partner/innen, Elternteile, Großväter und Großmütter. In den Erzählungen spielt die Familie – nicht nur als Basis-Institution des Konsums – eine große Rolle. In Notsituationen bildeten die Familien, so legen es die Texte nahe, Überlebensgemeinschaften, die zu einem Naheverhältnis der Generationen und wenig Kritik an den Altvorderen führten. Die Abgrenzung via Konsum erfolgte bei den älteren Jahrgängen, für die Mangel und Sparen zum Lebensnarrativ wurden, oft erst gegenüber den nachkommenden Generationen des »Überflusses«. Meist sind es die Mütter, die in den Texten ihrer Töchter und Söhne das »Familienschiff« als Heroinnen der Einteilung der Konsumausgaben, Mehlspeis-Köchinnen und Beschafferinnen von Zusatzeinkommen über Wasser hielten, wenn Politik und Wirtschaft den Konsumgürtel der Menschen eng schnallten. Die Erzählerinnen, die beruflich vor ihrer Pensionierung – in dieser Reihenfolge – Angestellte, Beamtinnen und Lehrerinnen, Hausfrauen, selbstständig oder freiberuflich Tätige, Arbeiterinnen und Bäuerin waren, stellen bei den Konsumerinnerungen mit etwa 70 Prozent die Mehrheit und repräsentieren ganz unterschiedliche Kauf- und Entscheidungsszenarien. In den »Wirtschaftswunderjahren« zogen sie sich dem Zeitgeist entsprechend teilweise wieder aus dem Berufsleben zurück und überließen finale Entscheidungen über große Anschaffungen ihren Ehegatten. Die Männer, die in ihrer Kindheit für die Familien als Einkäufer an der Beschaffung maßgeblich beteiligt waren, setzten, wenn sie vor 1929 geboren waren, mit ihren Konsumerinnerungen meist mit dem Einzug zum Militär aus und erst mit der Rückkehr aus Krieg und Gefangenschaft wieder ein. Die Zugehörigkeit der Familien zu sozioökonomischen Schichten änderte sich im Lauf der Zeiten. Die Elterngeneration der Erzähler/innen waren häufig Beamte und Arbeiter, zum Teil Selbstständige oder Bauern, selten Angestellte, und oft prägten Arbeitslosigkeit und Brüche in der Erwerbsbiografie die Konsumsituation der Familien. Die Generation der Erzähler/innen war weitaus häufiger angestellt, zum Teil ist auch von sehr langfristigen Beschäftigungsverhältnissen die Rede, kaum von Arbeitslosigkeit. Sie war entsprechend den allgemeinen Entwicklungen in der Bevölkerungsstruktur beruflich weniger in der Arbeiterschaft und in der Landwirtschaft verankert. Einzelne

Erzähler/innen berichten von ihren arbeitslosen Kindern und mehrere äußern Sorge um die (berufliche) Zukunft des Nachwuchses. Die Haushaltsgröße, ein wichtiges Konsumkriterium, veränderte sich ebenfalls. Fast ein Viertel der Erzähler/innen wuchs als Einzelkind auf – Wien war in der Zwischenkriegszeit eine der geburtenschwächsten Metropolen weltweit –, und fast die Hälfte in Zweikind-Familien, im Gegensatz dazu hatten vier Familien zehn und mehr Kinder. Im Durchschnitt waren es 2,6 Kinder pro Haushalt, ohne die Großfamilien 2,2. Selbst setzten die Erzähler/innen durchschnittlich nicht ganz zwei Kinder in die Welt. Die Erzählungen, die handschriftlich, mit der Schreibmaschine oder dem Computer festgehalten wurden, dokumentieren große Kontraste zwischen Stadt und Land, zwischen *oben* und *unten* sowie eine frappante Gleichzeitigkeit des Ungleichzeitigen, die sich erst in den 1960er- und 1970er-Jahren milderten. Die Kurzbiografien der Erzählerinnen und Erzähler im Anhang vermitteln einen Eindruck von den vielfältigen Karrieren und Zugängen zum Leben.

Erinnerungen sind faszinierende, unersetzliche Ressourcen. Sie eröffnen in einer *Geschichte von unten* neue Einblicke in Alltag, Rituale, Ereignisse, Mentalitäten und Ambivalenzen und geben Anstöße zu Recherchen, die wieder zu neuen Erkenntnissen führen. Erinnerungen sind aber auch komplexe Gebilde, die zahlreichen Interdependenzen aus Gegenwart und Vergangenheit unterliegen. Erinnerung ist, wie das Wort selbst andeutet, stets eine Form der Verarbeitung und geht – wie auch der Umgang mit Erinnerungen – mit der Zeit und ihren jeweiligen Diskursen. Erinnerungen sind einerseits so individuell wie ihre Träger/innen und weisen andererseits kollektive Muster auf. Sie funktionieren nicht als geschlossene Systeme, sondern interagieren in der gesellschaftlichen Realität mit anderen Erinnerungen und Impulsen des Vergessens. Die Zeitgeschichte hat sich beginnend mit Wirtschaftskrise und Februar 1934, die einige Familien der Erzähler/innen um das Einkommen brachten, vielfach in die Konsumerinnerungen eingeschrieben, wird beim vordergründig unpolitischen Konsum aber auch teilweise ausgespart. Das von Hunger geprägte kollektive Purgatorium ab 1945, das die Energien der Menschen auf das physische Überleben fokussierte, und die Arbeit und das Sparen für die neue pragmatisch-materielle Daseinsgrundlage stellten zum Teil die Jahre des Nationalsozialismus in den Erinnerungsschatten.

Ohne zentrale Orte der Sammlung von sprachlichen und visuellen Erinnerungsschätzen wären umfassende Einblicke in vergangene Alltagswelten nicht möglich. Alle Konsumerinnerungen kommen von der *Dokumentation lebensgeschichtlicher Aufzeichnungen* am *Institut für Wirtschafts- und Sozialgeschichte* der *Universität Wien,* die meisten wurden durch den Schreibaufruf »Vom Selbstversorger zum Endverbraucher. Last und Lust des Konsumierens 1900–1980« im Jahr 2005 motiviert. Dank gebührt den Erzähler/innen für die anregenden Zeitreisen, die sie mit ihren Texten und Fotos ermöglicht haben, Günter Müller, bei dem als Leiter der Dokumentationsstelle unzählige Erinnerungsfäden zusammenlaufen, und dem Böhlau Verlag für Interesse und Engagement. Zeitgenössische Annoncen, seit jeher auch Zeitsymptome, sind vor allem ANNO, der Online-Plattform für historische österreichische Zeitungen der *Österreichischen Nationalbibliothek,* teilweise auch den Unternehmen zu verdanken. Fotos des Konsumalltags und Werbeplakate kommen großteils aus dem Bildarchiv der *Österreichischen Nationalbibliothek* und der umfassenden Plakatsammlung der *Wienbibliothek im Rathaus.* Wichtige Ergänzungen fanden sich zudem in der *Sammlung Frauennachlässe* am *Institut für Geschichte* der *Universität Wien.*

Die in einigen Texten geäußerte Kritik der Erzähler/innen an der Massenkonsumgesellschaft erlangt angesichts von Rohstoffknappheit und Klimawandel neue Aktualität. »Die Wegwerfgesellschaft war geboren, der Müll stieg ins Uferlose. Wir Vorkriegs-, Arbeitslosen-, Kriegs- und Nachkriegskinder sahen dies mit Unmut«, schrieb Martha Willinger. »Berge von Verpackung« monierte Ilse Wolfbeisser und fragte kritisch: »Müssen wir das ganze Jahr alles zur Verfügung haben?« Immer kürzere Ablaufzeiten von technischen Gerätschaften, »um die Wirtschaft anzutreiben«, beklagte Hermann Greller. Auch bei den Nahrungsmitteln werde mehr an Quantität als an Qualität gedacht, meinte er. »Nach den Feiertagen gehen die Mülltonnen über und Lebensmittel vergammeln in den Abfalltonnen«, kritisierte Johanna Hacker. »Wegwerfen ist eine Sünde«, zitierte Alice Werany ihre Mutter.

»Sparen muss mit dem Zündholz anfangen.«

Konsum und Sparen in der Zwischenkriegszeit

»Eigentlich weiß ich gar nicht, wie ich meine Erinnerungen aufschreiben soll«, vermerkte die Waldviertlerin Maria Medla, Jahrgang 1927, als sie ihre Gedanken zum Konsum der Vergangenheit ordnete: »Es fällt mir so vieles zum Thema Sparen ein.« Das *Sparen* und nicht das Ausgeben steht für viele ihrer Altersgenoss/inn/en im Erinnerungsfokus. »In den 1930er-Jahren war Geldmangel chronisch, der ›Alpendollar‹ eine Währung, die sich rar machte«, beschrieb der Bergbauernsohn Rupert Erharter die Zeit im Rückblick. Zahlen aus der Zeit unterstreichen diesen Eindruck. Allein in Wien machten sich die als Löhne und Gehälter ausbezahlten Schillinge zwischen 1929 und 1934 um 43 Prozent rarer. In Österreich stieg die Zahl der Arbeitslosen 1931 um 37 und 1932 um weitere 40 Prozent. Die Haushalte mussten sparen. Laut Haushaltsstatistik der Arbeiterkammer Wien sparten sie vor allem bei den zwei größten familiären Budgetbrocken *Fleisch* und *Bekleidung.* »Fleisch gab es nur am Sonntag«, ist ein häufiger Erinnerungssatz der Erzähler/innen, deren Familien vielfach von der Arbeitslosigkeit betroffen waren.

Auch bei Kleidung und Schuhen wurde streng zwischen Sonntagen und Werktagen differenziert. Selbst der Wiener Schneidersohn Kurt Motlik hatte nur »ein Gewand für alle Tage« und ein »Sonntagsgewand«. »Berge von Flickwäsche« warteten auf die Frauen, so die Tirolerin Hanni Steixner. Die Mütter sind die Heroinnen vieler Texte. Sie verwalteten den Mangel gewissenhaft, übten sich vorrangig in Verzicht, hielten Familien mit Gelegenheitsarbeiten über Wasser und zauberten die besten Mehlspeisen.

Schmalz, von den Frauen selbst aus billigem Bauchfilz »ausgelassen«, war in Land und Stadt »unten« ein Überlebensmittel, wurde aber auch »oben« reichlich verwendet. Mehlspeisen und Fleisch seien in Unmengen Schweineschmalz ausgebacken worden, erinnerte sich Ilse Wolfbeisser an die Rituale eines wohlbestallten Wiener Haushalts. »Ich sehe noch meine Mutter und Großmutter vor mir, wie sie die Speckstreifen in kleine Würferln schnitten, die ausgelassen herrliche Grammeln wurden. Das Fett wurde in ›Schmalzhäfen‹ aus emailliertem Blech oder glasierten Tongefäßen aufbewahrt und wenn der Boden zu sehen war, war es Zeit, für Nachschub zu sorgen.« Sparen als zeitgeistige bürgerliche Tugend wurde, wenn auch auf anderem Niveau, ebenso in gut situierten Haushalten praktiziert. Mit dem »Taschengeld« sollte der Nachwuchs den sparsamen Umgang mit Geld üben. Die Hausfrau ersparte sich die Karte für die Straßenbahn und ging zu Fuß zum Viktualienmarkt. Den Meinl-Bohnenkaffee leistete sich die Familie nur am Sonntag.

Schlechte Zeiten sind meist gute Zeiten für das Geschäft mit Ersatzmitteln oder Surrogaten. 90 Liter Kaffeemittel flossen in der Zwischenkriegszeit jährlich in österreichische Münder, aber nicht einmal 24 Liter Bohnenkaffee. Vielbeworbene Markennamen von Kaffeemitteln wie Kathreiner, Titze Gold, Linde oder Imperial-Feigenkaffee überdauerten die Jahrzehnte im Gedächtnis zahlreicher Autor/inn/en.

Gute Zeiten für Surrogate – Feigen-, Malz- und Zichorienkaffee statt Bohnenkaffee

In der Hierarchie der Surrogate galt Feigenkaffee wie Titze Gold aus Linz oder der Wiener Imperial-Feigenkaffee als das Feinste. Den Malzkaffee positionierte der bayerische Erzeuger Kathreiner mit Pfarrer Kneipp erfolgreich als Gesundheitskaffee. Die Kolonialwarenfirma Gebrüder Mayer übernahm den Generalvertrieb des Kathreiner-Malzkaffees, der ab 1892 in der Ersten Wiener Exportmalzfabrik hergestellt wurde, in der Monarchie. Das unterste Preissegment deckte der Zichorienkaffee, für den die Wurzel der Zichorie oder Wegwarte geröstet wurde, ab. Der Zichorienkaffee war die Domäne der schwäbischen Kaffeemittelfabrik Heinrich Franck Söhne (»Aecht Franck«), die 1879 in Linz ihre erste Auslandsniederlassung eröffnet hatte. Der Kauf von Titze und die Fusion mit Kathreiner machten Franck zum dominanten Anbieter in Österreich. Trotz Konsumrückgängen ab 1931 bescherte das patriarchale Familienunternehmen, das auch für sein soziales Engagement gegenüber den Beschäftigten bekannt war, den Aktionären weiterhin satte Dividenden. Die nationalsozialistische Autarkiepolitik begünstigte die Surrogate. Der Rohstoffmangel wurde durch die neue Einheitsmarke »Linde's Kaffeemittelmischung« kaschiert. 1942 berichtete Franck von einer Beinahe-Verdoppelung der Friedensfabrikation. Linde und Konsorten blieben in der Nachkriegszeit erfolgreich, erst das Wirtschaftswunder beendete den Höhenflug der Surrogate. Der echte Bohnenkaffee feierte sein Comeback. 1973 wurde die Franck & Kathreiner GmbH in Linz vom Schweizer Konzern Nestlé übernommen.

Statt Butter aßen die Familien vermehrt Margarine, billige Kunstbutter, deren Herstellung aus Rindertalg erstmals 1869 dem Franzosen Mège-Mourier gelungen war. »Am Abend gab es abwechselnd ein Margarinebrot mit Marmelade oder ein Schmalzbrot, denn Butter war ebenfalls sehr teuer«, erzählte Kurt Motlik. »Butter gab es bei uns nie, nur die Margarine: ›Thea-Milchmargarine – schmeckt wie feinste Teebutter!‹ Mir

WIEN
DIE STADT DES WELTBERÜHMTEN
WIENER-KAFFEES
VERWENDET
Imperial-Feigenkaffee
mit der Krone

Bester
Cichorien
Heinrich Franck Söhne
Heinrich Franck Söhne

SCHUTZMARKE

SCHUTZ=MARKE

Mühlen
Franck
DIE KAFFEE WÜRZE
Mühlen
Franck
die gute Kaffeewürze zu jedem Kaffee

Linde
KAFFEEMITTEL
MISCHUNG
Guuut...
Sie wissen ja warum:
Im Linde ist schon alles drin!

konnte man das ohne weiteres einreden, ich wusste weder, wie Teebutter schmeckte, noch warum sie so hieß«, erinnerte sich der 1928 geborene Günther Doubek.

Gespart wurde auch bei der Energie. Auch wenn der Strom in Haus oder Wohnung bereits eingeleitet war, wurden nur wenige und schwache Glühbirnen verwendet, der Schein der Straßenlaternen genutzt oder die Petroleumlampe aktiviert. An elektrische Geräte in der Zwischenkriegszeit erinnern sich die Erzähler/innen kaum. Seltene Ausnahmen sind Bügeleisen, Radios und ein Staubsauger. Das elektrische Bügeleisen, für das der Vorarlberger Friedrich Wilhelm Schindler (1856–1920) Pionierarbeit geleistet hatte, fand als erstes Gerät den Weg in die Haushalte, lag noch 1937 vor dem Rundfunkempfänger. Der Staubsauger, als »Vakuumreiniger« kurz vor 1900 haushaltstauglich, war noch selten anzutreffen. »Verwendet Elektrizität im Haushalt«, warben eifrig die kommunalen Energieversorger.

Ein wichtiges Konsumziel der Autor/inn/en war das Fahrrad. Es vergrößerte den Aktionsradius für Arbeit und Schule, aber auch individuelle Freiräume in der Freizeit. Beim Zugang zum Rad wurden familiäre Hierarchien sichtbar. »Vater hatte wohl ein Rad, aber wir Buben durften nicht fahren. Aber das ist uns nicht so schwergefallen, da ja mehr Buben in unserem Alter das auch nicht durften oder konnten«, beschied sich Franz Halmer im niederösterreichischen Alpenvorland. 700.000 bis 900.000 Fahrräder waren in den 1930er-Jahren auf Österreichs Straßen unterwegs. Als Markenname hat sich bei mehreren Autor/inn/en das Steyr-Waffenrad in die Erinnerung eingeschrieben.

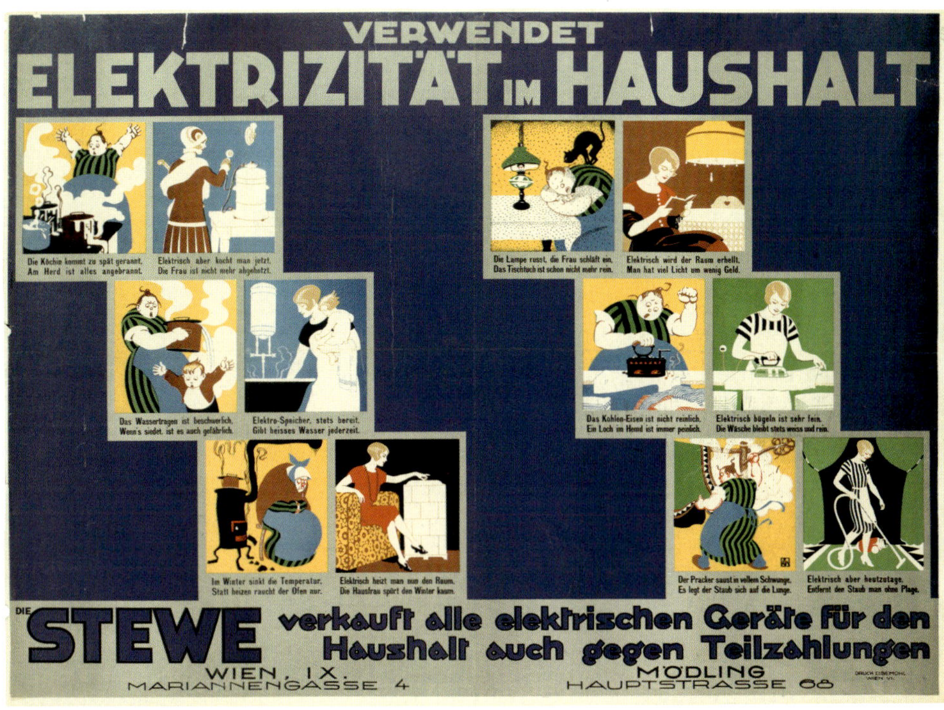
VERWENDET
ELEKTRIZITÄT IM HAUSHALT
Die Köchin kommt zu spät gerannt, Am Herd ist alles angebrannt.
Elektrisch aber kocht man jetzt, Die Frau ist nicht mehr abgehetzt.
Das Wassertragen ist beschwerlich, Wenn's siedet, ist es auch gefährlich.
Elektro-Speicher, stets bereit, Gibt heisses Wasser jederzeit.
Im Winter sinkt die Temperatur, Statt heizen raucht der Ofen nur.
Elektrisch heizt man nun den Raum, Die Hausfrau spürt den Winter kaum.
Die Lampe russt, die Frau schläft ein, Das Tischtuch ist schon nicht mehr rein.
Elektrisch wird der Raum erhellt, Man hat viel Licht um wenig Geld.
Das Kohlen-Eisen ist nicht reinlich, Ein Loch im Hemd ist immer peinlich.
Elektrisch bügeln ist sehr fein, Die Wäsche bleibt stets weiss und rein.
Der Pracker saust in vollem Schwunge, Es legt der Staub sich auf die Lunge.
Elektrisch aber heutzutage, Entfernt den Staub man ohne Plage.
DIE STEWE verkauft alle elektrischen Geräte für den Haushalt auch gegen Teilzahlungen
WIEN, IX. MARIANNENGASSE 4
MÖDLING HAUPTSTRASSE 68

JEDER KENNER KAUFT
WAFFENRAD
ÜBERALL VERTRETEN
STEYR
STEYR-WERKE A.G. FAHRRAD-ABT. STEYR

Das Steyr-Waffenrad

1894 hatte die vom Industriepionier Joseph Werndl gegründete Österreichische Waffenfabriks-Gesellschaft in Steyr wegen rückläufiger Waffengeschäfte die Erzeugung von Fahrrädern begonnen. Das 1896 als Markenname registrierte Waffenrad basierte auf Know-how der englischen Swift Cycle Co Ltd. Bis 1925 setzte die nunmehrige Steyr-Werke-AG etwa 350.000 Fahrräder, einschließlich Militärräder, ab. In Katalogen finden sich Straßenräder, Tourenräder, Stadträder oder die »siegreichen, eleganten und rassigen Original Waffen-Steyr-Sporträder« mit »Tour de France«-Typen, die 1932 die »Straßenmeisterschaft von Österreich« u.a. gewonnen hatten. Nach der Fusion zur Steyr-Daimler-Puch AG wurden die Waffenräder ab 1934 in der Grazer Puch-Fahrradfabrik, nun eine der größten auf dem Kontinent, hergestellt. Der Standort Steyr widmete sich der Produktion von Automobilen wie dem populären »Steyr-Baby«. 1938 übernahmen die Reichswerke Hermann Göring das Unternehmen, das als Rüstungskonzern in der NS-Zeit zum größten Industriebetrieb in Österreich wurde. Um 1940 verschwand das Steyr-Waffenrad aus dem Programm, wurde erst ab 1952 wieder angeboten. 1987 verkaufte die Steyr-Daimler-Puch Fahrzeugtechnik die Zweiradproduktion an die italienische Firma Piaggio. Nostalgiker am Land sind im 21. Jahrhundert nach wie vor mit den unverwüstlichen schwarzen, schweren Waffenrädern der Zwischenkriegszeit unterwegs.

Geschichten vom sparsamen Konsum

Herta Grillitsch wurde 1928 als zweite Tochter in eine steirische Familie geboren. Die Mutter hatte einen kleinen, teilweise feuchten Grund geerbt, der Vater – anders als seine Arbeitskollegen, die zum Bau der Großglockner-Hochalpenstraße weitergezogen waren – im Ort eine fixe Stelle als Straßenwärter zum »Hungerlohn« von 90 Schilling angenommen. »Mit großen Entbehrungen, oft hatten sie nicht genug zu essen, weil sie das Geld für Baumaterialien brauchten, bauten mein Vater und Großvater ein relativ schönes Haus mit zwei Räumen, die zusammen etwa 34 m^2 hatten. In der Wohnküche schliefen meine Schwester und ich in einem Bett, was wir recht gemütlich fanden, denn das Schlafzimmer unserer Eltern war wie ein Eiskeller im Winter. Es gab ja nur eine Heizstelle in der Küche. Abends kochte die Mutter für die Schweine Kartoffeln oder Rüben, das dampfte und machte die Luft angenehm warm und feucht. Da saßen wir dann beim Tisch zusammen, aßen unser Abendessen, das aus einer Mehlsuppe bestand, mit etwas saurer Milch darinnen. So mochte sie mein Vater, wir Kinder bekamen ein paar Löffel süße Milch in die ›Türkensuppe‹.[1] Ab und zu gab es Grießkoch. Da hinein gab die Mutter uns Kindern ein bisschen Butterschmalz und rieb einen Würfel Zucker darauf. Das schmeckte uns natürlich besser als die Türkensuppe, aber der Grieß war teuer. Einmal im Monat kaufte Vater Lebensmittel ein. Dafür gab er 22 bis 25 Schilling aus. Die Monatsfassung trug er mit dem Rucksack nach Hause. Zucker, Kaffee und Tee waren sehr, sehr teuer, Wurstwaren waren unerschwinglich. Er brachte immer ein Stück Braunschweiger mit und davon bekamen auch wir unseren Teil. Ansonsten versorgten wir uns selbst mit Fleisch. Mutter fütterte immer zwei Schweine im Jahr, da kann man sich ausrechnen, wie wenig Fleisch gegessen wurde. Süßigkeiten waren rar, aber wenn wir einmal eine Rippe Schokolade zu fünf Groschen bekamen, war das toll. Zum Frühstück gab es ›Türkensterz‹ mit Kaffee. Kaffee war vorwiegend Kathreiner-Malzkaffee mit ein paar Kaffeebohnen darinnen. Für uns war es ein gutes Frühstück, denn der Kaffee war gut gezuckert, was sich damals nicht alle leisten konnten, die aßen dann nur Milch dazu, manchmal auch saure.«

1 Türken = Kukuruz, Mais.

Die Mutter rührte selbst Butter. »Um 4 Uhr morgens stand meine Mutter auf, formte die berühmten Viertelkilostücke mit dem Edelweiß oben. Am Samstagmorgen um sechs Uhr machte sich dann mein Vater auf den Weg in den nahen Ort, wo Bergarbeiter lebten, und dort ging er von Tür zu Tür und verkaufte die Butter und die Steirerkäsestücke. Wie viele Schritte notwendig waren, bis endlich die 90 Groschen pro Stück kassiert werden konnten, kann man sich vorstellen. Es war harte Arbeit! Das brachte allerdings so viel ein, dass mein Vater sich ein Fahrrad kaufen konnte, kein neues, ein gebrauchtes Waffenrad. Das war eine Aufregung, als es hieß, heute bringt Vater das Rad mit. Zumindest so groß war die Aufregung, als wenn wir heut ein Auto kaufen. Den halben Nachmittag liefen wir Kinder immer wieder in Abständen schauen, ob Vater schon heraufkäme. Endlich war es so weit. Mit Geschrei liefen wir ihm entgegen und betasteten das tolle Fahrzeug. Oben angekommen setzten wir uns abwechselnd auf den Sattel und Vater musste uns schieben. Er selbst konnte ja auch noch nicht fahren, er musste es ebenfalls erst lernen. Aber das Rad war eine große Hilfe. Erstens war er schneller und musste sich nicht so plagen und zweitens konnte er sein Warenangebot erweitern. Mein Großvater war ein guter Baumveredler gewesen. So hatten wir sehr viel Obst, besonders Frühobst. Auf den Gepäckträger kam nun eine Kiste, dort hinein kamen Äpfel, Birnen, Pflaumen und Zwetschken und die ließen sich gut verkaufen. So legten sie Schilling auf Schilling und konnten sich so viel ersparen, dass man damit einen kleineren Bergbauernhof hätte kaufen können. Zwischen 1934 und 1938 bauten sie ein Vorhaus dazu und das Dachzimmerchen wurde besser ausgestattet. Man konnte sogar ein kleines eisernes Öferl heizen, sodass es wunderbar warm war.«

Ebenfalls 1928 kam Gertrude Erlacher im steirischen Seckau auf die Welt, als ältestes von vier Kindern einer »Erzieherin und Bäuerin« und eines »Bauern und Müllers«. »Meine Kindheit in den 1930er-Jahren war von eisernem Sparen geprägt. Aber wenn man damit aufwächst, empfindet man das Sparen als selbstverständlich und ich war selten unglücklich darüber. Als Bauernkinder brauchten wir nie Hunger zu leiden,

Puch-Waffenrad

unseren Bedarf nach Süßem stillten wir durch seltene Honigbrote, im Sommer kauten wir Süßwurzeln oder lutschten Honig aus Blüten. Eine kleine Tafel Schokolade war etwas ganz Besonderes und wurde lange aufbewahrt.

Meine Kleidung bestand fast nur aus den abgelegten Kleidern und Schuhen meiner Tanten. Aber das störte mich erst, als ich in die Schule kam, weil einige Mitschüler vor allem über die Schuhe spotteten. Ich wehrte mich erfolgreich.

Mit großem Fleiß verdiente ich mir manchmal einen wertvollen Schilling. Ich sammelte abgeworfene Hirschgeweihe für einen Knopfmacher, kleine Herrenpilze zum Einlegen, Preiselbeeren und Haselnüsse für eine Herrschaftsköchin. Das alles neben meiner eigentlichen Arbeit, dem Kühehüten.«

Die große kindliche Leidenschaft galt dem Puch-Waffenrad, das die Mutter dem Vater nach der Hochzeit geschenkt hatte. »Die beiderseitige Freude über das Waffenrad war sicher riesengroß, denn es war wunderschön, stark und glänzend schwarzgrün lackiert. Und das blieb es unter der schonenden Benutzung und liebevollen Pflege meines Vaters jahrelang.« Trotz des strengen väterlichen Verbotes versuchte sie selbst zu fahren: »Ich stellte mich in Positur, einen Fuß unter der Stange durchgeschoben, und ließ die Vorderbremse los. Das Rad rollte, es rüttelte und schüttelte, aber ich fuhr! Und das schnell! Aber wie bremsen? Das Waffenrad machte seinem Namen alle Ehre und stürzte sich und mich in einen Haselstrauch. Wir überlebten beide fast unbeschadet. Doch die väterlichen Sanktionen bremsten meinen Unternehmensgeist und sorgten für eine längere Waffenruhe.«

Franz Halmer, Jahrgang 1923, hielt sich wie sein Bruder anordnungsgemäß vom väterlichen Fahrrad fern und war zu Fuß unterwegs. »Wir zwei Buben haben bis zu unserem 14. Lebensjahr nur kurze Hosen getragen. Vom Frühjahr, bis es kalt geworden ist, immer nur bloßfüßig. Da hat es oft schon einen Reif gehabt und wir hatten noch keine Schuhe an. Strümpfe hatten wir nur aus Schafwolle und auch die Handschuhe oder Fäustlinge waren aus diesem Material. Alles war selbst gestrickt von Mutter oder Großmutter.

Wir hatten eine Landwirtschaft, somit waren wir Selbstversorger mit Brot, Fleisch, Obst und Gemüse. Nur Holz mussten wir dazukaufen, weil wir zu wenig Wald hatten. Gekauft wurde nur das Notwendigste und das war Salz, Zucker, Germ, Malzkaffee – ich kann mich noch gut erinnern an Titze-Kaffee –, Petroleum für die Lampen, da wir ja noch keinen Strom hatten (erst nach 1940).
Zum Essen gab es den ganzen Winter jeden Tag Sauerkraut und – aber nicht jeden Tag – ein Stück Fleisch (Geselchtes) und da hat man sich ein Stück aufgehoben für die Jause. Da war dann nicht mehr viel da, wenn man zu Mittag mehr gegessen

hat. Das musste man sich einteilen, denn man hat nichts mehr bekommen. Aber wir haben keinen Hunger gelitten, denn wir hatten genug Obst, vor allem hatten wir genug Äpfel. Taschengeld haben wir keines bekommen als Schüler. Dafür durften wir uns öfters ein Laberl kaufen beim Bäcker, das kostete 7 Groschen und eine Semmel 5 Groschen. Da ich ministrieren ging, hatte ich zusätzlich 40 Groschen im Monat. Dafür kaufte ich mir einmal im Monat eine kleine Tafel Schokolade um 20 Groschen.

Als Spielzeug hatten wir nicht allzu viel. Da weiß ich nur, dass wir so ein Mensch-ärgere-dich-nicht-Spiel hatten, da hat Mutter oder auch der Vater hie und da mitgespielt, und ein Mühlespiel hatten wir auch. Vater hat uns auch das Kartenspielen gelernt (Schnapsen), aber wenn es halbwegs schön war, sind wir immer draußen gewesen.

Wir haben nur das Notwendigste gekauft, denn wir hatten ja eine Menge Schulden und es mussten die Zinsen pünktlich bezahlt werden. Sonst wäre man gepfändet worden und da wäre es schnell bergab gegangen. Wir hatten von der Sparkasse in Melk den Kredit aufgenommen. Soviel ich mich erinnern kann, waren zehn Prozent Zinsen alle Halbjahr fällig. Wo es nur ging, wurde gespart, wir hatten zwei Pferde bis 1937 und dann hat Vater zwei Ochsen gekauft. Das war ein billigeres Fuhrwerk und es war gut so, denn hätten wir jüngere Pferde gehabt, die hätten im Krieg sowieso einrücken müssen. So hatten wir schon einen guten Zug, was andere nicht hatten, als der Krieg begann.«

Auch die Familie von Maria Medla war nach dem Kauf des Nachbargrundstückes in einem kleinen Waldviertler Dorf von den hohen Darlehenszinsen der Zeit betroffen. »Am besten ist mir die Geldnot und das Sparen-Müssen vor 1938 in Erinnerung. Zu Hause zählte beim Einkaufen jeder Groschen. Mutter hatte als Haushaltsgeld ihr sauer verdientes Geld von ihrer Heimarbeit und die war sehr schlecht bezahlt. Hatte der Fabrikant keinen ›Auftrag‹, gab's keine Arbeit und kein Geld. Da waren dann nur die ›Oakreizer‹ (das Geld vom Verkauf der Eier). Wir hatten eine kleine Landwirtschaft und daher Hühner. 1 Ei – 7 Groschen. Dafür mussten Salz, Zucker (Saccharin), Bruchreis, Weizenmehl, Soda und Schichtseife gekauft werden, wenn das Geld reichte.

Greißlerei in Hörmanns

Mutter machte nie Schulden. Reichte das Geld nicht, musste so manches warten. Soviel ich mich erinnere, kam vom Vater wenig Hilfe. Größere Ausgaben, Feuerversicherung und Grundsteuer musste er schon zahlen. Auch den ›Interess‹, so nannte man damals Zinsen, musste er leisten. Wir hatten notgedrungen ein Grundstück kaufen müssen, das an unser Haus grenzte. Der Besitzer drohte immer mit dem Gericht, weil unsere Hühner immer auf dieses Feld liefen und ›Hoaschoden‹ (Hühnerschaden) machten. Es wurde auf Schulden gekauft. ›Guatsteha‹, das heißt Bürge, war Pfarrer Prisching, der war der Engel der Armen in der Gemeinde.

Im Grunde waren wir, da wir eine kleine Landwirtschaft hatten, Selbstversorger. Kartoffeln, Kraut, Milch, Brot, manchmal sehr hart, und ein Schwein im Jahr, das musste für ein Jahr für vier Personen reichen. Fleisch wurde fast nie gekauft. Ein richtiges, regelmäßiges Haushaltsgeld hatte Mutter nie. Wie sie das schaffte, weiß ich nicht. Brauchten wir Mädchen was zum Anziehen, war eben der Sonntagskaffee nicht süß. Sie kaufte nur das Billigste. Lebensmittel kaufte sie manchmal bei einem Juden in Litschau. Da gab es hie und da ein kleines Sackerl Zuckerl-Bruch als Zugabe.

Wenn ich so denke, muss Vater auch geholfen haben. Er war Stricker und später Forstarbeiter. Da meine Schwester älter war, musste ich ihre Sachen auftragen. Schuhe hielten auch zwei Kinder aus, wenn sie nur am Sonntag zum Kirchgang getragen wurden. Im Sommer gingen wir barfuß, wurde es kälter, gab's Holzpantoffel, vom Vater gemacht. Im Extremfall Schuhe und bei Schnee Fleckerlpatschen. Was so Fleckerlpatschen gekostet haben, weiß ich nicht mehr. Am billigsten waren sie in Hörmanns beim Greißler. Wahrscheinlich hat Mutter oft am Abend länger gestrickt, um sie zu bezahlen.«

Die Ziehmutter von Johanna Hacker, Jahrgang 1928, hatte eine ähnliche Einstellung. »Mutter ließ nie anschreiben, sie sagte immer, ›was ich mir nicht leisten kann, das kaufe ich nicht‹«, erinnerte sich die Tochter einer steirischen Landarbeiterin und eines Bauernsohns, die nach ihrer Geburt bei einer »Keuschlerfamilie« in Pflege (»einen Dirnpamper duldete man am Hofe nicht«) gegeben worden war. »Wir hatten eine kleine Küche und zwei Stüberln, waren sieben Menschen im Haus, die Zieheltern, meine Ziehschwester, deren Gatte mit zwei Kindern und ich. Das Essen war sehr einfach, aber Hunger litten wir nie. Eingekauft wurde nur einmal im Monat, Zucker, Gewürze, Salz, Petroleum, Reis usw. Ich habe nie gebettelt um Zuckerln, obwohl sie in einer Glaskugel am Pult lagen, am Heimweg gab mir Mutter ein paar Würfel Zucker.

Wir hatten noch Petroleumlicht, keinen Strom und so musste ich auch öfter Petroleum und einen Lampenzylinder mit heimnehmen. Da war ich immer sauer, musste höllisch aufpassen, dass ich nichts verschüttete oder zerbrach. Geheizt wurde nur in der Küche und im Zimmer, wo die zwei kleinen Kinder schliefen. Es gab keine Zentralheizung, das Wasser im Waschkrug war immer eingefroren. Die Kinder mussten schon sehr früh arbeiten, heute ist alles anders. Heute regen sich alle auf, wenn Kinder leichte Arbeiten verrichten müssen. Schon die kleinen Kinder mussten Holz und Wasser in die Küche tragen, den Hof kehren, Streu in den Stall tragen, auf die kleineren Geschwister aufpassen, weil die Mutter am Feld arbeitete. Mutter sagte immer, ›ein Kind muss früh lernen zu arbeiten, sonst wird nichts daraus‹.

Es gab kein Taschengeld, wenn Vater mir einmal 10 Groschen gab, freute ich mich. Meine ersten sauledernen hohen Schuhe bekam ich so mit fünf Jahren, dann die ersten Spangerlschuhe zur Erstkommunion. Am Land hatten die armen Kinder oft bis Schulbeginn kaum Schuhe, im Sommer gingen sie barfuß, im Winter hatten sie Hausschuhe aus Maisfesen. Schuhe wurden fast immer zwei Nummern größer gekauft, damit man sie länger tragen konnte.

In die Hauptschule fuhr ich im Sommer mit dem Rad, im Winter ging ich bei großer Kälte und viel Schnee zwei Stunden zu Fuß, wir konnten uns die Zugfahrt nicht leisten. Viele Pflegekinder durften im Sommer nicht die Schule besuchen, sie mussten bei ihren Bauern arbeiten. Das war auch von den Behörden abgesegnet, das Fürsorgegeld wurde in der Familie verwendet.«

Hans Kasper mit Almstock

Schuhe bekamen die elf Kinder einer Tiroler Bergbauernfamilie erst, wenn sie das Schulalter erreicht hatten, erzählte Rupert Erharter, der in Hopfgarten-Kelchsau aufwuchs: »Es war nicht die gute alte Zeit. Für den Großteil der Bewohner ein entbehrungsvolles Dasein – ein Kampf ums Überleben. In den 1930er-Jahren war Geldmangel chronisch, der ›Alpendollar‹ eine Währung, die sich rar machte. Das Geld war für alle knapp, auch für die Bauern. Auch die Bauern mussten jeden Groschen umdrehen, damit die Ausgaben nicht die Einnahmen überstiegen. Großbauern mussten mehr für Dienstboten ausgeben, hatten es in der Regel aber schon besser. Hauptausgaben waren im Winter die Energiekosten. Über das Dorf hinaus gab es keinen Strom. Alle anderen mussten Petroleumlicht brennen. Auch Kerzen waren für eine Notbeleuchtung gut. Wir hatten drei Petroleumlampen in Verwendung: eine in der Küche, eine in der Stube und eine Stalllaterne. Eingekauft wurde bei der Krämerin. Meistens hatten wir Kinder die Einkäufe zu tätigen, was nach der Schule erfolgte. Nur für Vaters Rauchwaren bekamen wir die passende Geldsumme mit, sonst wurde meistens aufgeschrieben. Zucker, Grieß, Gerste, Gewürze, Zünder und anderes mussten wir als Bauern auch kaufen. Die Mutter kam vielleicht alle zwei Monate einmal hinunter ins Dorf. Da kam es schon vor, dass sie für jedes Kind eine Orange mitbrachte. Wenn der Vater von Zeit zu Zeit ging, um die offenen Rechnungen zu begleichen, regte er sich auf, wenn die Summe seine Vorstellung weit übertraf. Dann befahl er öfter, Licht zu sparen. Die Krämerin hatte auch Stoffe für Hemden und Hosen. Dafür war der Vater zuständig. Er sprach sich vorher mit der Mutter ab, denn Näherin war sie. Ab dem Schulalter bekam jedes Kind ein Paar Feiertagsschuhe und ein Paar Werktagsschuhe, die eine Holzsohle hatten.«

Auch der 1931 geborene Vorarlberger Hans Kasper war früh für das Einkaufen zuständig. »Ich bin als uneheliches Kind bei meinen Großeltern sowie Onkeln und Tanten auf einem kleinen Landwirtschaftsbetrieb im Montafon in recht bescheidenen Verhältnissen aufgewachsen. Wenn auch das bäuerliche Anwesen klein war, Arbeit gab es dennoch – oder gerade deshalb – recht viel, um sich möglichst selbst versorgen zu können. Man hatte ja keinerlei Maschinen und so wurden in ›Handarbeit‹ Kartoffeln, Mais und recht viel Gemüse angebaut. Auch musste das erforderliche Heu für zwei Kühe, ein bis zwei Pferde und einige Schafe zum Teil im Tal und größere Mengen auf abgelegenen Bergwiesen – Maisäße und Bergmähder genannt – im wahrsten Sinn des Wortes ›zusammengekratzt‹ werden. Wenn auch recht viele Produkte selbst angebaut wurden, fallweise war ein Einkauf im hiesigen Konsum bzw. auch in der daneben liegenden Gemischtwarenhandlung Koller doch erforderlich. Da daheim Arbeit an allen Ecken und Enden anstand, wurde mir schon als kleiner Bub diese Tätigkeit zugemutet. Zumindest einmal wöchentlich bekam ich einen Einkaufszettel in die Hand gedrückt, um das Notwendigste zu besorgen. Da ich zum Tragen der einzukaufenden Waren nicht kräftig genug war, ging ich mit einem vierräderigen, kleinen Leiterwägelchen auf die ›Einkaufstour‹. In einer knappen halben Stunde gelangte ich in eines der Geschäfte, wo mir dann die Waren laut Zettel bereitgestellt wurden.«

Erika Schöffauer, Jahrgang 1924, wuchs in Kärnten auf: »Eingekauft wurde in dieser Zeit nur das Allernotwendigste, sowohl zum Essen als auch zum Anziehen. Wenn es in der Nähe einen Greißler gab, kaufte man bei ihm ein. Bei den meisten Greißlern war es nämlich möglich, die Monatsfassung aufschreiben zu lassen. Meine Familie musste auch aufschreiben lassen, und ich kann mich noch gut an die folgende Szene erinnern: Meine Tante Liesi war beim Greißler gewesen und hatte alles bezahlt, was offen war. Dann kam sie nach Hause und sagte: ›Heut hat der Tschaukowitsch zu mir ›gnädige Frau‹ gesagt.‹ Das muss meine Tante sehr berührt haben, weil sie diese Begebenheit auch viele Jahre später noch gern erzählte.« Erika Schöffauer erinnerte sich auch noch an die erste Banane im Alter von fünf oder sechs Jahren. »Wir wohnten in Klagenfurt am Rande der Stadt in Richtung See. Eines Tages hörten wir, dass es auf der Paternionerbrücke etwas Neues gibt. Dort hatte der ›Bananen-

Erika Schöffauer als Schülerin

könig‹ einen Obststand aufgestellt und verkaufte Bananen. ›Bananen‹, fragten wir, ›was ist das?‹ Wir waren neugierig und gingen hin. Auf dem Stand lagen und hingen gebogene gelbe Früchte. Das waren also die Bananen. Bananen, sagte man uns Kindern, seien teuer. Dennoch bekamen wir diese Kostbarkeit zu kosten. Das war meine erste Banane.«

»Das Konsumverhalten und die Sparsamkeit in der Zwischenkriegs-, Kriegs- und Nachkriegszeit«, nannte die Tirolerin Hanni Steixner ihren Textbeitrag. »Vorausschicken möchte ich, dass wir nie zu den Armen gehörten, nie arm waren, dass ich mich schon gar nie als arm fühlte. Wir waren neun Kinder im zeitlichen Abstand von 24 Jahren – ich war die Sechste, das fünfte Mädchen und gehörte zu den Jüngeren. Unsere Eltern hatten eine kleine bis mittlere Landwirtschaft. Gespart wurde eisern. Wäre unsere Mutter nicht eine so tüchtige und sparsame Frau gewesen, es hätte oft nicht gereicht. Vorratswirtschaft war ihre große Stärke. Wir waren ziemlich autark, es musste eben alles das ganze Jahr reichen. Zum Herschenken hatte die Mutter immer etwas. Wie viele Bettler auch kamen, keiner ging leer hinaus.«

Zahlreiche Erinnerungen knüpfen an das »extra gute« Brot der Mutter an. »Gebacken wurde etwa alle zwei Wochen. ›Ofenwarm und mühlwarm macht den Bauern arm‹, war Mutters Spruch. Frisches Brot wurde nie angeschnitten, aber

Hofer-Kornkaffee,
Marke von Oberlindober

bei einigen Laiben, die in der Speis aufgehängt waren, fehlte hinten das Scherzl (der Anschnitt beim Brot). Jeder hatte sich vom guten frischen Brot ein Stückl geholt. Eingestanden hat das niemand. Die Mutter sah auch darüber hinweg. Butterbrot gab's auch in der Zwischenkriegszeit sehr selten – bei der Heumahd, wenn die Arbeit besonders hart war, und am Waschtag für die Wäscherinnen. Die wenige Butter musste verkauft werden. Die Einnahmen waren rar. In die Schule zur Jause bekamen wir nie Butterbrot. Ein Stück Brot und ein Apfel taten es auch. Ich kann mich noch gut erinnern, wie ich als kleines Mädchen einmal zur Mutter sagte: ›Jetzt habe ich schon so lange kein Butterbrot mehr bekommen.‹ Ich bekam eins, ich ganz allein. Wie das schmeckte!« Für die Brennsuppe zum Frühstück – »morgens war sie aus Roggenmehl – natürlich keine Butter, um die Pfanne zu schmieren« konnte sich Hanni Steixner weniger begeistern: »Mutter, könnten wir nicht morgens einen Kaffee machen?«, bat sie. Während der Woche gab es dann Kaffee der »Sondermarke, im besten Fall Kathreiner, manchmal selber geröstete Gerste und zum Einfärben Titze Gold oder Oberlindober. Sonntag morgens gab's Kaffee.«

Das Elternhaus war bereits an das elektrische Stromnetz angeschlossen. Dennoch hat sich Hanni Steixner »eine dunkle Erinnerung« der frühen Kindheit eingeprägt. »Mit dem Parterre waren bei uns drei Stockwerke. Nur im Parterre war eine Lampe, die beiden oberen Stockwerke mussten mit dem schwachen Schein zufrieden sein. Im Abort, der ans Haus angebaut war, war auch kein Licht, kaum ein schwacher Schein vom unteren Hausgang. Da habe ich mich meine ganze Kindheit richtig gefürchtet. In der Fantasie hat noch einiges Furchterregendes gelebt. Jedenfalls habe ich die Tür nach dem Geschäftchen ganz schnell zugemacht.« Für den Strom wurde eine Pauschale je nach der Zahl der Lampen und ihrer Stärke verrechnet. »Da wurde natürlich auch gespart. 6,70 Schilling war die monatliche Stromrechnung für die paar Glühbirnen – ich glaube es waren elf Lampen in Haus und Stall – und das Bügeleisen. Sonst gab's noch keine Geräte.«

Die Kleidung der großen Familie wurde selbst gemacht. »Meine Mutter konnte recht gut nähen. Aus Alt mach Neu, war die Parole. Wie viel aus alten Stücken gezaubert wurde. Echt viel. Aber ich möchte nicht zählen, wie viel meine Mutter in Nachtschichten genäht hat. Ja, das war sehr notwendig in den Notzeiten der Zwischenkriegs- und Kriegszeit, auch noch lange danach. Die Herrenhemden wurden selber genäht, damit man einen Rest zum Flicken hat, wenn sie kaputt sind. Das Unterteil der Hemden wurde oft aus alten Hemden angestückelt, um Stoff zu sparen. Gespart wurde an allen Ecken und Enden. Die Berge von Flickwäsche mussten immer auf den Winter warten. Drei und vier Flicken auf ein Herrenhemd, das war schon viel Arbeit. War im Winter die ganze Flickarbeit getan, ja, das war ein gutes Gefühl. Der Fantasie und dem Fleiß waren keine Grenzen gesetzt. Kreativität war gefragt. Wir hatten auch ein paar Schafe, sodass wir etwas Wolle zum Eintauschen hatten.« Für eine Jacke für die kleine Schwester reichte der »Knäuel ziegelroter Wolle, dazu weiße Schafwolle« nicht. Also wurde der alte, kaputte Janker des Vaters aufgetrennt, »die Wolle gewaschen, aufgehaspelt und dann doppelt genommen. Wie das eine schöne Jacke wurde, wie sehr man diese Sachen geschätzt hat.« Die wärmende Jacke aus selber eingefärbter Schafwolle wollte der Bruder, der am Bau gearbeitet hatte, auch nach mehr als 20 Jahren nicht missen. »Dass du mir die Weste nicht wegwirfst, du musst sie noch lange flicken, die muss mich noch lange wärmen!«, sagte er zu seiner Frau. »Ja, diese Stücke waren kostbar und haben auch was gegolten.«

Die Sinnsprüche der Eltern prägten die Tochter zeitlebens: »›Sparen muss man mit dem Zündholz anfangen‹, sagte der Vater öfter. Ich bin auch überzeugt, dass das kleine Sparen viel bringt – denn dafür gibt es so viele Gelegenheiten und dieses Sparen tut nicht weh, es ist vielmehr eine Gewohnheit. – ›Dös tragt's bei einem Bauern nit‹, war auch Vaters Spruch. Immer hat er gerechnet, wie viel Milch er dafür verkaufen muss, um dies oder das zu erwerben. Fast muss ich schmunzeln, wenn ich denke, wie mich dieser Spruch begleitete, als wir schon längst eine bessere Zeit hatten.«

Der Wienerwald und die Gärten bildeten für viele Wiener/innen ein erweitertes Wohn- und Esszimmer. Felix Pytela, geboren 1919 (»da war Österreich schon eine arme Republik und es war nicht leicht, für eine fünfköpfige Familie sorgen zu müssen«), begleitete seinen aus Mähren stammenden Vater, einen meist arbeitslosen

Feierabend der Eltern von Hanni Steixner (geb. Zimmermann)

Schlossergehilfen, gemeinsam mit den zwei Geschwistern in den Wienerwald. »Unser Vater ging gerne Schwammerlsuchen und da gingen wir sehr gerne mit. Geldausgaben wurden auch hier vermieden. Wir gingen von der Palffygasse zu Fuß nach Neuwaldegg, dann über den Riederberg bis Scheiblingstein, dann über Steinriegel nach Oberkirchbach und durch die Hagenbachklamm nach St. Andrä-Wördern. Dabei machten wir viele Umwege fürs Schwammerlsuchen. Einkehren in ein Gasthaus konnten wir uns selten leisten (nur dann, wenn Vater durch eine Gelegenheitsarbeit etwas Geld hatte). Die Heimfahrt mit der Bahn hatte Vater einkalkuliert, das wäre schon zu weit gewesen. Zuhause angekommen, packten wir unsere Schätze aus und Mutter freute sich über die Schwammerln. Einige wurden gleich frisch gebacken und verzehrt, andere in Scheiben geschnitten und zum Trocknen aufgelegt. Wenn es genug waren, gab es am nächsten Tag eine Schwammerlsauce mit Knödel, die uns gut schmeckte.

So leid es unserem Vater tat, dass er keinen ständigen Arbeitsplatz hatte, fand er doch auch wieder einen Weg, für sich und uns Kinder etwas zu tun, was nicht nur ein Vergnügen war, sondern auch einen Nutzen brachte. So kaufte er eine Donauzille, die er selbst als Fischerboot einrichtete, und wurde Mitglied eines Fischereivereines.« Familie und Nachbarn in der Palffygasse wurden mit Fischen versorgt und die Kinder verbrachten im Sommer viele Tage auf dem Wasser. »Belastet war lediglich unsere Mutter.« Sie hatte vor dem Ersten Weltkrieg ein »Federngeschäft« betrieben, Federschmuck für »großmächtige Hüte, Muff, Fächer und Ballkleid«

Gustav Lackinger
im Währinger Park

hergestellt. »Sie hatte von ihrer Kindheit einen steifen Fuß, musste trotzdem mitverdienen und war mit dem Haushalt belastet, wo es noch lange keinen elektrischen Strom gab, kein Gas, keinen Kühlschrank und keine Waschmaschine, keinen Staubsauger, wo sie noch den Ofen anheizen und auf dem Küchenherd kochen musste. Fast jeden Sonntag empfing sie den Besuch der Großtante, bewirtete sie mit Kaffee und Kuchen und war trotzdem guter Laune. Uns war sie immer eine gute Mutter, für alle anderen die gute ›Minna-Tante‹.«

»Mutter war gelernte Schneiderin. Durch diesen Umstand wurde sehr viel Geld gespart. Alles konnte geflickt und wieder repariert werden«, schrieb Gustav Lackinger, 1920 in eine Wiener Straßenbahnerfamilie geboren. »Als Bub hab ich in meiner Jugend kurze Hosen getragen und dazu immer im Sommer Sockerln und im Winter lange Strümpfe, die mit Strumpfhalter befestigt waren. Unterwäsche bestand meist aus schwarzen Clothhosen. Unterhemden hat es nicht gegeben. Als Jüngling war die Einheitstracht eine kurze Lederhose, die später durch eine so genannte Lederkniehose im Winter abgelöst wurde. Dazu gab es Hemden, die bei meiner Familie in Eigenarbeit angefertigt wurden. Als Rock wurde meist ein Bauernjanker getragen. Nur als kleiner Bub habe auch ich unter dem obligaten Matrosenanzug gelitten. Dieser Anzug durfte nur am Sonntag getragen werden. Die Versuchung, bei Spaziergängen oder Sonntagsausflügen doch mit gleichaltrigen Kindern herumzulaufen, war sehr groß. Dabei kam es immer zu Situationen, wo der Anzug oder die Matrosenkappe beschmutzt wurden. Dies führte meist zu Konflikten mit den Eltern.«

Die Annehmlichkeiten des neu eingeleiteten Stroms wurden sparsam genutzt. »In jedem Raum gab es nur einen Auslass an der Decke. In der Küche bestand die Beleuchtung aus einer an der Decke befestigten Leuchte, die in der Höhe verstellt werden konnte und mit einer Glühbirne bestückt war. Im Wohnschlafzimmer wurde ein Luster montiert, der bereits mit vier Glühbirnen bestückt war. Aus Sparsamkeitsgründen wurde er nur sehr selten mit allen Glühbirnen eingeschaltet. Meist waren zwei Stück nicht richtig in die Fassung eingedreht, um so Strom zu sparen. Steckdosen waren in der ersten Zeit entbehrlich, da es ja keine Elektrogeräte gab.«

Mit dem philosophischen Spruch »Gestern ist: Erfahrung, Morgen ist: Hoffnung, Heute ist: So gut als möglich von gestern nach morgen zu kommen« beginnt Wilhelmine Hinner, die 1923 in Wien geboren wurde, ihre Konsumerinnerungen. »Natürlich bekam man mit, dass Vater zu Hause ist und nicht in die Arbeit geht. Er war arbeitslos. Für die Eltern waren es große finanzielle Sorgen, welche wir als Kinder, mein Bruder und ich, nicht verstanden. Die ganze Obsorge hing an Mutter. Sie musste mit dem wenigen Geld, das die Arbeitslosenunterstützung einbrachte, auskommen.

Seit 1925 wohnten wir nur in einem kleinen Kabinett auf Untermiete. In diesem kleinen Zimmer kochte sie auf einem kleinen Herd, dazu brauchte man Brennmaterial wie Holz oder Kohle, Papier zum Unterzünden und Streichhölzer. Auf dem Herd stand stets ein großer Topf mit Wasser. Zum Geschirrwaschen brauchte man zwei Zinnschaffeln, in einem wurde abgewaschen, ins Wasser gab man Soda, und im zweiten Schaffel spülte man das Geschirr ab. Unser Essen bestand meist aus Suppe, Gemüse mit einem Stück Pferdefleisch (von diesem bin ich groß und stark geworden!), dazu Erdäpfel. Anschließend gab's ein Stück Mehlspeise. Gebacken hat Mutter immer sehr gerne, sie war eine gute Köchin. Erinnere mich an Buchteln mit Topfen oder Powidl gefüllt, auch an Gugelhupf und Biskuit geschnitten oder gerollt. Diese alte Gugelhupfform habe ich noch immer. Sie ist aus Ton und glasiert. Zur Jause gab's dazu Kaffee oder Tee mit Milch. Abends wurden meist Reste gegessen. Wenn Vater Arbeit hatte, so gingen wir drei ihm Essen tragen. Wir brachten ihm das Essen auf die Baustelle. Gern hatte er nach dem Essen seinen ›Schwarzen‹. Er trank kein Bier, keinen Wein und auch keinen Schnaps. Dafür hatte er ein anderes Laster. Er rauchte wie ein Schlot. Wenn ich an Mutter denke, kommen mir nach so vielen Jahren gleich die Tränen. Im Nachhinein gesehen, weiß ich erst, wie arm Mutter war, wie abhängig vom Mann, von diesem bisschen Geld, mit welchem sie durchkommen musste. Die Männer waren früher die Herren und die Frauen die Dienerinnen. Damals gab's im Haushalt noch keine Erleichterungen. Alles wurde händisch gemacht, gebügelt mit Holzkohle, das stank erbärmlich und meiner Mutter wurde dauernd übel und sie musste sich öfter hinlegen. Wenn Vater Arbeit hatte, bekam Mutter für unsere Versorgung höchstens vierzig Prozent von seinem Lohn. Er verbrauchte das meiste Geld für sich selbst. Rauchen und Frauen. Er war ja ein fescher Mann. Sein Standpunkt war, er hätte sich das Geld verdient. Das Einzige, wofür er gut aufkam, war das Heizmaterial für den Winter. Aber sonst war er gut, da kann man nichts sagen …

Als wir 1928 in einen schönen großen Gemeindebau übersiedelten und Mutter nach einem Jahr einen Hauswartposten übernahm, ging's uns bedeutend besser. Im Monat verdiente sie 70 Schilling und der Zins war frei. Sie wurde Hauptmieterin und mein Vater hatte da nichts mehr zu plaudern. Das tägliche Essen wurde abwechslungsreicher, einen Tag Gemüse wie früher und jeden zweiten Tag eine Mehlspeise. Zu den Germknödeln legte uns Mutter neben den Teller 10 Groschen, damit wir sie aßen. Dann gab's auch Skubanki, Palatschinken und Nudeln auf verschiedene Arten und so vieles mehr. Ich aß lieber Fleisch und Extrawurst. Jeden Ersten im Monat machte Mutter einen Großeinkauf. Mit einem Rucksack ausgerüstet begleiteten sie mein Bruder und ich zu einem kleinen Kaufmann auf der Arndtstraße. Da bestellte sie 5 Kilo Mehl, auch Zucker, Salz, Grieß und für Suppen auch so Knorrwürstchen, welche ich gar nicht mag. Rindsuppen und Gemüsesuppen waren mir am liebsten. Ja, und auf Haferflocken nicht zu vergessen. Nach dem Großeinkauf bekamen wir noch jeder eine Bensdorp-Schokolade. Unter der Woche holte sie Milch vom Milchgeschäft, Brot beim Bäcker und Gemüse am Markt.

Finanziell ging's meiner Mutter nun besser. Sie erwarb in den dreißiger Jahren eine Singer-Rundschiff-Nähmaschine auf Raten. Eine junge Hauspartei war in so einer Firma beschäftigt und redete meiner Mutter zu diesem Kauf zu. Mutter war es vorerst gar nicht recht, sie wollte keine Schulden haben. Als ihr die Maschine geliefert wurde, war sie die Glücklichste auf der Welt. Frau Stangl, so hieß diese Frau, besorgte alles für Mutter und zahlte auch für sie die fälligen Raten ein. Im Nu hatten wir viel zu nähen! Mutter war mit ihrem Schatz selig! Sie kaufte Stoffe, wir nähten uns Kleider, einiges war zu reparieren und immer hatten wir zu tun! Nachdem sie diese Ratenzahlung hinter sich hatte, redete ihr Frau Stangl ein Fahrrad ein. Das waren nur die beiden Sachen, welche sich Mutter leistete.«

Ernestine Hauer, die 1924 in Wien geboren wurde, fokussierte auf die Themen Essen und Bekleidung: »Als Kinder (Vater war lange Jahre ohne Arbeit, oder sogar ›ausgesteuert‹?, nur Mutter verdiente regelmäßig) trugen wir selbstverständlich auch ›Geschenktes‹, z.B. von einer gleichaltrigen Anwaltstochter. Wenn die Schuhe zu groß waren, wurden sie mit Seidenpapier ausgestopft, Kleider wurden gestopft, ein- und angestückelt, sodass sie mit uns mitwuchsen. Absolut geweigert haben wir uns, dunkelblaue, neue Mäntel zu tragen, sie hatten eine Pelerine und sahen aus wie die Uniformen der Waisenhauskinder. Vater brachte sie nach einer Unterstützungsaktion der Wiener Kaufmannschaft nach Hause. Mutter musste die Pelerinen abtrennen, sonst hätten wir die Mäntel nie angezogen. Unglücklich waren wir auch über die neuen schwarzen hohen Schnürschuhe, aber wir mussten sie anziehen.

Meine Mutter war eine wunderbare Köchin, die in ihrer Jugend schon in Nordmähren mit ihrer Kochkunst begeistert hatte. Von klein auf gab es bei uns hauptsächlich Gemüse und Mehlspeisen: Kohl, saure Erdäpfel (›Eingebrannte‹), Eiernockerln, Krautfleckerln, Paprika-Paradeiskraut, Mohnnudeln, Arposchluschken = lange Erdäpfelnuderln, die in der Pfanne eng geschlichtet, mit Öl bepinselt wurden (›Arpo‹ hießen in Mutters Heimat Erdäpfel); Grammelknödel mit Krautsalat oder Zwetschken-, Marillen-, Germknödel, Grieß- oder Kaiserschmarrn, Palatschinken usw. (mir läuft das Wasser im Mund zusammen).«

Eine ähnliche kulinarische und wirtschaftliche Situation prägte das Familienleben von Alice Werany. »Ich, Jahrgang 1925, wurde in die Zeit der beginnenden Wirtschaftskrise geboren. Meine Eltern übernahmen 1924 nach dem Tod des Großvaters den mit Kredit begonnenen Bau eines Einfamilienhauses und bald danach begann die Zeit, in der Vater immer wieder arbeitslos wurde. Mutter fing an, für Fremde zu waschen und zu bügeln, um die Kreditraten zu bezahlen, und trotzdem kochte sie täglich und großartig. Hunger gelitten haben wir nie. Sie wurde in Südmähren geboren, kam nach der Schule als Hausmädchen und Köchin, zuerst nach Laa an der Thaya zu einem Notar und später als Köchin zu einer Familie Heller (wie ich aus ihren Zeugnissen lesen kann), lernte durch eine Zeitungsannonce meinen Vater kennen und heiratete ihn 1924. Wir hatten einen Garten, sodass Obst, Gemüse und verschiedene Küchenkräuter nichts kosteten. Da die Siedlung Friedensstadt, in der wir wohnten, damals noch zu Niederösterreich gehörte, musste Vater, wenn er arbeitslos war, nach Weidlingau-Hadersdorf ›stempeln‹ gehen, das

Arbeitslosengeld bekam er in Liesing. Er bekam zwanzig Schilling pro Woche, doch in Liesing gab es eine ›Fleischbank‹, wo man billiger einkaufen konnte. Wir kauften von Zeit zu Zeit zwei Kilo Bauchspeck oder Bauchfilz, dieser wurde ›ausgelassen‹. Mit dem Schmalz wurde gekocht und gebraten, die ›Grammeln‹ kamen in die Erdäpfelknödel oder auch als Grammelschmalz aufs Brot. Auch Schnitzelfleisch wurde dort gekauft. Mutters Schnitzel mit Erdäpfelsalat waren eine Delikatesse. Blieb vom Salat etwas übrig, gab es am nächsten Tag ›eingebrannte Erdäpfel‹ (mit Majoran und Lorbeerblatt gewürzt), vergeudet wurde nichts. Die übrige Zeit wurde so billig als möglich gekocht, z. B. Gemüsesuppe mit Platzki (Erdäpfelteig ausgewalkt und auf der Herdplatte gebacken) oder Karottengemüse (Karotten aus dem Garten), in der Obstzeit Kirschen-, Marillen- oder Zwetschenknödel. An Samstagen gab es oft Erdäpfelsuppe und aus Wuchtelteig ›Powidlfleck‹, ebenfalls auf der Herdplatte gebacken. Wenn mir auch Verschiedenes nicht schmeckte, es musste aufgegessen werden; Wegwerfen ist eine Sünde. Doch jedes Wochenende gab es Kuchen: Kakaokuchen oder Gugelhupf (die Nüsse hatten wir im Garten), Mohn- oder Nussstrudel, Apfelstrudel (Mutter zog den Teig selbst dünn aus) oder Wuchteln (Buchteln). Zu Weihnachten Kekse in Hülle und Fülle. Es ist mir immer noch ein Rätsel, wie Mutter es schaffte, trotz Wäschewaschens jede Woche zu backen, doch fast jeden Sonntag kamen Verwandte oder Freunde, Landsleute von Mutter zu Besuch und da mussten Kaffee (Feigen- mit Malzkaffee) und Kuchen auf den Tisch.«

Verwandtenbesuche bildeten auch in der Familie von Erika Neuberger, 1925 in Wien geboren, ein wichtiges Ritual. »Auskommen mit kleinem Einkommen«, nannte sie ihre Konsumerinnerungen. »Meine Eltern, mein Bruder und ich wohnten bis zu meinem 13. Lebensjahr in einem Dienstgebäude der Straßenbahn in einer Zimmer-Küche-Wohnung. Nur in der Küche wurde in einem kleinen Ofen geheizt und da erst ab dem Vormittag. Wir hatten Gas und Strom, was damals noch keine Selbstverständlichkeit war. Das Wasser holten wir mit einer großen, weißen Deckelkanne vom Gang. Wir hatten, was ein echter Luxus war, das Klo ›innen‹. Im Winter war es beim Aufstehen sehr kalt, auch gab es im Waschbecken nur kaltes Wasser.

Was mein Vater als kleiner Beamter verdiente, weiß ich nicht. Bis heute sind Einkommensbeträge in der Familie immer noch ein großes Geheimnis, das man nicht ausplaudert. Bis auf ein kleines Taschengeld für Rauchwaren, das er für sich zurückbehielt, gab er das Monatsgeld zur Gänze meiner Mutter, die gut zu wirtschaften wusste. Wir hatten einmal in der Woche Fleisch – am Sonntag. Hie und da bekamen wir, bei einem Gang auf den Brunnenmarkt, einen heißen Leberkäs. Meine Mutter

Erika Neuberger auf Sommerfrische im burgenländischen Tschurndorf

kaufte dort für die ganze Woche ein, da die Händler aus dem Burgenland billiger waren. Wir gingen fast alle Wege zu Fuß. Von der Rhigasgasse nahe Wattgasse im 17. Bezirk in den Wienerwald, zu Fuß in die Volkshochschule Ludo-Hartmannplatz im 16. Bezirk, zu Fuß ins Stadttheater im 8. Bezirk, wo wir uns einmal im Monat auf dem Stehplatz am Nachmittag eine Operette ansahen. Am Sonntagnachmittag durften wir in die Kindervorstellung des Astoria-Kinos gehen. Es war sicher die einzige Zeit, die meine Eltern in der Wohnung ungestört verbringen konnten. Bei Wanderungen im Sommer gingen wir nie in ein Gasthaus. Meine Mutter kochte am Sonntagmorgen Schnitzel, Kartoffelsalat und Kaffee. Das alles wurde mit einer großen Decke und einem Ball in Rucksäcke gepackt und los ging es in die Natur, die nichts kostete.

In späteren Jahren fuhren wir mit den Händlerbussen vom Brunnenmarkt ins Burgenland, wo wir als ›Sommerfrischler‹ vier bis fünf Wochen blieben. Meine Mutter kochte mit der Bäuerin und Vater kam am Wochenende und in seinem Urlaub hinaus. Für uns Kinder war das Erholung pur!

Mit dieser bescheidenen Lebensweise konnte meine Mutter noch einen arbeitslosen Geiger für meinen Bruder engagieren, der wöchentlich ins Haus kam. Sie war nur Hausfrau und hatte dadurch viel Zeit für uns Kinder.«

Kurt Motlik, Jahrgang 1926, erinnerte sich an eine »traurige Kindheit« in einer »Zinskaserne«. Auf 35 Quadratmeter lebte er mit seinen Eltern und dem um mehr als zehn Jahre älteren Bruder in Wien. Die Wohnung diente dem Vater, einem selbständigen Schneidermeister, der im Ersten Weltkrieg schwer verwundet worden und nur bedingt arbeitsfähig war, zudem als Schneiderwerkstatt. »In dem etwa 25 m² großen Zimmer standen die beiden Ehebetten mit Strohsäcken, zwei weitere Schlafgelegenheiten für die Kinder, eine Kommode, ein Kohlenofen und zwei schmale Schränke für Bekleidung und Wäsche. Sitzen konnte man nur in der 10 m² großen Küche, entweder auf einem Stockerl, auf der Wäschetruhe oder auf der Kohlenkiste. Jede Wohnung war mit primitiven Gasgeräten ausgestattet. Es gab auch schon elektrischen Strom, wobei die Leitungsdrähte lose an den Wänden befestigt waren. Wir verwendeten in der Küche jedenfalls eine Petroleumlampe. Als ›Ohr zur weiten Welt‹ besaßen wir ein Detektorradio. Dies war ein Funkwellenempfänger, mit welchem man mit etwas Glück über Kopfhörer den einzigen Sender, nämlich ›Radio Wien‹ empfangen konnte.

Eine Tageszeitung leisteten wir uns nur am Sonntag. Was gab es zu dieser Zeit bei uns zu essen? Wir Kinder bekamen zum Frühstück und zur Jause ein Stück Brot mit selbst gemachter Marmelade und ein Häferl Milch. Die Erwachsenen tranken Tee oder Malzkaffee, da man sich Bohnenkaffee, zu 5 Deka abgepackt, nur zu besonderen Anlässen leisten konnte. Fleisch oder Geflügel gab es nur an Sonn- und Feiertagen. Aber auch nur in geringen Mengen. Wir Kinder waren darauf gedrillt, alles aufzuessen, was auf den Tisch kam, ob wir wollten oder nicht. Brot gab es bei uns immer reichlich. Es verging kaum ein Tag, an dem nicht ein Bettler an unserer Wohnungstür klopfte und um ein Stück Brot bat. Er bekam es auch. Nach jetzigen Maßstäben waren wir arm. Es war jedoch damals kein Einzel-, sondern ein Massenschicksal.

In diesen Notzeiten gab es nur wenige Menschen, die sich eine Maßkleidung leisten konnten. Daher bestand die Haupttätigkeit meines Vaters in der Durchführung von Reparaturen. Meine Mutter hatte immer Probleme mit den Atemorganen und war nicht voll einsatzfähig. Eine nachhaltige Behandlung war damals aus finanziellen Gründen nicht möglich, da es zu dieser Zeit noch keine sozialen Netze gab, die Menschen in Bedrängnis aufgefangen hätten. Eine Kur oder ein Erholungsaufenthalt waren Träume, die nie in Erfüllung gingen. Wir mussten uns damit begnügen, an Wochenende zu Fuß kurze Ausflüge zu unternehmen, da die Straßenbahn für eine vierköpfige Familie pro Fahrtrichtung den Gegenwert eines Stundenlohnes gekostet hätte. Essen und Wasser zum Trinken wurde natürlich von zu Hause mitgenommen. Den Besuch einer Kindervorstellung im Kino oder im Wurstelprater gab es nur selten und da auch nur als Geschenk oder Belohnung.«

Auch die sozialdemokratische Arbeiterfamilie von Günther Doubek, Jahrgang 1928 und Einzelkind, war in ein Netzwerk von Verwandten und Freunden eingebettet. »Natürlich hatte ich während meiner ersten Lebensjahre, die in die ›dreißiger Jahre‹ fielen, noch keinen Einblick in die Finanzgebarung meiner Eltern – wenn man für das sorgsame und vorsichtige Einteilen der kärglichen und unregelmäßigen Geldeingänge diesen Ausdruck mit Berechtigung verwenden kann. Wir wohnten in der Zeit in einem kleinen Gartenhaus im Westen Wiens, in Baumgarten. In der Rückschau habe ich das Gefühl, dass wir ohne die kleine Gartenfläche, die uns mein Großvater in seinem Garten zur Verfügung stellte, nahe an die Hungergrenze gekommen wären. Mein Vater baute alle möglichen Gemüsesorten an, die meine Mutter mit einiger Routine konservierte, ›einlegte‹, so dass wir auch im Winter genug davon hatten. Es gab Mengen von Paradeisern, Kraut, Kohl, Spinat und Gurken. Meine Mutter zahlte immer in bar, sie und mein Vater machten prinzipiell keine Schulden. Da die Familien, die rund um uns wohnten, lauter Fixangestellte oder Leute des Mittelstandes waren, wären wir wahrscheinlich die Einzigen gewesen, das wollten meine Eltern nicht.

Während des Winters kochte meine Mutter auf einem kleinen Herd mit nur einer Kochstelle. Das Holz dazu holte mein Vater aus dem nahen Wienerwald und dem damals ziemlich verwilderten Dehnepark. Im Sommer wurden die Speisen im Gartenhaus auf einem Spirituskocher zubereitet. In meiner Erinnerung gab es hauptsächlich Teigwaren aller Art, Erdäpfel, die von Bauern mit ihren Pferdefuhrwerken in Eigenregie in der Stadt verkauft wurden, in allen Variationen – Erdäpfelpüree, Erdäpfel mit Petersil, Kartoffelfächer mit Käse, Erdäpfelschmarren, gefüllte Erdäpfel, Erdäpfel mit Butter, eine Gemüse-Kartoffelpfanne nach einem alten italienischen Rezept, bayrische

Kartoffelpuffer, böhmische Placky etc. – und zweimal wöchentlich Reis als Mittagessen. Dazu gab es die verschiedenen Gemüse der Saison. Fleisch gab es bei uns nur am Sonntag, und da nur spärlich. Was wir immer hatten, waren Eier. Unsere sechs Hennen legten sehr fleißig, besonders im Sommer. Sie waren sehr erfinderisch beim Verstecken ihrer Eier, aber meine Ausdauer beim Suchen war noch größer. Der Lohn dafür waren häufig Palatschinken, Eiernockerln oder ein weiches Ei am Abend.« Die Versorgung der Familie erfolgte über verschiedene Kanäle. »Ganz dunkles Öl aus der Steiermark in 5-Liter-Behältern« brachte der Nachbar, Eisenbahnschaffner auf der Südbahnstrecke, im Zugführerabteil mit nach Wien. Mithilfe des Onkels und dessen Dienstmotorrads wurde das Kernöl nach Hause geschafft. »Den Zucker bekamen wir von einem guten Freund meines Onkels Fritz, der Kraftfahrer in der Zuckerfabrik in Tulln war. Der Zucker (manchmal war es auch brauner Rohzucker) war sicher viel billiger als im Kleinhandel – wie er zu den Privatleuten kam, weiß ich nicht. Auch den Honig brachte mein Vater immer aus einer mir unbekannten Quelle.«

Gespart wurde auch bei Kleidung und Schuhen. »Ich trug damals auch im Winter eine kurze Hose (wie viele Buben) und lange Strümpfe (eins glatt, eins verkehrt), die an einem primitiven Strumpfbandgürtel befestigt waren. In der ersten Klasse war mir das noch egal, in der zweiten Klasse war es mir beim Turnen peinlich. In der dritten Klasse, als wir den Herrn Oberlehrer als Klassenvorstand hatten, gingen wir im Herbst ohnehin kaum in den Turnsaal, außerdem bekam ich zu Weihnachten endlich meine erste Knickerbockerhose, und der Strumpfbandgürtel hatte ausgedient.

Günther Doubek
mit neuer Knickerbocker

Im Sommer des gleichen Jahres bekam ich von meiner Tante Rosi die erste Lederhose – nach Augenmaß – als Geburtstagsgeschenk. Sie (die Lederhose) war daher so groß, dass ich sie fünf Jahre lang tragen konnte. Aus diesem Grund mochte ich sie anfänglich nicht, sondern versuchte im Hochsommer nur mit einer Turnhose, einer so genannten Clothhose, und einem Leibchen bekleidet, die Wohnung zu verlassen. Später schenkte mir ein Onkel eine größere, die mir wahrscheinlich heute noch passen würde. Mein Schuhbestand war leicht zu zählen, im Winter trug ich hohe Schnürschuhe und ab Mai ging ich wie viele Freunde barfuß. Nur an Sonntagen ließ ich mich zu Söckchen und Sandalen überreden.

Meine Mutter führte eine Art Haushaltsbuch, in welchem sie alle Ausgaben festhielt. Das Geld, das ihr nun zur Verfügung stand, wurde viergeteilt. In eine besonders schöne Schachtel legte sie am Sonntag jeder Woche die Beträge, die unbedingt im Monat gezahlt werden mussten, also für Miete, Strom und Gas. Damals kam unser Hausherr noch persönlich kassieren, ebenso der Strom- und Gaskassier. Ein weiterer kleiner Betrag wurde für die Sterbeversicherung bereitgelegt. Meine Eltern waren wie die meisten Wiener der Meinung, dass man nach seinem Tod niemandem zur Last fallen sollte. Ein kleiner Betrag stand meinem Vater zur Verfügung, ich habe nie erfahren, wie viel. Der größte Teil des Geldes war das ›Wirtschaftsgeld‹ meiner Mutter, das sie selten vollständig ausgab. Was übrig blieb, trug sie am Freitagnachmittag zur Sparkasse.«

Für die ebenfalls sozialdemokratische Familie von Hedwig Öhler, die 1930 in Wien geboren wurde, wurde ein Garten zur Basis des Überlebens und stiftete neuen Lebenssinn für den Vater. Als Oberwachmann der Gemeinde Wien hatte er »nach den Februarunruhen« 1934 seinen Posten verloren und die Familie das gesicherte Einkommen. »Die Mutter musste äußerst sparsam wirtschaften.« In Hagenbrunn hatte der Vater 1000 m^2 um 1000 Schilling erworben und in Schwerstarbeit einen Teil des Kaufpreises beim Grundverkäufer, einem ehemaligen Kollegen, abgearbeitet. Die Großmutter hatte 300 Schilling beigesteuert. »Jede Woche zahlte er vom kargen Arbeitslosengeld 1 Schilling zurück. Es wurde genau Buch geführt, denn seine anderen Geschwister wachten darüber, weil der Geldbetrag ja nicht geschenkt war. Doch nun waren wir Grundbesitzer geworden und das zu einer Zeit großer wirtschaftlicher und sozialer Not. Mein Vater ging daran, uns in Hagenbrunn das Paradies zu bauen. Mit dem Fahrrad fuhr er jeden Tag von Jedlesee, wo wir wohnten, über den Bisamberg nach Hagenbrunn und abends zurück. Er rodete das verwilderte Grundstück, schaffte bebaubares Land, pflanzte Erdäpfel, Erdbeeren, Bohnen, Zwiebel und Mohn. Von nun an gab es wöchentlich mindestens einmal köstliche ›gewuzelte‹ Mohnnudeln aus Erdäpfelteig.«

»Ich, Jahrgang 1930, weiblichen Geschlechts, wurde in ziemlich armselige Verhältnisse hineingeboren«, so beschrieb Gertrud Jagob das familiäre Umfeld. »Meine Eltern hatten das Glück, einen Hausmeisterposten in Ottakring zu bekommen, und so hatten wir wenigstens ein Dach über dem Kopf, denn damit ging auch eine mietfreie Wohnung einher. Allerdings war diese Bleibe nicht größer als ca. drei mal fünf Meter, das heißt, auf 15 m^2 lebten drei Menschen und mussten dort alle lebensnotwendigen Verrichtungen durchführen, wie Kochen, Waschen, Schlafen. Gekocht wurde auf einem zweiflammigen Gasrechaud, auf dem jeder Tropfen warmes Wasser (ob zum Kochen, zur Körperreinigung, zum Wohnungsputz oder für die ›kleine Wäsche‹, im Winter bei großer Kälte auch für die Hausreinigung) in einem großen Aluminiumtopf erhitzt werden musste.

Da wir sehr arm waren, kauften wir am nahen Yppenmarkt ein, vorwiegend das, was am nächsten Tag nicht mehr verkaufbar gewesen wäre. Im speziellen Fall bekam ich, wenn überhaupt, Bananen mit dunkelbraunen Flecken. Wer eine Ahnung von gesunder Ernährung hat, wird heute wissen, dass diese stopfend wirken und man Babys mit Durchfall damit füttert. Damals wusste das niemand aus der Arbeiterbevölkerung.

Zum Schlafen gab es ein großes Doppelbett für meine Eltern, darunter stand eine große Holzkiste aus groben Latten zur Aufbewahrung meiner spärlichen Spielsachen. Ein Sessel daneben ersetzte ein Nachtkasterl. Unmittelbar anschließend stand mein Gitterbett. Als ich größer wurde, bekam ich stattdessen einen schmalen Diwan mit integriertem Kopfteil. Die Doppelbettfläche war mein Platz zum Spielen; auf einem Schemel saß ich davor.

Als Mobiliar gab es noch einen Tisch, ein Stockerl und einen eintürigen Kasten sowie ein so genanntes ›Trumeau-Kastl‹, etwa einer Anrichte vergleichbar, für das Geschirr und die Lebensmittel, und einen relativ großen, runden Ofen.« Im Hof befanden sich das Klo, die Waschküche und der Pferdestall samt Senkgrube für den Stallmist, die Selcherei und der Arbeitsraum eines Fleischhauers.

Innenhof der großelterlichen Wohnung von Gertrud Jagob

»Mein Vater, arbeitslos wie viele Tausende damals, verdiente sich etwas dazu, indem er beim Fleischhauer half, was anfiel. Er schleppte die schweren Tierteile herein und die fertige Ware wieder hinaus auf die Straße und verlud alles auf den vom Pferd gezogenen Wagen und wurde dafür mit Naturalien bezahlt. So kam es, dass wir fast nie Butter aufs Brot hatten, doch öfter mit Dutzenden aufgesprungenen Würsteln oder Knackwürsten belohnt wurden. Ich soll einmal gejammert haben, ›nicht schon wieder Würstel‹. Oder aber fetter Bauchspeck landete bei uns. So wurde ich fast nur mit Schmalzbrot (selbst ausgelassener Speck) und Schwarztee (der auch stopfend wirkt) aufgezogen.

Viel lieber waren mir Großmutters Mehlspeisen. Sie hatte als junges Mädchen in Dürnkrut bei einer Herrschaft gedient und es zur begnadeten Köchin gebracht. Ihre Skubanki, Powidltascherln, alle Arten von Strudeln waren bis zu ihrem Ableben 1949 meine Lieblingsspeisen. Es waren lauter billige Gerichte, denn auch sie war Hausmeisterin und lebte von den Einkünften aus diesem Beruf.« Im Sommer ging die Familie jeden Sonntag zu Fuß von Ottakring bis zur Donau. »Geld für die Straßenbahn gab es nicht, dafür im Rucksack ein Einsiedeglas voll mit Erdäpfelsalat zu den frisch herausgebackenen Schnitzeln für Dienste beim hauseigenen Fleischhauer, und in der Milchflasche Wasser.« Um zehn Groschen wurde ein Kaffeehäferl vom Erzeuger mit Eis angefüllt. Wir saßen dann am Straßenrand oder im Park und genossen die seltene Leckerei.

Bei der Greißlerin schräg gegenüber von unserer Wohnung bekamen wir alle Mager- und Vollmilch ab einem achtel Liter direkt aus der Kanne, Petroleum genauso wie Schmierseife, Reißnägel und vor allem Schokolade! Oft ließen wir ›anschreiben‹ und bezahlten am Monatsersten vom so genannten Reinigungsgeld, dem Lohn der mühsamen Dreckputzerei im ganzen Haus, dem Hof und auf dem Gehsteig. Lag im Hof ein Papierl, so klingelte der Hausherr mittels einer in die Hausbesorgerwohnung gelegten elektrischen Glocke und dem musste sofort entsprochen werden. Im Winter hingegen, und damals waren die Winter noch viel länger und schneereicher, musste der Gehsteig ständig schnee- und eisfrei gehalten werden. Fiel des Nachts Schnee, so läutete garantiert ein Polizist per Hausglocke den ›Hausmasta‹ zur Reinigung heraus, egal zu welcher Nachtzeit. Auch mussten die gepflasterten Gehwege wegen der Rutschgefahr gestreut werden, und dafür wurde in einem großen Kübel die Asche aller Öfen gesammelt. Es war ein hartes Brot, das wir damals aßen.

Die Mieter hatten auch ein Zinsbüchl, in dem jeden Monatsersten der bei dem Hausmeister einzubezahlende Mietzins eingetragen wurde. Am 1. Jänner jedes Jahres gab es dann ein ›Trinkgeld‹ für den Hauszerberus und von diesem ein Stamperl selbstgemachten Schnaps.

Von diesen Einkünften konnten wir zumindest satt werden, traten jedoch außergewöhnliche Dinge wie z.B. Krankheit auf, dann wurde es brenzlig. So erzählte mir meine Mutter einmal, dass ich nach einer längeren Krankheit im Kleinkindalter – ich litt an chronischer Angina und Mandelentzündung – dringend einer besseren Ernährung bedurft hätte, leider aber kein Geld vorhanden war. Ein ob seiner humanitären Einstellung bekannter Kinderarzt hatte mich einige Male zu Hause besucht, unentgeltlich, und Milch und Butter verordnet. Als er bemerkte, dass seine Anordnungen nicht befolgt werden konnten, kam er eines Tages mit einem großen Paket an, stellte es auf den Tisch und ging wieder. Derselbe Arzt, ein Jude, wurde 1938 verhaftet und verschwand auf Nimmerwiedersehen, doch davor hatten ihn einige Patienten geschützt, indem sie vor seinem Haus Wache gestanden waren – leider vergeblich.

Als mein Vater einmal für kurze Zeit Arbeit bekam, konnte er damit für sich und meine Mutter dringend nötige Kleidung erstehen; für sich einen Anzug und für Mama ein Kostüm aus dem gleichen Stoff und dazu für jeden ein Paar Schuhe. Wer nicht selbst erlebt hat, was es bedeutet, trotz Arbeitswilligkeit über Jahre arbeitslos zu sein, kann sich den aufgestauten Frust auch nicht vorstellen. Auf diesem Nährboden war es ein Leichtes, die Ideen des Nationalsozialismus zum Erblühen zu bringen, auch wenn man rasch merkte, dass die versprochene Arbeit für jedermann Trennung von der Familie bedeutete, denn mein Vater z.B. wurde nach Norddeutschland in eine Fabrik gesteckt.

»Hunger« nannte Ingeborg Walla-Grom ihren Konsumbeitrag. Geboren wurde sie 1931 in Wien, sieben und zwölf Jahre später folgten zwei weitere Geschwister. »Meine älteste Erinnerung ist Hunger! Suchte in Mamas Brotdose nach Bröseln! War ca. vier Jahre alt, Papa arbeitslos, ausgesteuert, Vorkriegszeit, zwei Schilling für drei Personen in der Woche! Für ein bisschen Zucker, bisschen Brot, bisschen Speck zum Auslassen. Für die Miete für ein elendes Gassenlokal, kalter Steinboden, in der Arbeiterstrandbadstraße am Bruckhaufen, Floridsdorf.

Mahlzeit? Was ist das? Kannten wir nicht!

Wir hockten am kalten Boden und schlugen Nüsse auf, in Heimarbeit (schwarz). Aber nur für einwandfreie Hälften wurde bezahlt. Papa ging zu den Gärtnern nach Simmering. Für ein bisschen Gemüse schuftete er den ganzen Tag.«

Für Franz Ginner, dessen Vater als Portier im Wiener Allgemeinen Krankenhauses-Neue Kliniken mit Frau und Kind im Portalgebäude in der Lazarettgasse wohnte, war diese Not anderer mehrfach sichtbar. »In der Volksschulzeit habe ich diese Zustände in den Wohnungen von Schulkollegen kennen gelernt. Jene, die noch irgendeine kleine Unterstützung bekamen, konnten sich wenigstens ab und zu eine warme Mahlzeit auf dem Kocher bereiten. In den Stiegenhäusern der damaligen Mietskasernen roch es zumeist nach Kohl, oder wie die Wiener sagten, nach ›Kelch‹. Mein Vater hatte damals ein Monatseinkommen von ungefähr 150 bis 180 Schilling und gehörte sozusagen zum Mittelstand. Bei diesem Gehalt war es möglich, Rücklagen für eine neue Wohnungseinrichtung zu machen und einen angenehmen Lebensstil zu führen.« Zudem gab es den »Garten als Obst- und Gemüsequelle und von der Pilz-Großmutter und der Zehetgrub bekamen wir die Lieferungen an Eiern, Erdäpfeln und Äpfeln. Äpfel und Erdäpfel sowie ›Rahner‹[2] kamen mit der Eisenbahn in 50-Kilo-Säcken. Die Eier wurden in gehäckseltes Rinderfutter, so genanntes ›Ghack‹, bruchsicher eingelegt und die Eierkisten wurden zugenagelt.« Die Vorratshaltung war der Mutter ein stetes Anliegen: »Immer waren für mindestens drei Monate Vorräte vorhanden. Trotz unseres Gartens kaufte meine Mutter des Öfteren auf dem Markt auf dem Zimmermannplatz ein. Hier gab es zahlreiche Gemüsestandeln, Gewürzkrämer, Marktstände, die Sauerkraut und Sauergemüse feilboten. Dort lernte ich auch das Elend der armen, ausgesteuerten Menschen kennen. Man kann die Situation mit der heutigen in Afghanistan oder in ähnlichen Ländern vergleichen. In Lumpen gehüllte, ausgemergelte Menschen – meine Mutter sagte: ›Dö sánd ja nettá mehr Haut und Boan.‹[3] – stritten sich um die Abfälle, die nach Marktende auf dem Boden und zwischen den Marktständen herumlagen. Hunde kamen eher zu einem Stück Fleisch als diese wahrhaft erbarmungswürdigen Menschen. Aber dies alles hat man anscheinend ebenso vergessen wie den Umstand, dass diese menschenunwürdigen Zustände im Ständestaat Österreich zu den Ereignissen im März 1938 wesentlich beigetragen haben.«

Annelies Gorizhans Eltern waren ebenfalls Beamte, aber in ihrer Familienvita gab es zeitgeschichtlich bedingte Brüche. »Ich wurde 1931 geboren. Meine Eltern waren beide Volksschullehrer, hatten also gottlob ein ›sicheres‹ Einkommen. Dass Vater 1934 zwangspensioniert wurde und Mutti 1938 unfreiwillig ›freiwillig‹ in Pension ging, war nicht vorherzusehen. Gespart wurde bei uns immer, musste es ja auch. Jeden Ersten wurde das Geld zusammengelegt und in verschiedene Kuverts aufgeteilt: Zins, Wirtschaft, Schuhe und Kleidung, Weekend, Eventuelles. Vater bekam ein ›Taschengeld‹ und war's immer zufrieden.

2 Rote Rüben
3 »Die sind ja nur mehr Haut und Knochen.« Die Mutter war eine geborene Ischlerin.

Immerhin leisteten sich die Eltern den Luxus, einen Kleingarten, wir nannten es ›Weekend‹, an der Alten Donau zu pachten. Das muss 1930 gewesen sein. Einige Jahre später verkaufte Herr Meyer, der Eigentümer des Grundes, die Häuschen bis zum Florian-Berndl-Weg. Ohne Darlehen des Raggendorfer Großvaters hätten sie sich den Kauf nie leisten können, und sie waren ihm nicht nur sehr dankbar dafür; bis zu seinem Tod bekam Großvater monatlich die Raten zurückgezahlt.

Sonst wurde absolut nichts auf Raten angeschafft. Zuerst sparen, dann kaufen – das war die eiserne Regel, an die auch ich mich noch heute halte. Ausnahme: die Einleitung der Etagenheizung in den 1980ern in der Wohnung. Da hatte ich genau gerechnet und fand, dass bei Berücksichtigung der Inflationsrate (zehn Jahre) der Ratenkauf nicht teurer kam, aber die Raten leichter abzuzahlen wären.

Ein weiterer Luxus bestand darin, dass wir acht Sommer in Neukirchen am Großvenediger verbrachten, wo Mutti in der leer stehenden Wohnung einer Einheimischen schaltete und waltete, auch kochte, was natürlich billiger kam als im Gasthaus zu essen, während diese auf der Alm weilte und froh war, durch das Vermieten ein paar Schillinge verdienen zu können. Meine Eltern wieder finanzierten diese Sommeraufenthalte, indem sie das Gartenhäuschen zwei bis drei Monate jährlich vermieteten, was zwar Geld, aber meist auch Ärger mit den jeweiligen Mietern einbrachte.«

Erika Pazdera, geboren 1932 in Wien, erinnerte sich an zwei verschiedene Lebensszenarien. »Da meine Eltern berufstätig waren, verbrachte ich meine ersten Lebensjahre bei den Großeltern. Mein Großvater bezog nach dem Ersten Weltkrieg eine Kriegsinvalidenrente, da er wegen dem ›Gaskrieg‹ an Asthma litt. Das Einkommen war sicher sehr niedrig, daher auch der Lebensstandard nach heutiger Sicht nicht vorstellbar. Wer würde heute in einer Zimmer-Gangküche-Wohnung leben wollen, ohne Strom, ohne Gas, Wasser am Gang (›Bassena‹) und das Plumpsklo mit drei anderen Familien teilen? Aber selbst die Petroleumlampe (Stalllampe) wurde nur sehr sparsam in den Wintermonaten verwendet. Man saß im Dunkeln, im Schein der Straßenbeleuchtung. Essen gekocht wurde am Kohlenherd (ebenso die Wäsche). Jede Woche ging ich mit meiner Großmutter zum Brunnenmarkt, wo sie Erdäpfel, Gemüse und etwas Obst kaufte. Manchmal auch Kutteln und Beuschel, sowie Bauchfilz zum Auslassen für Schmalz, das zum Kochen verwendet wurde. Brot und Mehl, Hülsenfrüchte und Rahm holte sie vom Konsum.

Mein Großvater als Rentner ging im Sommer täglich in den westlichen Wienerwald, um Kräuter zu pflücken und Pilze und Beeren zu sammeln. Dies wurde sorgsam getrocknet und das ganze Jahr gab es zum Nachtmahl ein Stück trockenes Brot und Kräutertee. Als Kind kannte ich nichts anderes. Meine Großmutter strickte ihre weißen Zwirnstrümpfe selber. Auch die weiten Unterröcke, die sie trug, nähte sie selber mit der Hand. Später bekam ich dann aus zwei dieser Röcke ein Kleid genäht. Alle Textilien wurden immer wieder geändert und gewendet.

Die Wohnung meiner Eltern (Zimmer-Küche) war bereits mit Strom und Gas ausgestattet. Aber das Wasser wurde vom Gang geholt. Das Plumpsklo (im 2. Stock) teilten sich vier Parteien. Der ›Zins‹ war niedrig. Auch vom Dachboden durften wir ein Abteil benützen bis Kriegsbeginn. Da meine Eltern (Gemeindebedienstete) die Wohnung und die Möbel auf ›Wechsel‹ erworben hatten, gab es für mich als Kind selten ein Zehngroschenstück für Naschereien.«

Auch in Familien mit höherem Einkommen wurde gespart, aber auf anderem Niveau. Die 1921 geborene Wienerin Ella Gams erinnerte sich: »Für ›Extravaganzen‹ war bei uns nie Geld da – wir waren fünf Personen in meiner Familie und nur mein Vater verdiente. Wir hatten aber eine schöne Wohnung, immer genug zu essen und alles, was wir brauchten. Es musste natürlich gespart werden, schließlich wachsen Kinder auch aus Kleidern und Schuhen ›heraus‹, das gab manchmal Probleme! Ich kann mich noch gut erinnern: Eine Freundin lud mich bisweilen ins Theater ein (sie hatten eine Loge), aber ich musste (leider!) ablehnen …, weil ich kein Kleid besaß, mit dem man ins Theater gehen konnte.« Bei Ella Gams gab es auch »Taschengeld«. »Als ich zur Schule ging (ab 1928) gab es nur sehr wenig Taschengeld und dieses musste ich mit meinem Vater ›verrechnen‹ – ich sollte ja nur Dinge für die Schule dafür kaufen, Bleistifte, ein Heft etc. Ich kann mich noch gut erinnern, welche ›mathematischen‹ Schwierigkeiten ich mit der Verrechnung hatte, weil ich mir eine Schaumrolle gekauft hatte! Irgendwie ist mir der Schwindel aber doch gelungen …

Im Sommer gab's schöne Ferien – meist im Waldviertel, wo wir eine Zimmer-Küche-Wohnung bei einem Bauern mieteten und meine Mutter dort wirtschaftete. So hatten wir feine Ferien am Land, Kinder und Tiere zum Spielen und waren glücklich dabei. Wir sammelten Beeren und Pilze, es gab auch billige Hähnchen zu kaufen, so lebten wir gut und waren zufrieden. Gerne halfen wir ein bissl am Feld etc.«

»Mein Vater war überhaupt außerordentlich sparsam. Er hatte schließlich erlebt, wie zahllose rechtschaffene Leute alle ihre Ersparnisse durch Inflation, durch Kriegsanleihen und die später folgenden Bankkräche verloren hatten und nun in ihren alten Tagen fast mittellos dastanden«, beschrieb Erika Payr, Jahrgang 1921, ihren Vater, einen Versicherungsdirektor in Innsbruck. »Obwohl ich in sehr gesicherten Verhältnissen lebte, konnte ich doch nicht übersehen, dass es rundherum viel Not und Elend gab. Die Bettler und Hausierer gaben einander die Türschnallen in die Hand und es verging kein Tag, an dem nicht einer mit Gitarre oder Ziehharmonika im Stiegenhaus seinen Gefährten beim ›Du schwarzer Zigeuner‹ begleitete. Gleich neben der Türe hatte meine Mutter auf einer Ablage verschiedenfarbige Bons vorbereitet, blau für ein Mittagessen, gelb für Kaffee usw., sie erfreuten sich bei den Bettlern aber nicht sehr großer Beliebtheit, denn – und das war damit auch bezweckt – man konnte damit keinen Alkohol kaufen.

Als meine Mutter die Stelle des Dienstmädchens neu besetzen musste, hatte sie dies bei einer Agentur angemeldet und bereits am nächsten Morgen bildete sich eine Schlange von Bewerberinnen, die über die Stiege hinunter bis vor dem Haus standen, und als meine Mutter ihre Wahl getroffen hatte, gingen alle anderen mit hängendem Kopf davon. Es waren in allen Beamtenhaushalten u. Ä. Dienstmädchen zu finden. Dienstmädchen zu beschäftigen, war aber damals in keiner Weise ein Luxus, sie waren wohl auch ziemlich schlecht bezahlt, hatten aber Kost und Quartier sowie Schürzen. Ich glaube gehört zu haben, dass der Monatslohn nicht mehr als 10 Schilling betrug, ob das stimmt, weiß ich nicht.

Mein Taschengeld als Schülerin der Oberstufe betrug auch 10 Schilling, ich habe dafür aber weder Süßigkeiten noch Spielereien o. Ä. gekauft, ich musste mit dem Taschengeld alle kleineren Ausgaben während des laufenden Monats erbringen, also Schreibmaterial, eventuelle Fahrtkosten und Beiträge.

Es ist verwunderlich, dass Mama immer knapp bei Kasse war. Ihr Wirtschaftsgeld war wohl sehr knapp bemessen und damit musste sie auskommen. Sie hat sicher nichts für eigenen Luxus ausgegeben. Sie war zwar immer sehr elegant gekleidet, aber da war der Salon der Schwester in Wien, ihre eigene Geschicklichkeit und für alles dazwischen – wie Schuhe, Wäsche und Galanterie – musste sie wohl immer extra ›bitte‹ und ›danke‹ sagen. Man muss sich das Leben einer Dame der gehobenen Mittelklasse in jener Zeit wohl ganz anders vorstellen.«

»Ich bin am 18. November 1929 als Kind eines Bankbeamten der Creditanstalt-Bankverein und einer Klavierpädagogin in Wien zur Welt gekommen. Ich lebte mit meinen Eltern in einem Zinshaus in Hetzendorf, das meiner Mutter zur Hälfte gehörte«, beschrieb Ilse Wolfbeisser das von behaglichem Wohlstand geprägte Kindheitsumfeld, in dem aber auch das Sparethos nicht fehlte. In ihrer Studie »Lifestyle. Alltag – einst und jetzt« hielt sie zum Thema Kinderspielzeug fest: »Kleine Mädchen bevorzugten besonders aufwendige Puppen mit beweglichen Gliedmaßen und Mama-Stimme und sie mussten echte Haare haben (denn Kunsthaar gab es nicht und die Zelluloidpuppen hatten einen mit Frisur geformten Kopf). Ich bekam eine herrliche Puppe mit Haaren meiner Großmutter (die sich diese in den 1930er-Jahren abschneiden ließ) und ich weine dieser Puppe in Größe von etwa einem halben

Ilse Wolfbeisser mit ihrem Vater

Meter noch immer nach. Kastanienbraune Haare und bewegliche Augen – auch diese waren wichtig. Ich hatte zusammen mit dieser zwölf Puppen und Teddys, was für die damalige Zeit enorm viel war. Außerdem hatte ich einen Puppenwagen, eine Puppenküche – komplett mit Kredenz, Tisch, Sessel, Abwasch, Stockerl, Geschirr und Bügeleisen –, ein Puppenbett und einen dreiteiligen Kleiderkasten aus einem Horner Fundus; weiters einen zweiteiligen Matador-Baukasten, den ich besonders liebte. Ich hatte im Vorschulalter ein Schaukelpferd mit echter Rosshaarmähne und -schweif. So ein Exemplar soll noch immer vom letzten Wiener Schaukelpferdhersteller gemacht werden. Für wen, frage ich mich, für Buben, die Gameboy und Kindercomputer spielen oder vor dem Fernseher hocken?« Bei der Kinderkleidung wurden Vorkehrungen getroffen, damit sie längere Zeit passte: »Es wurden Stoffe gekauft. Stoffe besaßen früher eine weit größere Bedeutung. Aus denen schneiderten die Mütter oder Großmütter je nach Können. Viel öfter machte man jedoch aus abgelegter Kleidung etwas für die Kleinen, damit die guten Stoffteile nochmals verwertet wurden und somit nichts kosteten. Ich bekam z.B. aus einem gebrauchten dunkelblauen Samt ein Festkleid zugeschnitten, mit kurzen Puffärmeln, an die man in der kalten Jahreszeit lange Ärmel knöpfen konnte! Kann sich jemand vorstellen, wie arg das aussah? Es musste alles möglichst lange getragen werden können: Die Hängekleidchen hatten breite Einschläge am Saum, Trägerröckchen waren beliebt – hier konnte man die Träger leicht verlängern usw.«

Beim Genussmittel Kaffee wurde differenziert zwischen Sonntagen und Wochentagen. »Kaffee wurde nur bei Meinl gekauft, der dafür berühmt war. Natürlich als Bohne aus den schönen Messingbehältern an der Wand. Gerieben und fertig vakuumverpackt gab es noch nicht. Wir sind uns doch im Klaren: Nur frisch gemahlener Kaffee schmeckt so richtig nach Kaffee (dieser Geruch in der Wohnung!) und jeder Haushalt hatte eine Kaffeemühle. Die war schön zum Ansehen mit ihrem Einfüllaufsatz und der Kurbel aus Messing. Sonst aus Holz und unten nahm man aus einer kleinen Lade das Mahlgut heraus. Das Mahlen des Kaffees war eine heilige Handlung und oblag meinem Vater, der auch die nötige Kraft und Ausdauer dafür hatte. Zu diesem Behufe klemmte er sich das Gerät zwischen die Knie und kurbelte. Zeremonie deshalb, weil Kaffee nicht jeden Tag getrunken wurde, sondern sonntags, vorzugsweise zur Jause mit Kuchen und Torte. Denn für jeden Tag war Kaffee viel zu teuer, eben ein Genussmittel. Zum Frühstück tranken wir Malzkaffee mit Kathreiner. Jede Hausfrau machte sich so ihre eigene Mischung zurecht (das hatte noch Gültigkeit in den ersten 15 Jahren meiner Ehe). Ich z.B. mischte gepressten Feigenkaffee mit gerösteten Getreidekörnern in einem bestimmten Verhältnis. Es waren altbekannte Marken wie ›Kathreiner‹ oder ›Imperial‹, die sogar Werbung machten, meistens mit Emailschildern (die jetzt um viel Geld gehandelt werden) neben den Eingangstüren der Greißler. Wenige Firmen wie diese oder Waschmittelmarken machten überhaupt Reklame. Melanda war eine Kaffeemittelmischung mit einem Anteil von 40 Prozent geriebenem Bohnenkaffee.«

Außer Radio, Staubsauger, Telefon und Bügeleisen fallen der Autorin keine Haushalts- bzw. Elektrogeräte ein, die sich in der Wohnung befunden hätten.

Auch den Transport mit der Straßenbahn leisteten sich die Familienmitglieder nur teilweise. »Die Straßenbahn kostete im Vorverkauf 32 Groschen, für damals viel Geld. 50 Groschen kostete die erste Reihe im Kino. Fortbewegt haben wir uns zu Fuß, per pedes, und nochmals zu Fuß.« Ein Privilegium stellte der lange Urlaubsanspruch des Vaters dar. »Da mein Vater als Bankbeamter vier Wochen Urlaub (damals eine Seltenheit) hatte, erinnere ich mich relativ gut an diese am Land bei Bauern in der Ramsau oder in Klein bei Knittelfeld oder in Rettenegg mit den Wäldern voller Schwammerln. Ausflüge und Schwammerlsuchen waren da angesagt und dort Walderdbeeren und Bergwandern. Zweimal waren wir am Klopeinersee, wo die CA am Wasser ein hauseigenes Hotel hatte (und wo mir mit Gewalt das Schwimmen beigebracht wurde – brrr!), und einmal in Basca auf einer kroatischen Insel, wo die CA ein Vertragshotel direkt am Meer hatte und woran ich viele schöne Erinnerungen habe, obwohl ich erst sechs Jahre alt war. Einen Eselsritt kann man nicht vergessen und eine Inselfahrt mit einem großen Segelschiff und Dampfer auch nicht!«

»An die gefürchteten Waschtage im Keller kann ich mich noch sehr gut erinnern.«

Von der Waschrumpel zur Waschmaschine, vom Trog zur Badewanne

»An die gefürchteten Waschtage im Keller, mit Kesseln voll wenig duftender, seifiger Wäsche und mühsamem Schrubben auf der Waschrumpel, kann ich mich – wie sicher alle meine Zeitgenossen – noch sehr gut erinnern«, spricht die Wienerin Edith Farschtschian, Jahrgang 1942, vor allem ihren Zeitgenossinnen aus dem Herzen. »Der Hausfrau dieser Jahre oblag natürlich auch die Pflege der Wäsche«, beschrieb Silvia Zenta, 1949 in der Obersteiermark geboren, die traditionelle Arbeitsteilung der Geschlechter. Zum »Sortiment dieser hausfraulichen Folterkammer« Waschküche zählte sie den gemauerten Ofen, den riesigen Kessel, den langen hölzernen Rührstab, die Waschrumpel und die Mangel. Einweichen, Kochen, Bürsten, Auswringen, Schwemmen und Bleichen waren die kräfteraubenden Etappen. Der Waschtag teilte die Gesellschaft in jene Haushalte, in denen die Hausfrau die eigene Wäsche wusch, und jene Haushalte, in denen Hausangestellte oder ins Haus kommende Wäscherinnen die Wäsche reinigten. Diese wurden dann aber auch besonders gestärkt. »Butterbrot gab's auch in der Zwischenkriegszeit sehr selten, bei der Heumahd und am Waschtag für die Wäscherinnen«, erinnerte sich Hanni Steixner an ihre Jugend auf einem Tiroler Bauernhof. Und in Wien-Hetzendorf kochte die Klavierlehrerin besonders auf, wenn die Bedienerin Waschtag hatte. In Krisenzeiten bedeutete das Waschen für andere eine Verdienstmöglichkeit, die das Überleben der Familie sichern konnte. »Unsere Wohnung im Tiefparterre bestand aus Zimmer, Küche und Kabinett. Nebenan war gleich die Waschküche und Wäschewaschen für fremde Leute das einzige kärgliche Einkommen«, beschrieb Felix Pytela den Verdienst der Mutter für das Fortkommen der Familie. Um die Kreditraten für den Einfamilienhausbau in Friedensstadt weiter zahlen zu können, fing die Mutter von Alice Werany an, »für Fremde zu waschen und zu bügeln«. Die Frequenz des Waschens deutete auf Unterschiede bei der Ausstattung mit Wäsche und Gewand hin. Je größer die »Aussteuer« und damit der Vorrat im familiären Wäscheschrank war, umso weniger häufig musste gewaschen werden. Die Armen hatten öfter Waschtag.

Ähnlich wie die Wäsche wurde der Körper periodisch gereinigt, wobei ebenfalls aufwendige Vorarbeiten zu tätigen waren. Meist samstags dienten Waschtrog und später Zinkbadewanne, die häufig auch beim Wäschewaschen zum Einsatz kamen, in Keller oder (Wasch-)Küche zur familiären Ganzkörperreinigung. Für die kleine tägliche Wäsche diente das Lavoir, weniger elegant, die Waschschüssel.

Wohnsituation und Infrastruktur bestimmten das Ausmaß der Reinigungsmühsal. Wiener Erzähler/innen berichten vom Gewinn an Lebensqualität durch den Umzug in eine der neuen Gemeindewohnungen der Stadt Wien, die zudem mit einer Energieversorgungsaktion »in jeden Haushalt Gas und Strom« bringen wollte. Im »schönen großen Gemeindebau«, in den die Familie 1928 übersiedelt war, habe es zwar kein Bad gegeben, vermerkte Wilhelmine Hinner, aber »Klo mit einem Vorraum. Das war für die damalige Zeit etwas Großartiges«. Große Waschküchen und das in den Erinnerungen omnipräsente »Tröpferlbad« in Wohnungsnähe bildeten Angebote kollektiver Hygiene. Die Wissenschaft hatte Hygiene bereits im späten 19. und im frühen 20. Jahrhundert als Begriff im Alltag etabliert. Im Paket mit Gesundheit und Sauberkeit wurde sie zur – unterschiedlich wirkmächtigen – Norm, die von den Frauen herzustellen war, und zu einem Konsumfeld. Etwa zwei Prozent ihrer Ausgaben widmeten Wiener Arbeiter- und Angestelltenhaushalte laut zeitgenössischen Untersuchungen der Wiener Arbeiterkammer der »Reinigung von Wohnung, Wäsche, Hausrat«. Das waren 1930, dem Jahr der höchsten Ausgaben in der Zwischenkriegszeit, etwas mehr als hundert Schilling, 1934 nach dem Höhepunkt der Wirtschaftskrise um fast ein Drittel weniger.

Schon in den Erzählungen über das Waschen in der Zwischenkriegszeit finden sich des Öfteren Markennamen von Seifen und Waschmitteln. Vor allem die Schichtseife, die Hirsch-Kernseife, wurde in Stadt und Land immer wieder erwähnt, zudem tauchen Henko, Persil und Radion in den Texten auf.

Die Saubermacher Schicht und Henkel

Die große Pionierfigur war Johann Schicht (1855–1907), der als Sohn eines böhmischen Fabrikanten aus einem Seifensiederbetrieb das in der Monarchie größte Industrieunternehmen seiner Branche machte. 1911 wurde die »Erste österreichische Seifensiedergewerke-Gesellschaft Apollo« Teil der – seit 1906 bestehenden – Schicht AG, 1912 erfolgte der Einstieg bei der Firma Khuner, die sich der Kokosfetterzeugung verschrieben hatte. 1923 eröffnete Schicht die Margarinefabrik in Wien-Atzgersdorf (Marke Thea). Für 1928 verzeichnete der österreichische *Industrie-Compass* außer dem »Stammhaus in Aussig[4], Čechoslovakia« die Wiener Firmenzentrale »Österreichische Georg Schicht AG«, zwei Fabriken in Wien-Simmering und -Penzing zur Erzeugung von Seifen, Kerzen und Parfümeriewaren sowie eine chemische Fabrik im 21. Bezirk zur Erzeugung von Kristallsoda und Waschpulver. Im gleichen Jahr wurde das Unternehmen Teil der Margarine Union, die sich 1929 mit den Lever Brothers zur Unilever zusammenschloss. »Plag' Dich nicht! Nimm Schicht Radion, zum Einweichen Clarax«, forderte 1934 eine Annonce in der *Linzer Tagespost* die Hausfrauen auf. Und: »Besuchen Sie das Schicht Radion-Institut, Linz.«

Auf Aufklärung und Modernität setzte auch die Konkurrenz, die in Wien ansässige Persil-Gesellschaft Henkel & Voith, die im Juli 1934 in einem Inserat (»Zum Weichmachen des Wassers nur Henko«) aufforderte, »den Persil-Stand in der Ausstellung ›Frau und Kind‹« zu besuchen. Das Imperium der deutschen Unternehmerfamilie Henkel hatte 1876 Fritz Henkel mit der Eröffnung einer Waschmittelfabrik begründet. Das erste Auslandsbüro, das Henkel 1886 in Wien eröffnet hatte, wurde 1893 durch die Firma Gottlieb Voith übernommen, die den ersten erfolgreichen Markenartikel, Henkel's Bleich-Soda (ab 1921 Henko), in ganz Österreich-Ungarn verkaufte. 1907 brachte Henkel mit Persil (Natrium-*Per*borat und -*Sil*ikat) das erste »selbsttätige« Waschpulver auf den Markt, einen Verkaufsschlager. Voith produzierte Persil in Wien. An der 1927 gegründeten Persil Ges.m.b.H. Henkel & Voith, Wien, beteiligte sich Henkel mit 30 Prozent. 104.435 Kisten Persil und 22.322 Kisten Henko wurden 1927 in Österreich verkauft. 1927 war auch das Jahr, in dem laut Firmenchronik Henkel und der Lever-Konzern die Welt in Persil-Interessengebiete aufteilten. Zu Lever gehörten England und Frankreich mit ihren Kolonien, zu Henkel – mit Vorbehalten in China, Korea, den USA und Kanada – der »Rest« der Welt. In Österreich stärkten Inserate und Plakate von Werbeprofis wie Joseph Binder oder Hans Neumann sowie die berühmte Henkel-»Himmelsschrift« Marke und Kundenbindung. 1938 übernahm die Henkel & Cie, Düsseldorf, die 51-Prozent-Beteiligung an der Persil-Gesellschaft in Wien von Gottlieb Voith (ab 1939: Persil Ges.m.b.H., Wien). Ab 1995 fungierte die Henkel Austria Gruppe als Muttergesellschaft für alle Henkel-Unternehmen in Österreich und Mitteleuropa.

4 Tschech. Ústi nad Labem

Während in zahlreichen Waschkesseln bereits Markenwaschpulver schäumte, nutzten andere Wäscherinnen, vor allem am Land – so die Erinnerungen der Töchter und Enkelinnen – immer noch Pottasche, die durch Verdampfen von Holzaschenlauge gewonnen wurde, zum Waschen wie einst schon die Sumerer in Mesopotamien.

Waschmaschinen begannen in den späten 1950er-Jahren zum Objekt der Begierde der Frauen zu werden, die sich in den Nachkriegsjahren – so auch mehrere Erzählerinnen – wieder mehrheitlich als Hausfrauen definierten. 1952 hatten nicht einmal ein Prozent, 1959 bereits zehn Prozent der Haushalte eine elektrische Waschmaschine, die erst als Bottich- und dann als Trommelwaschmaschine auf den Markt kam. Der Weg in die Haushalte wurde, wie die Erinnerungen belegen, durch intensiv beworbene Angebote für Ratenzahlungen beschleunigt. Durch die teilweise jahrzehntelange Nutzung entwickelte sich ein Naheverhältnis zu den Maschinen, die der »Plackerei« ein Ende gemacht hatten. Erzählerinnen sprechen von ihrer Eudora, Constructa, AEG Lavamat … Die Markennamen leben fort, auch wenn die einstigen Unternehmen wie Eudora, das bereits 1947 die vom Firmengründer Karl Steininger konstruierte erste Waschmaschine vorgestellt hatte, nicht mehr als eigenständige Produktionsunternehmen bestehen. 95 von 100 privaten Haushalten verfügen laut Konsumerhebung (2014/15) nunmehr über eine Waschmaschine und 93 Prozent aller Hauptwohnsitzwohnungen gehören laut Studie *Wohnen 2016* der *Statistik Austria* zur bestausgestatteten Kategorie A mit Badegelegenheit, WC und Zentralheizung. Was später zum Normalfall wurde, bedeutete für Erika Neuberger in den 1950er-Jahren einen unvergesslichen Moment: »1957 zog ich mit meinem zweiten Mann und meinem Sohn aus erster Ehe in eine neue Wohnung ein. Das Glücksgefühl, das ich damals nach Reinigungsarbeiten in diesem neuen Heim in der eigenen Badewanne empfand, ist unbeschreibbar!«

Erzählungen vom Waschen

Ernestine Hauer teilte ihre Erinnerungen in die Zeit vor und nach dem Umzug in die Gemeindewohnung im Jahr 1930. »Vor 1930 (altes Haus, Wasser und WC auf dem Gang) wurden wir noch in der Küche im Waschtrog gebadet, das Wasser auf dem Gasherd erwärmt. Ab 1930, in der neuen Gemeindewohnung mit Wasser und WC innen, hing eine Zink-Sitzbadewanne über der Klosettmuschel, was mir bei jeder ›Sitzung‹ Angst einflößte. Badetag war Samstag. Für die tägliche Körperreinigung hatten wir ein schönes ›Waschstockerl‹ zum Aufklappen, innen stand das Lavoir sowie sämtliche Waschutensilien; heißes Wasser gab's nach wie vor vom Gasherd.« Der Vater war lange Jahre ohne Arbeit und es war die Mutter, die mit ihrer Arbeit in der Zuckerlfabrik und bei der Badener Bahn die Familie am Leben erhielt, aber auch die Hausarbeit erledigte: »Bis 1930 wusch meine Mutter (geb. 1897) sämtliche Wäsche im Trog in der Küche, ab 1930 in der Gemeindewohnung gab es im 5. Stock eine Waschküche, einen Kohleofen mit großem Kessel und – fortschrittlich – eine ›Waschmaschine‹ = Holzbottich mit Deckel, daran eine Art Kurbel, die man hin- und herbewegen musste. (Das war meistens die Arbeit für uns Kinder.) Am Abend vor dem Waschtag wurde die Wäsche mit Henko (eine Art Soda) eingeweicht, am nächsten Tag geschwemmt und in dem großen Kessel unter Zugabe von Persil gekocht; dazwischen mit einem Riesenholzkochlöffel ›umgerührt‹, dann im Trog gebürstet, wieder geschwemmt, wieder im Kessel gekocht, dann im Trog auf dem Waschbrett gerumpelt, anschließend einige Male geschwemmt, ausgewunden und auf dem Trockenboden aufgehängt. Die Waschküche durfte alle drei Wochen benützt werden. Man kann sich vorstellen, welche Arbeit die Generation meiner Mutter geleistet hat.«

Im späteren eigenen Haushalt gab es schon manche Erleichterungen: »Als ich 1946 anfing, einen Haushalt zu führen, gab ich die Bettwäsche in die Wäscherei, Leibwäsche wusch ich ›altmodisch‹ (statt des Kessels in der Waschküche jedoch einen 10-Liter-Kochtopf für den Gasherd bzw. Elektroherd). Eine Waschmaschine (eine gute, alte Eudora) hab' ich sogar erst 1989 in Oberösterreich gekauft, da hatte ich schon meine eigene Pension. Und die Eudora kann – Gott sei Dank – noch immer ihre Arbeit tun!«

»In jedem Stockwerk hatte man für sechs Wohnparteien mit etwa 20 Bewohnern nur eine Wasserleitung am Gang, die im Winter regelmäßig einfror«, erinnerte sich Kurt Motlik. »Für ebenso viele Bewohner standen pro Stockwerk nur drei Klosetts ohne Wasserspülung zur Verfügung. Dafür stand ebenfalls pro Stockwerk am Fußboden des Ganges ein gesetzlich vorgeschriebener Spucknapf. Im Kellergeschoß befand sich eine Waschküche, die pro Wohnung im Monat nur einmal benützt werden durfte. In dieser Waschküche stand eine gemauerte Feuerstelle, in der sich ein offener Kessel zum Erwärmen des Waschwassers befand. Das Waschen der Wäsche erfolgte auf primitivste Weise in Waschtrögen aus Holz. Da es damals noch keine mechanischen Hilfsmittel gab, musste jeder Arbeitsgang mit den bloßen Händen durchgeführt werden. Deshalb war besondere Vorsicht geboten. Schon deshalb, um nicht auf Ratten zu steigen und auszurutschen. Nach dem Waschen musste die tropfnasse Wäsche über sechs Stockwerke auf den Trockenboden geschleppt und dort zum Trocknen aufgehängt werden, denn einen Aufzug gab es nicht. Im Winter musste man die Wäsche oft steifgefroren abnehmen, da der Trockenboden ebenfalls nur einen Tag pro Monat zur Verfügung stand. Alle Vorgänge im Haus (so auch diese) wurden von einem Hausmeister streng überwacht, der auch monatlich die Miete für den Hausbesitzer kassierte.« Sitzen konnte man nur in der Küche, obwohl auch dort die zehn Quadratmeter keinen Platz für Sessel boten. »Man saß entweder auf einem Stockerl, auf der Wäschetruhe oder auf der Kohlenkiste, in welcher der Wochenbedarf an Heizmaterial untergebracht war. Auf dieser Kohlenkiste stand auch eine Waschschüssel aus Blech, die zur Körperreinigung verwendet wurde. Vor hohen Feiertagen ging meine Mutter mit mir manchmal in ein ›Tröpferlbad‹. Das waren öffentliche Badeanstalten, wo man gegen ein geringes Entgelt für kurze Zeit eine offene Brausekabine benützen durfte.«

Die ersten Jahre ihrer Wiener Kindheit hatte Erika Pazdera, Jahrgang 1932, bei den Großeltern verbracht. »Als meine Mutter entlassen wurde und zu Hause blieb, war ich natürlich mehr bei meinen Eltern. Die Wohnung meiner Eltern (ein Zimmer, Küche) war bereits mit Strom und Gas ausgestattet. Aber das Wasser wurde vom

Gang geholt. Auch das Plumpsklo (2. Stock) teilten sich vier Parteien. Die Frage nach der Hygiene ist einfach beantwortet: Die tägliche Körperpflege wurde in der Küche überm ›Lavoir‹ abgehalten. Haare wurden alle drei bis vier Wochen daselbst gewaschen. Die Körperwäsche aus Leinen oder Baumwolle wurde wöchentlich gewechselt, die Bettwäsche in meiner Familie alle drei Wochen, Vorhänge wurden zweimal im Jahr gewaschen und gestärkt. Die Matratzen waren mit Seegras gefüllt, und wurden alle dreiviertel Jahre von meinem Großvater nachgestopft.

Nach dem Krieg wurden ›Federkernmatratzen‹ angeschafft und der erste Staubsauger, den ich sah.« Sonst änderte sich vorerst wenig: »In der Kriegs- und Nachkriegszeit kannte ich keine Kosmetikartikel oder spezielle Seifen. Haare wurden mit Schmierseife alle paar Wochen gewaschen, für die tägliche Reinigung gab es undefinierbare Seife (›Rif-Seife‹), Schichtseife und für die Zahnpflege ein Pulver. Geschirr wurde mit Soda und Reibsand behandelt, Fenster wurden mit Spirituswasser und Zeitungspapier geputzt. Und unser Plumpsklo bedurfte keiner Reinigung. Die tägliche Körperpflege wurde in der Küche im ›Lavoir‹ getätigt. Ich genoss daher jede Möglichkeit einer Dusche! Da es in unserem Haus keine Waschküche gab, mussten wir in eine Mietwaschküche gehen. Alle sechs Wochen hatten wir einen Waschtag reserviert. Das war von unserem Drei-Personen-Haushalt ein geflochtener Wäschekorb voll mit zweifacher Bettwäsche und so genannter Leibwäsche. Alles aus Halbleinen und Baumwolle. Zuerst wurde alles über Nacht eingeweicht, als nächstes gebürstet und gerumpelt, dann gekocht, geschwemmt, geschleudert und aufgehängt zum Trocknen. Als die ersten öffentlichen Waschmaschinen in Wien ihren Betrieb aufnahmen, war ich sehr skeptisch, ob die Wäsche rein würde. Ich habe mich rasch an die neue Bequemlichkeit gewöhnt.«

Kriegserinnerungen stellt Ilse Schubert, 1941 in Wien geboren, in den Mittelpunkt ihrer Erzählungen. Zum Thema »Lebensführung« schreibt sie: »Die Wäsche wurde wöchentlich gewechselt, einmal im Monat war großer Waschtag. Meine Großmutter kochte in einem Riesentopf am Kohlenherd die Wäsche aus, rührte mit einem Holzkochlöffel um, alles war voller Dampf. Dann wurde die Wäsche in der Küche kreuz und quer aufgehängt, so dass man kaum mehr durchkonnte. Vor allem die bei Verkühlungen vollgerotzten Stofftaschentücher wurden da auch ausgekocht. Meine Mutter ging zu einer Weißwäschenäherin und trug ihr die Hemden meines Vaters hin für neue Krägen und Manschetten, wenn diese durchgestoßen waren, auch Bettwäsche bekam viereckige Flecken eingesetzt, wenn sie zerschlissen war. Einmal waren wir länger dort und plötzlich war es finster. Es war Verdunkelung und wir mussten nach Hause. Draußen war aber rabenschwarze Nacht, man konnte die

Hand nicht vor den Augen sehen. Wir tasteten uns der Hausmauer entlang. Bis wir zum Eck kamen, eine Ewigkeit! Wir hatten Angst, in ein Trottoirloch zu stolpern, endlich griffen wir ums Eck und dann waren wir bald zu Hause. Ich hatte schreckliche Angst. Baden gingen wir alle vier Wochen ins Wannenbad in die Dürergasse, zu Hause hatten wir keines, auch keine Dusche. Wir hatten auf Armen oder Beinen oft schon dunkle Landkarten auf der Haut. Man bekam ein sperrbares Badezimmer mit Eisenwanne (dunkelgrau), wo wir uns den Dreck mit Seife und Bürste herunterschrubbten.«

In den Erinnerungen von ehemaligen Landkindern ist die Nutzung der von der Natur zum Waschen bereitgestellten Infrastruktur, der Bäche und Teiche, ein wichtiges Thema. Der 1923 geborene Niederösterreicher Franz Halmer arbeitete nach der Schule am elterlichen Bauernhof mit, auch beim Wäschewaschen musste der Sohn mithelfen. »Ein paar Tage vor dem Wäschewaschen wurde in einem großen Bottich Aschenlauge hergericht'. Da sind dann die Stücke, die am meisten schmutzig waren, eingeweicht worden und zum Schwemmen sind wir zu einer Lacke gegangen. Die war im Dorf, da musste ich auch öfters mitgehen und der Mutter beim Auswringen helfen. Wenn der Teich zugefroren war, musste man das daheim machen, da haben wir schon warmes Wasser gehabt. Während des Krieges und auch nach dem Krieg bis ungefähr 1955 ist die Seife selbst gemacht worden aus Schaffett.«

»Über die Reinlichkeit und den Komfort dabei kann ich sagen«, meinte Maria Medla, die zweite Tochter einer Textilheimarbeiterin und eines Strickers und Forstarbeiters, »wir beide waren nicht die schmutzigsten Kinder in der Schule. Hatten immer Hals und Ohren gewaschen, aber wir hatten auch Läuse, obwohl Mutter öfter nachschaute. Die Füße waren eine andere Sache. Die waren nur am Sonntag früh sauber, wenn wir zum Kirchgang weiße Strümpfe anzogen. Die Strümpfe strickte auch Mutter. Die Woche über gab es bei uns ein Eineinhalb-Liter-Häferl mit lauwarmem Wasser gefüllt bei den Stufen zur Haustür. Mund ausspülen, Hände und Gesicht waschen und ›aus‹. Eins nach dem andern holte sich frisches Wasser von der Stube. Alle vier Personen mit einem Handtuch die ganze Woche. Samstagabend war immer Radikalwäsche mit der Schichtseife, auch der Kopf war dran. Da war Mutter streng. Da wurden auch die Füße sauber.«

Die Steirerin Herta Grillitsch merkte zu dem Thema an: »Die Sauberkeit, ich meine die Körperpflege, ließ natürlich zu wünschen übrig, was uns Kinder nicht sehr störte. Wir fühlten uns auch so wohl. Die Wäsche wurde einmal in der Woche gewechselt. War Zeit vorhanden, wurden wir da auch gründlich gewaschen. Während der Woche hatten wir ein kleines Holzschaff und wir Kinder mussten in ein und demselben Wasser das Gesicht waschen, denn der Brunnen war etwa 150 Meter weit entfernt und meine Mutter trug mit einem 20-Liter-Blechtopf das Wasser auf dem Kopf zum Haus, also musste man mit dem Wasser sparen. Besonders, wenn es im Winter eisig war, war das eine sehr gefährliche Beschäftigung. Gab es also Großreinemachen, wurde Wasser am Herd warm gemacht, das Schaff, das zum Wäschewaschen verwendet wurde, füllte man an und da kam einmal meine Schwester zuerst in das Schaff, dann wieder ich. Manchmal hatten wir vergessen, wer dran war, dann gab es fürchterlichen Streit, denn jeder wollte zuerst ins Schaff. Nicht immer kamen wir jede Woche ins Schaff. Wenn Mutter viel Arbeit hatte und zu müde war, dauerte es manchmal zwei Wochen. Die Wäsche wechselten wir schon wöchentlich, die musste gewaschen werden, denn wir besaßen ja nicht viel. Drei Unterhosen, zwei Hemden, zwei Kleider, zwei Kleiderschürzen und eine gestrickte Weste. Auch beim Waschen musste sehr gespart werden, denn die Schichtseife, mit der man die Wäsche wusch, war teuer. Manchmal haben die Frauen selbst Seife gesotten. Die Bettwäsche wurde nur alle vier Wochen abgezogen. Manchmal musste sie am Abend schon wieder trocken sein, da keine zum Wechseln da war. Wenn unsere Wohlstandspinkel das heute lesen, denken sie wohl ›so arme Kinder‹. Ich empfand es nicht als arm, ich fühlte mich auch nicht so.«

Im Mostviertler Voralpenland wuchs Rosa Imhof, Jahrgang 1931, als drittälteste Tochter von zehn Geschwistern auf. Die Mutter führte eine kleine Landwirtschaft und der Vater war Holzknecht, der erst am Samstag aus dem Wald heimkam. Sanitäre Einrichtungen gab es in ihrem Geburtshaus nicht. »Unser Haus war sehr klein. Die Mauern waren aus Stein und Sand und waren sehr feucht. Wasser, WC und Strom gab es nicht im Haus. Das Wasser war draußen vor dem Haus. Durch eine Holzröhre plätscherte es in einen Holztrog. Die Quelle war auf einer Viehweide, so kam es oft zur Verschmutzung des Wassers. Manchmal war die Brunnenröhre auch durch eine Maus oder einen Frosch verstopft. Trotz der Bakterien oder Erreger, Nachteile verspürten wir keine. Auf Hygiene zu achten, dafür hatte Mutter keine Zeit. So wurden wir auch nicht wie eine Treibhauspflanze aufgezogen. Wir Kinder spielten gerne im Wassertrog, aber gewaschen haben wir uns nur an Samstagen. Mutter hat uns in einen Holzeimer warmes Wasser gegeben. Da mussten wir unsere Füße einweichen, bevor die Badekur begann. Der Dreck hat sich manchmal schon in die Haut eingefressen und dann tat es ganz schön weh, wenn wir mit einer Bürste unseren Dreck wegschrubbten. Da haben die Füße geblutet, und als wir fertig waren, sah man entzündete Stellen. Hauptsächlich die Knie funkelten rot. Nachher gab es frische Wäsche zum Anziehen und da meine Mutter nur für das Baby aus Stoffresten Windeln hatte, zog sie den Buben, die noch nicht rein waren, Kleidchen an, damit sie auf den Boden pinkeln konnten. So hatten sich auch Flöhe angesiedelt. Obwohl wir keine Zahnbürste kannten, hatten wir schöne Zähne. Das weiß ich von den Zigeunern, sie haben Mutter gefragt, warum wir so schöne Zähne hätten und ob wir ins Holz bissen. Ich wurde nie von Zahnweh geplagt und ins Holz hab ich auch nicht gebissen. Die Antwort auf weiße Zähne kann nur sein, wir hatten keine Süßigkeiten.

An Samstagen hat die Mutter die Böden aufgewaschen, vorher mit einem Besen zusammengekehrt. Da ist ganz schön viel Mist zusammengekommen. Als Reinigungsmittel nahm Mutter Aschenlauge. Die Asche hat sie am Vortag eingeweicht und dann das Wasser abgeschüttet. Die Asche gab sie zu den Obstbäumen als Düngemittel. Dafür haben wir immer schöne Äpfel geerntet. Die Betten hat Mutter zu Ostern und Weihnachten überzogen. Unsere Unterlage waren Strohsäcke. Das Stroh war da schon ganz bröselig. Die Strohsäcke waren schön warm und die Oberdecke war im Winter vom Hauch angefroren. Wir haben aber immer gut geschlafen. Das Häuschen war draußen beim Misthaufen in 20 Metern Entfernung vom Haus. Bei Minusgraden ein langer Weg. Unsern Intimteil putzten wir mit Blättern von den Bäumen, oder wenn manchmal eine Zeitung vom Pfarramt kam, gebrauchten wir die auch.«

Kontinuitäten der Unbequemlichkeit und der Klo-Außenstellen prägten das Landleben noch lange Zeit, nicht nur im Waldviertel, wo sie Karl Schmutz für sein Elternhaus im Lainsitztal, im Nordwesten Österreichs nahe der tschechischen Grenze, dokumentierte. »Ich wuchs dort in den 1950er-Jahren als Sohn von so genannten Kleinhäuslern auf. Kleinhäusler waren Leute, die ein kleines landwirtschaftliches Anwesen besaßen, welches zum Leben alleine für eine Familie nicht ausreichte. Wer ein solches sein Eigen nannte, musste dann immer noch zusätzlich einem Nebenerwerb nachgehen, was aber bei meinen Eltern nicht möglich war, da Vater seit seinem zweiten Lebensjahr infolge Kinderlähmung einen verkürzten Fuß hatte. Um aber trotzdem das sprichwörtliche Überleben unserer Familie garantieren zu können, musste sehr klug – wie man das früher nannte –, also äußerst sparsam gewirtschaftet werden. Ich hatte damals meine Schlafstelle noch in der Küche, wo mein Vater meistens die halbe Nacht über an seinen kleinhandwerklichen Erzeugnissen arbeitete.« 1950 wurde der Raum mit dem Backofen durch eine Waschküche ersetzt. »In diesem neu geschaffenen Raum wurde nicht nur die Wäsche gewaschen (mit Waschtrog und Waschrumpel), sondern auch gebadet, ebenfalls im Waschtrog. Vorher spielten sich all diese Wascharbeiten und Hygienemaßnahmen noch in der Küche ab. Übrigens unser Trink- und Nutzwasser – auch für die Tiere – wurde über eine Handpumpe im Vorhaus entnommen, welche erst nach einigen Leerhüben Wasser vom gleich neben dem Lainsitzbach befindlichen Brunnen ansaugte. Manchmal kam es auch vor, dass man Wasser erst nach langwierigen Entlüftungsarbeiten an der Flügelpumpe erhielt. Die ersten paar Kübel Wasser hatten dann – wegen der alten rostigen Eisenleitungsrohre – eine trübe rötliche Farbe. Dieses Wasser wurde – wegen häufiger Wasserknappheit im Brunnen – trotzdem verwendet.

Eine weitere Lokalität des täglichen Gebrauches war das Klosett. Ja, ich schreibe bewusst den Ausdruck Klosett, denn ein richtiges WC gab es meines Wissens im gesamten Dorf noch nicht. Unser Klo war damals schon ein moderneres, nicht mehr – wie sonst üblich – ein hölzernes Häusl neben dem Misthaufen. Nein, es war zum größten Teil in die breite Stallmauer eingebaut, nur die Vorderseite mit der Tür ragte aus Platzmangel etwas aus dem übrigen Gebäudemauerwerk heraus. Wahrscheinlich deshalb, damit man einen direkten Anschluss an die darunterliegende Senkgrube ermöglichte. Denn es war trotz aller Vorteile noch immer als ein so genanntes Plumpsklo ausgebildet. Ich erkläre das deswegen bei diesem Objekt so ausführlich, weil uns angeblich einige Großbauern wegen des schon etwas nobler ausgebildeten Örtchens beneideten. Es prangte sogar ein Email-Schild mit der Aufschrift Abort an der hölzernen Tür unseres Klos, um auch eventuell einem Besucher, der den Hausbrauch nicht kannte, die rasche Auffindung dieses oft dringend benötigten Ortes zu ermöglichen. Einen Nachteil hatte unser Klosett dennoch: Im Winter konnte es schon vorkommen, dass die dort abgesetzten hinterlistigen Sachen, wenn man nicht präzise ins darunterliegende Loch traf – was für einen so kleinen Buben wie mich nicht immer einfach war – an der Rohrwandung festfroren. Das hatte nach mehrmaliger Benützung des Klos zur Folge, dass dieses ekelige Türmchen dann immer höher wurde. Mit heißem Wasser musste dieses dann immer aufgetaut werden, um wieder freie ›Schusslinie‹ zu haben. Früher war man ja noch nicht so verwöhnt wie heute, aber es kostete schon damals große Überwindung, bei über minus zehn Grad Außentemperatur auf das Häusl zu gehen.«

Während des Krieges und in den ersten Nachkriegsjahren machten auch Städterinnen, die fluchtartig die Stadt verlassen hatten, ihre Erfahrungen mit den besonderen Rahmenbedingungen des Landlebens. Ilse Wolfbeisser erlebte im Ablauf der Zei-

Elternhaus von Karl Schmutz im Waldviertel

ten in unterschiedlichen Lebenssituationen völlig unterschiedliche Szenarien des Waschens, was sie zum vollen Lob auf die Waschmaschine animierte: »Ein Gerät muss ich hervorheben, denn es hat die Plagen der Hausfrauen entscheidend vermindert. Es ersetzte sogar einen eigenen Raum im Haus: die Waschmaschine! Ich habe diese schauderhaften Prozeduren eines Waschtages noch erlebt! Meine Mutter, die sich eine Bedienerin leisten konnte, war darin durchaus involviert, denn sie musste an diesem Tag besonders gut kochen und der Frau Fanny bei vielen Handreichungen helfen, die mindestens einmal im Monat einen Tag lang stattfanden.«

Anfang der 1950er-Jahre lebte die von der Autorin begründete Jungfamilie in Tirol zur Miete in einem Landhaus am Berghang. »Neben der Küche war ein angebautes Kammerl (das in der Zeit, wo wir dort wohnten, so feucht und kalt war, dass wir die Wände mit Decken verhüllten und dem Kleinkind Fäustlinge in der Nacht anzogen), das unser Hausherr errichten ließ, als sich unser zweites Kind ankündigte. Daneben das Klo und das ganze unterkellert, wo eine Zeitlang die Hendeln logierten, die durch das Kellerfenster herauskonnten. Strom und Wasser wohl innen, aber Sparherd und Ofenheizung mittels Holzklaubscheines hinterm Haus. ›Jeden Tag ein Dürrling!‹ Seitdem sehe ich einen Wald mit anderen Augen an. Sägen, hacken, kleine Wäsche, Babywäsche und Windeln von zwei Kindern im großen Topf am Herd kochen. Die Bettwäsche konnten wir bereits in einer Wäscherei in Schwaz waschen lassen und nass abholen.«

In der nächsten Tiroler Unterkunft gehörte eine Waschküche zur Wohnung. »Wie sie eben üblich war: Ein Riesenbottich aus Blech war eingemauert auf einem noch riesigeren Ofen, in dem tüchtig eingeheizt werden musste, bis sich die in einer Seifenlauge befindliche Wäsche ordentlich bewegte. Deswegen hat man ja Wäsche gekocht. Nicht nur aus hygienischen Gründen, sondern hauptsächlich deshalb, damit sie sich ›bewegt‹ und somit rein wird. Es gab schon Waschpulver. Ich erinnere mich mit Schrecken an die Marke ›Radion‹, die so scharf war, dass ich 20 Jahre lang ein Hautekzem am Handrücken hatte. Gummihandschuhe gab es nicht. Die kochende Wäsche musste mit dem Schwung eines riesigen Kochlöffels in einen länglichen Holzbottich (sah aus wie ein langer Sautrog) geschleudert werden, in dem eine Waschrumpel lehnte, auf der die kochende Wäsche mit Schichtseife nachbearbeitet wurde. Wie man das machte? Mit viel Stöhnen. Dann erst musste geschwemmt werden, mit eiskaltem Wasser (ein Vergnügen im Winter!), immer wieder, bis die Hände abermals glühend rot – diesmal aber durch die Kälte – und aufgesprungen waren. Immerhin hatte ich drei Jahre lang das Vergnügen. Dann übersiedelten wir nach Innsbruck und ich bekam eine wirklich gute Waschmaschine, die Constructa. Ganz neu am Markt. Sie hatte aber noch einen Nachteil: Sie musste am Boden festgeschraubt werden auf einen Sockel, sonst ging sie spazieren. Das sind so meine Erinnerungen

Copyright by Constructa Hausgeräte

an das beste Stück der Hausfrau. Jetzt gebe ich im Garten die geschleuderte Wäsche in einen Trockner.«

Als »Traumland« ihrer Kindheit hat Gertraud Unterweger, geboren 1942, den kleinen Ort im niederösterreichischen Erlauftal bezeichnet, in dem sie bei den Großeltern Kriegs- und Nachkriegsjahre verbrachte. »Meine Mutter arbeitete die erste Zeit die Woche über bei Bauern, um selbst verköstigt zu sein. Dadurch konnte sie ihre Lebensmittelkarte für die Kinder, meinen Bruder und mich, sparen. Bezahlt wurde fast nichts für die Arbeit. Großmutter hatte uns in ihrer Obhut. In den Häusern am Land gab es meistens kein fließendes Wasser. So war das Baden allemal ein Ritual. Großvater hatte im Hof einen Brunnen gegraben und einmal in der Woche wurde kübelweise Wasser ins Haus geholt und auf dem kleinen Tischherd in der Küche erhitzt. Das erwärmte Wasser kam dann in eine Blechbadewanne, um uns Kinder gründlichst zu reinigen. Da es aber nur für eine Füllung reichte, wurden wir nacheinander in das gleiche Wasser gesetzt und mit selbsterzeugter Schichtseife gewaschen. Wir wurden von Kopf bis Fuß abgeschrubbt, die Haut war rot von der Bürste. Trotzdem war es ein herrliches Gefühl. Dann ging es ab ins Bett.

Nur an diesen Tagen wurde die Wäsche gewechselt, was ja verständlich war, wenn man an die Mühsal des damaligen Wäschewaschens denkt. Es gab richtige Waschtage, an denen die Frauen den ganzen Tag mit Wäschewaschen und -kochen beschäftigt waren. Auf so genannten Waschrumpeln wurden die Wäschestücke zwecks Säuberung gerubbelt. Diese Rumpeln bestanden aus einem Metallstück, das einem Wellblech ähnelte und einem Rahmen aus Holz. Auch hier wurde Schichtseife verwendet. Das Seifenkochen war eine langwierige Prozedur; Großmutter beherrschte es. Später, als wir bereits in die Schule gingen, hatte die Lehrerin auch die Aufgabe, die Köpfe der Kinder nach Läusen abzusuchen, eine peinliche Angelegenheit! Jeder in der Klasse fürchtete sich davor, als ›verlaust‹ zu gelten. Wenn es der Fall war, mussten wir es zu Hause erzählen und die Köpfe der ›Verlausten‹ wurden mit Petroleum abgerieben.«

»Wohnen, Körperpflege, Wäschewaschen in der Kriegs- und Nachkriegszeit bei uns zu Hause in der Haid im Waldviertel« bildet für Ingeborg Tatarski-Fugger, Jahrgang 1936, ein zentrales Thema ihrer Erinnerungen. »Meine Eltern hatten ein kleines Haus mit Vorgarten gemietet. Die Wohnung bestand aus Zimmer, Küche, einem kleinen Kabinett, einem Vorraum, Speisekammer und einem Holzschuppen. Das Klo, ein Plumpsklo, war einige Schritte vom Haus entfernt. Wasser holten wir von einem Brunnen, dieser war etwa fünfzehn Meter von der Haustüre weg. Wie man sich vorstellen kann, war bei schlechtem Wetter das Wasserholen alles

andere als ein Vergnügen. Wir füllten meist die Wasserkanne und zwei große Kübel auf Vorrat. Beheizt wurde die Wohnung mit dem Küchenherd, dort wurde auch gekocht, sowohl im Sommer als auch im Winter. Auf diesem Küchenherd erhitzte Mama Wasser in einem großen Waschhäfen für die Waschtage. Waschtrog, Rumpel, Kernseife, Bürste und ein Packerl ›Persil‹ waren damals die Helfer der Hausfrau. Waschtage waren bei Schönwetter leichter, da konnte man im nahen Bach die Wäsche schwemmen und auf gespannten Schnüren im Freien trocknen. Waschtrog und der große Häfen wurden am Samstag auch in die Küche geholt und dienten zum Bad am Samstagabend. Zuerst kamen wir Kinder in den Trog, dann wurde warmes Wasser nachgefüllt und die Eltern wuschen sich Staub, Mühe und Plage der vergangenen Woche herunter. Wenn die Eltern badeten, wurden wir Kinder vorher ins Bett geschickt. Nachher schöpften die Eltern das Badewasser aus dem Trog und leerten es in eine dafür bestimmte Ecke im Vorgarten. Am Sonntag gab es immer frische Wäsche und sauberes Gewand. Etwas ›nobler‹ wurde das Reinigungsritual so um 1949, denn da gab es dann die ersten ›Elidaseifen‹ zu kaufen.

1958 kauften meine Eltern dann eine Bottichwaschmaschine mit einer Gummiwinde. Das erleichterte die Waschtage zwar um einiges, aber aus heutiger Sicht waren die Waschtage noch immer mühsam genug. Dieser Kauf war bei uns der einzige Ratenkauf. Mit monatlichen Zahlungen von 100 Schilling wurde die Waschmaschine ›abgestottert‹. Einen großen Vorteil gab es nun: Es durfte öfters frische Wäsche genommen werden. Elektrischen Strom gab es nur für das Licht, ich kann mich nur an 25-Watt-Birnen erinnern. Unser erstes elektrisches Bügeleisen bekamen wir so um 1950.«

Karl Lackner, 1946 in eine Bauernfamilie in der Buckligen Welt geboren, erinnerte sich an das Wäschewaschen auf der »Gredn«, einer überdachten schmalen Veranda entlang der Hofseite des Wohngebäudes. »Wie auch in anderen Häusern oblag diese Tätigkeit der Hausfrau, nämlich meiner Mutter. In der wärmeren Jahreszeit war diese Aufgabe zwar auch schwierig, zumal es im Hause keinen elektrischen Strom und

Elternhaus von Karl Lackner in der Buckligen Welt

somit schon gar keine Waschmaschine gab, aber doch leichter zu bewältigen als im Winter. Wenn ich heute zurückdenke, was Mutter im Winter beim Waschen mitmachte, erbarmt sie mir heute noch, obwohl sie schon einige Jahre in geweihter Erde ruht.« Das Gredntischl und die hölzerne Bank dienten am Waschtag als Untersatz für den Waschtrog. »Im Trog die Waschrumpel, sowie natürlich sehr warmes Wasser, vom Küchenherd geholt, wo es in großen Häfen erhitzt wurde, und am Trogrand Bürste und Seife. Wenn sich der aufsteigende Wasserdampf mit der kalten Luft vermischte, verschwand Mutter halb in diesem Nebel. Der nächste Arbeitsgang war dann das »Schwoabm« bzw. »Ausbolln« (Wringen) der Wäsche. Diese beiden Tätigkeiten kommen bei den heutigen Waschmaschinen in etwa dem Schleudergang gleich. Jedoch war zu diesem Zweck der Gang zu unserem kleinen Grabenbachl notwendig, welches weit oben am Berg entsprang. Von der Gredn bis zu diesem Wasserlauf waren es gut hundert Meter und nicht selten musste Vater den steilen Wiesenhang entlang erst einen Pfad durch den Schnee ausschaufeln. Die nächste Schwierigkeit bestand darin, den Bach an einer passenden Stelle vom Eis zu befreien. Vater oder mein älterer Bruder bewerkstelligten dies mit einer Axt. Die Wäsche, in einem hölzernen Schaff zu zweit hergetragen, wurde in den kleinen, eiskalten Fluten gespült und danach ausgewrungen. Nach dem Heimtransport stand nun die Trocknung bevor. Das geschah zumindest im Winter in den Wohnräumen, wo über der jeweiligen Heizstelle eine hölzerne Stange befestigt war. Hier wurden die Kleidungsstücke getrocknet, um dann nach allfälligen Reparaturen bzw. dem Bügeln der Familie wieder zur Verfügung zu stehen.«

Der Kauf der Waschmaschine wurde für die Familie von Eveline Weiss zum symbolträchtigen Meilenstein auf dem Weg »von heimatlosen Habenichtsen zu wirtschaftswunderlichen Wohlstandsbürgern«. »Als meine Mutter und ich am Neujahrstag 1946 aus der damaligen ČSR nach Österreich kamen und in Mistelbach bei unseren Verwandten Quartier nahmen, waren wir zunächst zwei Esser, mit welchen sich Onkel und Tante die ohnehin karge Nahrung teilen mussten.« Erst viele Jahre später begannen die Eltern »von einer größeren, komfortableren Wohnung zu träumen – so wie wir es einmal in Brünn hatten«.

»Für meine Eltern, besonders für meine Mutter, war es wichtig und aus ihrer Lebenserfahrung auch verständlich, immer einen ›Notgroschen‹ zu besitzen. Es muss dies ein magischer Betrag gewesen sein, der nie unterschritten werden durfte. Kam man darüber, wurde ein Sparziel angepeilt; Mitte der Fünfzigerjahre – die Anschaffung einer Waschmaschine. Die anlässlich eines Geburtstagsbesuches gesprächsweise geäußerte Absicht löste in der Verwandtschaft Reaktionen aus: Ein Teil nahm neugierig-neutral zur Kenntnis, ein Teil gab sich grundsätzlich skeptisch ob der Fähigkeit einer Maschine, einem gehobenen Sauberkeitsanspruch genügen zu können, und der dritte Teil verhielt sich aus neid-kompensatorischen Gründen negativ-prophetisch: Die Mechanik einer Waschmaschine würde bald dafür sorgen, dass die Wäsche ›in Fetzen aufgehe‹. Etwas verunsichert sparten meine Eltern dennoch eifrig weiter. Mutter machte sich kundig und eines Samstags führte sie Vater zum Objekt ihrer Wahl. Für Mutter war der Preis ausschlaggebend, für Vater, was das Ding konnte, aber vom Waschen verstand er nichts. So wurden nochmals Prospekte heimgetragen, studiert und Schon-Waschmaschinenbesitzer interviewt. Die allerdings lobten allesamt die unvergleichlichen Vorzüge ihres Markenproduktes, was die Entscheidung auch nicht erleichterte. Nach dem Grundsatz ›Selbst ist der Mann (die Frau)‹ fassten meine Eltern den Entschluss, Mutters erstbegutachtetes Produkt zu kaufen. An die Marke kann ich mich nicht mehr erinnern.

In den Wohnungen unseres Hauses gab es noch keine Wasseranschlüsse. Man konnte also die Waschmaschine nur in der Waschküche verwenden, daher hatten sie alle Besitzer in ihren Kellern deponiert, da diese auf der Ebene der Waschküche lagen. Mutter wollte das nicht. Sie fürchtete, das sündteure Stück könnte Schaden nehmen. Unsere Waschmaschine bekam ihren Platz in der Küche! Vater und Nachbar schleppten sie allmonatlich vom 2. Stock in die Waschküche und wieder hinauf. Schließlich verdross das die beiden Männer und sie streikten. Die Waschmaschine wanderte in den Keller und Mutter nähte ihr ein ›Mäntelchen‹, damit sie in der unsauberen Umgebung geschützt sei. (Dabei hatte Vater unseren Keller ohnehin zu einem perfekten Abstellraum ausgestaltet!)«

Hildegard Janderka, Jahrgang 1936 und in Graz geboren, setzte ebenfalls große Hoffnungen auf eine Waschmaschine. »Im letzten Geschoß unseres Hauses gab es die übliche Waschküche und die große Wäsche wurde noch immer in gleicher Art und Weise gewaschen, wie es meine Mutter schon immer machte. Eine große Kraftanstrengung und Plackerei war damit verbunden. Daher betrachtete ich sehnsüchtig die neuesten Waschmaschinen, die es bereits in reichlicher Auswahl gab. Mein Wunsch wurde mir als Weihnachtsgeschenk erfüllt und das war der Beginn meines ›Wohlstandes‹. Sie wurde im Badezimmer aufgestellt, als Zuleitung vom Wasserhahn mittels Schlauch und zum Abpumpen des schmutzigen Wassers hängte man einen Schlauch in die Badewanne. Die Maschine war eine AEG-Lavamat, von oben zu beschicken, und viele Jahre diente sie mir brav.«

»Das waren Orgien zur Einkochzeit!«

Konservieren mit Kälte und Dampf

In und nach Krisenzeiten gewinnt die Eigenversorgung mit Nahrung und deren Konservierung an Bedeutung. So stieg beim ersten Anlassfall im 20. Jahrhundert in Wien die Zahl der Schrebergärten von 3000 im Jahr 1915 bis 1920 auf 55.000. »Bei der Wichtigkeit der Konservierung für unsere Existenz ist es daher wohl angebracht, sich einmal etwas näher mit ihr zu beschäftigen«, folgerte 1919 die Zeitschrift »Die Naturwissenschaften« und empfahl im Kampf gegen die zersetzenden »Mikroorganismen (Bakterien, Schimmelpilze usw.)« neben der Anwendung von Kälte, von bakterientötenden Mitteln wie schwefliger Säure, von alten Kulturtechniken wie »Trocknen, Dörren, Räuchern, Einsalzen, Einzuckern, Einlegen in Alkohol, Essig oder Öl« vor allem »das Appertsche Verfahren«. Der französische Koch François Appert (»L'art de conserver toutes les substances animales et végétales«) hatte Anfang des 19. Jahrhunderts mithilfe von Hitze und Dampf unter Luftabschluss erfolgreich Nahrungsmittel konserviert, wovon nicht zuletzt Napoleons Armee profitierte.

Als »Einrexen« oder »Einwecken« ging das Einkochverfahren in Gläsern, das 1892 vom deutschen Chemiker Rudolf Rempel patentiert wurde, in die österreichischen Erinnerungen ein. Im Hause Schmutz im Waldviertel wurde ein Schwein für den Eigenbedarf mitgefüttert und Fleisch in »Rexgläser unter ständigem Übergießen mit flüssigem Fett abgefüllt«. Auf »hunderte Rexgläser vollgefüllt im Keller« blickt die geborene Oberösterreicherin Eva Novotny zurück. Die Erinnerungstexte führen zurück in üppige Obstgärten mit alten Sorten wie Salzburger Birne oder Kecskemeter Marille und in Keller und Speis, wo Rexgläser und mit Zellophan verschlossene Marmeladegläser die Ernte konservierten.

Einkochen und Einrexen

»Einrexen (österr. für einwecken) … du rexst ein« steht im Duden und: »Rexapparat® – österreichisch für Einkochapparat, Rexglas®, -gläser – österr. für Einkochglas«. Bereits 1913 brachte das Wiener Generaldepot der »Rex-Konservenglas-Gesellschaft«, die 1908 im hessischen Bad Homburg gegründet worden war, den Hausfrauen der Kronländer die Vorteile der »millionenfach umgesetzten Rex-Einkoch-Apparate mit den vorzüglich gearbeiteten Rex-Konservengläsern« medial nahe. »Nur 19.500 Kronen« legten die Kund/inn/en des Kaufhauses Gewah Salzburg im Oktober 1924 für »Rexgläser, 1 Liter, mit Verschluß« hin, in Innsbruck 1926 1,20 Schilling. 1927 berichtete die *Arbeiter-Zeitung* aus Schneegattern, wo der »größte Glasbetrieb Oesterreichs« u.a. »Einsiede- und Rexgläser« herstellte. Die starke Marke Rex war 1925 von der deutschen Firma Weck erworben und ein Lizenzvertrag mit einem Linzer Unternehmen abgeschlossen worden. Wie ernst der Markenschutz genommen wurde, belegt 1934 eine »Erklärung« eines Kaufhauses in der *Linzer Tagespost,* sich »in Zukunft jedweden unbefugten Gebrauches der Marke ›REX‹ in Wort und Schrift zu enthalten«. Während des Zweiten Weltkrieges waren Rexgläser begehrte Tauschobjekte und Einbruchsziele (»15 Rexgläser mit Blutwurst sowie Wein«). In den 1950er-Jahren boomte das »Einrexen« in Österreich, bevor das Einkochen ab den 1960ern mehr und mehr aus der Mode kam. 1982 wurde die Produktion von Rexgläsern eingestellt. Angesichts einer Renaissance des Selbstgemachten führte 2016 die Müller Glas & Co Handelsgesellschaft m.b.H. mit Sitz in Göttlesbrunn die »Kultmarke Rex« wieder auf dem Markt ein. Rex ist nach wie vor ein eingetragenes Warenzeichen der Firma J. Weck GmbH u. Co. KG im badischen Wehr-Öflingen, deren Name ebenfalls zum Synonym für Einkochen wurde.

Eine immense logistische Herausforderung war das Kühlen, wie zahlreiche Autor/inn/en berichten. Am Land wurde – vor dem Klimawandel – das Eis im Winter aus den Teichen geschnitten oder bei Kältegraden von minus 10 bis 15 Grad mithilfe von Brausen im Garten »eingemacht« und dann in tiefen Eiskellern von Brauereien, Bierdepots, Wirtshäusern u.a. eingelagert. In der Großstadt gab es Eisfabriken, die das Eis mit Pferdefuhrwerken und später LKWs Gewerbebetrieben, Gasthäusern und Geschäften sowie Haushalten, die es sich leisten konnten, zustellten. Die damaligen Kinder waren, wie die lange Präsenz in den Erinnerungen beweist, fasziniert von den

»Eismännern« dieser Eisfabriken, die die Eisstangen auf den mit Jutesäcken gepolsterten Schultern trugen. Der »Eiskasten«, so Ilse Wolfbeisser, war ein »Holzschrank, der zur Aufnahme von Eisblöcken innen mit Zinkblech verkleidet war«.

Foto: Vereinigte Eisfabriken und Kühlhallen in Wien

Eisfabriken, Eiskästen und elektrische Kühlschränke

Vor allem die Wägen und Männer der *Vereinigten Eisfabriken* blieben den Wiener/inne/n im Gedächtnis. 1898 hatte das »Steigen des Eisconsums« die Wiener *Approvisionirungs-Gewerbe* (Gastwirte, Hoteliers, Fleischhauer und -selcher, Geflügel- und Wildbrethändler, Kaffeesieder …) zur Bildung einer Genossenschaft veranlasst, um zur Versorgung der Mitglieder »eine Eisfabrik in grossem Style zu erbauen«. Mit Eis versorgt wurden auch die Eiskästen privater Haushalte, die ab der Jahrhundertwende bei den oberen Schichten zum guten Ton gehörten. 1917 übernahm die Eisfabrik den alteingesessenen Konkurrenten, die Wiener Krystall-Eis-Fabrik. Die Kunsteiserzeugung erreichte 1930 ihren Höhepunkt.

Elektrokühlschränke waren schon seit den 1920er-Jahren am Markt, aber in Anschaffung und Betrieb noch weitaus teurer als Eiskästen. 1937 waren erst 3000 österreichische Haushalte mit elektrischen Kühlgeräten ausgestattet. Die »Kühlschrankwelle« erfasste Österreich ab den 1950er-Jahren. 1961 verfügten 17 Prozent der Haushalte über ein individuelles Kühlgerät, 1971 bereits zwei Drittel und 1981 so gut wie alle.

Die *Vereinigten Eisfabriken und Kühlhallen in Wien* änderten ihren Fokus, bauten Kühlhallen und offerieren zusätzlich zum Eis Dienstleistungen als Kühl- und Tiefkühllagerhalter für Gewerbe und Industrie.

Die Tiefkühlära hatte am Land mit Gemeinschaftsgefrieranlagen begonnen, in dem jedem Mitglied ein oder mehrere Gefrierfächer zur Verfügung standen. Karl Lackner berichtet in seinen Erinnerungen vom langwierigen Ritual des Fleischholens am Samstag, »bevor unser kleiner Bauernhof 1961 endlich auch an das elektrische Stromnetz angeschlossen wurde«.

Geschichten vom Konservieren, Kühlen und Einkochen

Für die Familie von Ilse Wolfbeisser war die »Speis« auch ohne Eis ein Ort der Kühlung und Verheißung: »Eingekauft wurde täglich. Warum wohl? Weil es keinen Kühlschrank, keine Tiefkühltruhe gab. Wir hatten in der großen Wohnung im 1. Stock der Belghofergasse (›Hausherrenwohnung‹ wurde sie genannt) eine geräumige Speisekammer (wienerisch kurz ›Speis‹ genannt) mit einem schmalen Fenster zum Hof, das im Norden lag und wo die Sonne niemals hereinschien – also vom Baumeister gut durchdacht. Dort lagerten alle Lebensmittel – die haltbaren, die frisch gekauften, das Eingekochte, das Eingeweckte, das Obst und Gemüse. In der Speisekammer herrschte das ganze Jahr über eine konstante Temperatur; im Sommer überraschend kühl und im Winter fror trotzdem nichts. Die Mauern waren in diesem Haus aus dem Jahre 1919 altmodisch dick. In einer heutigen Neubauwohnung könnte man diese Grade in einem derartigen Raum kaum vorfinden. Es wuchsen die Erdäpfel nicht aus und auch nicht die Zwiebeln. Diese wurden in größerer Menge zur Erntezeit – also im Herbst gekauft. Und dann gab es einfach keine mehr bis zum Frühjahr. Die ›Heurigen‹ erhielt man nicht schon im April, sondern erst im Sommer, wenn Österreichs Erdäpfelbauern diese ernteten, und sie wurden sofort verbraucht, weil sie ja nicht haltbar waren.«

Der Wiener Gustav Lackinger, Jahrgang 1920, vermerkt zum Stichwort »Kühlschrank«: »Ein großes Problem in den Haushalten war die Kühlung der Speisevorräte. Es gab keinen elektrischen Strom, und daher auch keine Kühlschränke. Küchen, die ein Fenster ins Freie hatten, waren da von großem Vorteil. In der Fensterbrüstung, die immer schwächer war als die Hauptmauer, wurde eine Öffnung gestemmt und mit einem Sieb verschlossen. Die Fensterlaibung wurde mit einem Kasterl verbaut, dessen Tür ebenfalls eine Öffnung mit einem Sieb hatte. Der natürliche Luftzug, der so entstand, sorgte für die Kühlung der darin gelagerten Lebensmittel. Vater hat nach dem Wohnungswechsel in die Nachbarwohnung mit Küchenfenster in den Garten so eine Vorrichtung gebaut.

In gehobeneren Haushalten gab es einen Eiskasten. Ein Holzschrank, der zur Aufnahme von Eisblöcken innen mit Zinkblech verkleidet war. Das Eis für diese Eiskästen wurde vom Eismann mit einem Pferdefuhrwerk, das Eisblöcke geladen hatte, geliefert. Dieser Fuhrmann fuhr unter lautem Rufen durch die Gassen. Die Hausfrauen kamen dann meist mit einem Weitling mit Henkel (Blechschüssel), um die Eisblöcke in die Wohnung zu tragen. Das Eis wurde in großen länglichen Blöcken geliefert. Diese Eisblöcke wurden in der Eisfabrik im 20. Bezirk hergestellt.

Der Mann zerteilte diese Blöcke mit einem Stecher. Wenn ein größerer Bedarf war, dann trug er die Blöcke ins Haus. Um nicht nass zu werden, hatte er auf der Schulter immer einen groben Sack liegen.«

Im Haushalt der Familie von Ernestine Hauer gab es einen »Kühlschrank (Eiskasten)«: »Ab ca. 1930 kam jeweils der ›Eismann‹ und verkaufte Eis auf der Straße – ich weiß nicht mehr genau, waren es die Vereinigten Eisfabriken, die in erster Linie für Geschäfte produzierten? Um 20 Groschen gab es genügend abgeschlagenes Blockeis, sodass das Sonntagsfleisch und die Milch auch die größte Wärme überstanden. Wir hatten damals in der Küche eine lange Truhe, die zum Teil eine ›Abwasch‹ beherbergte, ein Teil war mit Zinkblech ausgelegt und wurde als Eiskasten verwendet, den ersten Kühlschrank kauften wir erst 1963.«

Auch Franz Ginner hatten sich die Eismänner, die mit großen Pferdefuhrwerken Kunsteisstangen für die Eiskastenkühlung brachten, eingeprägt. Seine Eltern hatten für ihre verderblichen Waren einen außergewöhnlichen Platz zum Kühlen. »Eine Kühlmöglichkeit war durch die durch unseren Keller führende Hauptwasserleitung der Neuen Kliniken gegeben. Der ständige Wasserdurchfluss durch das mindestens meterdicke Rohr kühlte selbst an heißen Sommertagen die Butter, die wir auf das Rohr oder den Wasserzähler legten.« Im Keller gab es zudem »Selbsteingemachtes wie Marmelade, Kompott, eingelegtes Gemüse, Essig-, Gewürz- und Senfgurken, Roten Rübensalat und Sauerkraut. Auch Schweineschmalz war vorhanden, die eingelegten Eier wurden zur Hauptlegezeit der Hühner nachbeschafft.«

Die Eltern von Günther Doubek hatten eine eigene Strategie für die Kühlung entwickelt: »In einer schattigen Nordostecke neben dem Häuschen hatte mein Vater eine kleine Grube ausgehoben und mit Brettern und Pappe ausgekleidet. Darin konnten wir auch im Sommer verderbliche Lebensmittel ein, zwei Tage aufbewahren. Mein Vater hatte auf dem Rapidplatz einen Mann kennen gelernt, der die kleinen Lebensmittelhändler im Westen und Nordwesten Wiens mit Kunsteis in Form von länglichen Blöcken belieferte. Er fuhr für die ›Eisfabrik‹ mit einem innen isolierten Lastwagen von einem Händler oder Gastwirten zum nächsten – alle brauchten das Eis, weil die Kühlschränke noch nicht vorhanden waren. Die Männer zogen die schweren, aber rutschigen Eisblöcke (etwa 80 mal 20 mal 20 Zentimeter) mit Metallhaken von den Paletten und trugen sie auf einer Schulter in das Geschäft. Gegen die Kälte schützten sie dicke Tücher. Wir warteten immer vor dem Gasthaus in der Hütteldorfer Straße auf die Autos, während sie das Eis hineintrugen, suchten wir auf der Ladefläche nach Eissplittern – für uns war es ein Ersatz für unerschwingliches Speiseeis. Natürlich mussten wir dauernd die Hand wechseln, weil man die Stücke höchstens eine Minute in einer Hand halten konnte. Sehr viele Lebensmittel wurden damals in den Dreißigerjahren noch von Pferdefuhrwerken transportiert. Die Eisfabrik war das erste Unternehmen, das den Vertrieb total auf Lastautos umstellen musste, da der Schwund sonst zu groß gewesen wäre. Trotzdem wurde eine Schwundmenge von zehn Prozent angenommen, was den Fahrern und Beifahrern sehr zugute kam. Alle Fahrerpaare hatten diskrete Privatkunden, die ihnen die ›Schwundmenge‹ sehr verbilligt abnahmen. Zweimal wöchentlich wurde Frau Trost beliefert – sie war die vorletzte Kundin in der langen Tagesreihe. Der Eiswagen kam zu ihr etwa um ½ 7 Uhr und um die Zeit war auch mein Vater schon daheim. Er ging die wenigen Schritte hinauf zum Flötzersteig und brachte einen halben Block, den er so rasch wie möglich zerteilte. Die Eissplitter (nicht zu klein!) gab er in die Grube, in der schon verschiedene Stoffreste und alte Tücher lagen. Darauf legte er dann leicht verderbliche Lebensmittel und der Behälter wurde mit einem genau passenden Deckel verschlossen, um Ameisen und Käfer fernzuhalten. Meine Eltern öffneten den Deckel nur zu zweit, wenn sie etwas aus der Grube nehmen wollten, um sie so kurz wie möglich offen zu halten. Wenn meine Mutter allein war und Milch verwendete, legte sie anschließend die Milchflasche unter die leicht fließende Wasserleitung.«

Foto: Vereinigte Eisfabriken und Kühlhallen in Wien

Die Familie von Ella Gams, Jahrgang 1921, verfügte ebenfalls noch nicht über einen Eiskasten. »Wenn meine Mutter Eis in der Küche brauchte – z.B. wenn sie uns in einer kleinen ›Eismaschine‹ (kann man noch in Heimatmuseen entdecken!) Vanilleeis etc. machen wollte – gingen wir ins nahe Gasthaus und holten ein ›Häferl‹ voll Eisbrocken. In die verschiedenen Lokale oder Geschäfte wurde das Eis in großen Blöcken geliefert.

Die heiklen Lebensmittel stellten wir zwischen das Küchendoppelfenster und ließen das äußere Fenster einen Spalt offen. Natürlich lag auch die Butter dort. Unsere lieben Kohlmeiserln hatten es aber schnell heraus, dass unter dem Pergament etwas Köstliches steckte und pickten schöne Löcher heraus! Das nahmen wir ihnen nicht übel, wir kratzten nur drumherum ein bissl etwas weg. Weniger schön war es, wenn z.B. einmal Fleischlaberln nicht genug Kühlung bekamen und ›lebendig‹ wurden – die mussten dann leider weggeworfen werden! Einen Eiskasten (Absorber) bekam ich 1961 von meinem Vater – er war bis 2002 tadellos in Betrieb und ich vermisste auch ein Tiefkühlfach nicht, das ich jetzt seit 2002 habe.«

Gottfried Stepans Mutter bekam früh einen eigenen elektrischen Eiskasten, erinnert sich der Sohn. »Es muss 1948 gewesen sein. Ich war damals 17 Jahre alt und wir hatten in der elterlichen Wohnung einen alten Eiskasten. Wir wohnten im zweiten Stock. Wenn der Eismann kam (ein geschlossener, einigermaßen isolierter Lastwagen) und mit seiner Glocke bimmelte, lief man hinunter und kaufte einen Viertelblock Eis. Dieser wurde in ein verzinktes Blechwandl gelegt und im Eiskasten verstaut. Lange hielt das Eis nicht, es schmolz und man musste jeden Tag für Nachschub sorgen. Am Sonntag gab es keine Lieferung und wenn man einmal das Läuten überhörte, war man aufgeschmissen.

In den Auslagen sah man damals die ersten elektrischen Eiskästen. Meine Mutter, sie litt unter Asthma und hatte Schwierigkeiten mit dem Stiegensteigen, konnte nach wochenlangen Penzen meinen Vater davon überzeugen, dass ein solch neuer Eiskasten eine wesentliche Hilfe wäre. Unser Hauselektriker wurde zu Rate gezogen und nach anfänglichen Bedenken, ob die Hausleitung dem gewachsen wäre, montierte er stärkere Sicherungen und einen Stecker für den Anschluss. Den Eiskasten besorgte er ebenfalls, und als er ihn anschloss, war es für die Parteien unseres Hauses geradezu eine Sensation. Von allen Stockwerken kamen sie zu uns und hielten eine Hand hinein, ob es da auch wirklich kalt wäre. Wir wurden beneidet. Man fragte sich nur, wie wohl unsere nächste Stromrechnung ausfallen würde.«

Um seine Erinnerungen an den Gang zur Gemeinschaftsgefrieranlage am Land aufzufrischen, wandelte der Niederösterreicher Karl Lackner vor der Niederschrift des

Motorrad für den Fleischtransport

Textes auf alten Pfaden. »Fleisch holen« hatte seine Aufgabe als Kind gelautet und es waren viele Schritte notwendig, bis das Fleisch in der Truhe war und dann wieder retour am sonntäglichen Familientisch. Im bereits 1402 urkundlich erwähnten *Brunnhof* »hatte der Fortschritt schon Einzug gehalten, denn in einem ebenerdigen Raum, der nur vom Inneren des geschlossenen Vierkanthofes zugänglich war, stand eine Tiefkühlanlage mit mehreren versperrbaren, geräumigen Fächern. Hier hatten die umliegenden Gehöfte jeweils ein Fach gemietet, wofür natürlich Gebühren entrichtet werden mussten. So hatte auch Onkel Leopold ein Abteil zur Verfügung. Es war für seinen Bedarf groß genug, und so durften auch wir dieses Fach benutzen, um die Produkte aus eigener Schweineschlachtung einzulagern. Liebevoll hat Mutter die einzelnen Fleischarten sortiert verpackt und ich durfte kleine Schildchen beschriften, damit man später in gefrorenem Zustand den Inhalt leichter identifizieren konnte. War dann das ›Fleischeinpackeln‹ beendet, musste ein natürlich im Haus hergestellter Buckelkorb als Transportbehälter herhalten. Mein älterer Bruder hatte schon ein Motorrad, es war eine hellblaue Maschine vom Typ Puch 150. Er übernahm die Fuhre, und Mutter setzte sich hinter ihn auf den Sozius mitsamt der lukullischen Fracht. Sicher hat Mutter bei der jeweiligen Entleerung des schweren Korbes in das Gefrierfach erleichtert aufgeatmet.

Durch diese Art der Fleischkonservierung, so weit weg vom heimischen Herd, wurde ich mit der Aufgabe betraut, am Samstagnachmittag Fleisch für den sonntäglichen Mittagstisch und die nachfolgenden Werktage zu holen.« 3,5 Kilometer waren für jede Strecke auf »Schusters Rappen« zurückzulegen, über steile Waldstücke, Feldwege, vorbei an imposanten Bauernhöfen, mit Ausblick auf die altehrwürdige Thomasburg, zu einem Holzkreuz am Waldrand, einem düsteren Hohlweg mit einem Bildstock, der an einen Unfall mit einem Pferdefuhrwerk erinnerte, und nach einer

Ilse Wolfbeisser bei der Weichselernte im Garten ihrer Großmutter

letzten Steigung auf dem Waldweg zum Onkel um den Schlüssel und dann noch einmal 800 Meter zum Brunnhof. »Laut Auftrag die richtigen Fleischpakete dem Tiefkühlfach entnommen, wieder gut versperrt, stand der Rückreise nicht mehr viel im Weg, höchstens ein kleines Plauscherl mit den Bauersleuten.«

Das sommerlich-herbstliche Einkochen von Früchten aus Garten oder Markt beschäftigte nicht nur Landbewohnerinnen, sondern auch zahlreiche Städterinnen wie Großmutter und Mutter von Ilse Wolfbeisser. »Wer kaufte schon groß Obst? Man hatte einen Garten oder zumindest die Tant' oder der Onkel oder der Nachbar hatte einen Schrebergarten, wo man was umsonst oder billig bekam. Oder man machte sich auf zum nächsten Viktualienmarkt (bei uns der Meidlinger Markt) – selbstverständlich zu Fuß – und holte sich gleich größere Mengen Obst oder Gemüse, denn dort war es viel billiger und vor allem frischer als beim Greißler. Die Hausfrauen waren anspruchsvoll. Sie hatten meist nur ein bescheidenes Wirtschaftsgeld zur Verfügung und da musste das Beste herausgeholt werden. Das waren Orgien zur Einkochzeit! Unmengen von Marmelade und eingelegtes Obst als Kompott in Weckgläsern, die damals der letzte Schrei waren. Aber wie mühsam! Die Gläser wurden in einen Riesentopf mit Einsatz gestellt, bodenbedeckt Wasser hineingegeben und erhitzt. Durch den Dampf wurde der Inhalt haltbar gemacht. Oder so ähnlich. Ich habe das ja nur am Rande miterlebt, weil an dem Tag die Küche tabu für mich war. Es wäre auch kein Platz für mich gewesen. Einmachhilfe, falls es schon eine gab, wurde nicht genommen; wo war der Oetker? (Backpulver gab es schon von ihm, aber Vanillezucker wurde nur mit echten Vanillestangen – in einem Glas Zucker aufbewahrt – erzeugt).

Es war jedenfalls viel zu viel Zucker in der Marmelade und sie musste außerdem länger gekocht werden, damit sie haltbar war. Kein Mensch hat fertige Marmelade gekauft. Erstens war sie teuer, zweitens nicht gut und drittens einer richtigen Hausfrau nicht würdig. Obst, das im eigenen Garten wuchs, wurde auf jeden Fall verwertet; es wäre nie in Frage gekommen, auch so genanntes Fallobst nicht zu verarbeiten, und da waren die Hausfrauen sehr erfinderisch. Jetzt findet man für eigene Obsternten nicht einmal Abnehmer, wenn man es herschenkt, geschweige, dass sich jemand damit abgibt, es zu pflücken. Es wäre ja nicht ›schön‹ genug zum Unterschied von der künstlich lackierten, geschönten Ware im Supermarkt, denn die wenigen, die auf ›Bio‹ stehen, fallen nicht ins Gewicht. Ein schrumpeliger Apfel oder eine angeschlagene Marille wird heutzutage in den dafür vorgesehenen Abfalleimer geworfen. Früher hat man Mus oder Apfelkuchen daraus gemacht oder ein Kompott. Jetzt brauchen wir vier verschiedene Abfalleimer für den vielen Mist!«

Eva Novotny, Jahrgang 1944, erinnert sich an Freuden und Mühsal der Ernte: »Der Sommer war Einkochzeit. Wir stöhnten unter der Last des Ribiselpflückens, des Äpfelklaubens, des Stachelbeerpflückens – manchmal wurde vom Großvater eine Belohnung für besonders fleißige Pflücker ausgesetzt –, aber kein Stück Obst ging verloren. Jeder Fallapfel wurde ausgeschnitten, die Kerne als Vogelfutter ausgelöst, aus dem Rest Mus oder Kompott gemacht. Zu Ende des Sommers standen hunderte Rexgläser vollgefüllt im Keller und bis zum nächsten Sommer aßen wir von den selbsteingekochten Marmeladen. Wir lagerten Winteräpfel in den Keller und eine Kiste Roter Rüben, Kartoffeln und Karotten.

Für die Marmeladen sammelten wir in den drei Wochen der Sommerferien Erdbeeren, Himbeeren und Schwarzbeeren, Pilze und so manches Kraut (Malven, Kamillen) für Tees. Am meisten Arbeit war das Azeroapfelgelee. Das waren kirschgroße rote Äpfel, die gekocht wurden, dann wurde ein Stockerl umgedreht, ein Tuch über die Stockerlfüße gebunden und der Saft durchgeseiht, später aufgekocht, in Gläser gefüllt und mit befeuchtetem Zellophan verschlossen. Auch Quittenkäse war so eine langwierige Prozedur. Die Quitten wurden ewig lang gekocht, passiert, in mit Öl ausgeschmierte Förmchen gefüllt und trocknen gelassen – eine beliebte Weihnachtssüßigkeit.«

An einer lukullischen langen Gartensaison lässt uns Elisabeth Jilka, Jahrgang 1949, teilhaben, und an zahlreichen logistischen Herausforderungen. Für ihre Familie bedeutete der Wiener Garten mit dem kleinen Holzhaus ein idyllisches, wenn auch unbequemes Refugium, und in den noch einkommensschwachen 1950er-Jahren eine willkommene zusätzliche Nahrungs- und Geldquelle. »Unsere Familie hatte die Möglichkeit noch in den Kriegsjahren ein 700 m^2 großes Grundstück am Rosenhügel gegen geringes Entgelt zu pachten, wo ausreichend Platz für den Obst- und Gemüseanbau war. Allerdings gab es keinen Wasseranschluss, von einer Toilette mit Fließwasser ganz zu schweigen. Wasser für den persönlichen Bedarf erbettelten wir vom Nachbarn, indem wir eine emaillierte 20-Liter-Kanne über den Zaun reichten. Das musste möglichst für einen Tag zum Trinken, Teekochen, Hände- und Tellerwaschen ausreichen. Die Bewässerung der Anbauflächen wurde dem Wetter überlassen. Regen in den Sommermonaten gab es damals noch reichlicher als heute, das Klima war noch nicht subtropisch ausgeprägt. War das Wetter schön, wurde das Essen im Schatten des großen Marillenbaumes im Garten eingenommen. Zwei Bänke aus unbehandelten Brettern, mit massiven Pfosten im Boden verankert, und ein Tisch, der aus dem alten hölzernen Schild unseres ehemaligen Lebensmittelgeschäftes gezimmert wurde, vermittelten den Eindruck von gepflegter Landhausatmosphäre. So wie man sich das eben vorstellte, denn Vergleiche gab es keine bzw. in anderen Gärten sah es auch nicht viel luxuriöser aus.

Anfang der 1950er wurden in unserem Garten noch einfache Gemüsesorten wie Salat, Karotten und Fisolen angebaut. Auf Grund mangelnder Erträge und nicht zufriedenstellender Qualität fanden später einzig und allein Petersilie, Schnittlauch und Dille noch Platz hinter dem Gartenhaus. Der Obstkultur wurde größere Aufmerksamkeit gewidmet. So konnten wir uns Anfang Mai über die ersten Ananaserdbeeren freuen. Gefolgt von den gelbroten Kirschen. Ende Juni über Stachelbeeren und Ribisel, wobei letztere nicht nur eingekocht, sondern auch zur Weinherstellung herangezogen wurden. Die Ribiselernte fiel terminmäßig fast immer mit dem Maurer Kirtag zusammen. Sonntagvormittag wurde geerntet, nachmittags besuchten wir den Kirtag, einen der Höhepunkte der Sommersaison. Eine lange Kolonne von geschmückten Wagen zog Richtung Maurer Hauptplatz, darunter der ›Paprika-Hatschek‹, ein Oldtimer der Firma Kotányi, der über und über mit getrockneten Paprikas und Pfefferonis dekoriert war. Am Hauptplatz vor der Kirche gab es Kirtagsstandeln mit Zuckerwatte, Spielzeug, Ringelspiele und eine echte Wiener Schifferlhutsche.

Ribiseln wurden mühsam verlesen, die roten zu Marmelade verkocht, die weißen wurden zu Wein vergoren. Dazu kamen die Ribiseln in bauchige Glasflaschen, die mit einem Korken verschlossen wurden. Im Korken steckte eine gewundene Glaseprouvette, um Gärgase entweichen zu lassen. Trotz dieser Vorrichtung passierte es nicht nur einmal, dass durch den Gärvorgang der Korken und der gesamte Inhalt herausgeschleudert wurden, sehr zum Ärgernis der Großmutter, denn es gab weniger vom kostbaren Ribiselwein.

Auch die Weichseln hingen gleichzeitig mit den Kirschen bereit zum Pflücken am Baum. Die Kirschen wurden vorzugsweise gleich bei der Ernte vernascht, der Rest wanderte als Kompott in Rexgläser eingemacht als Wintervorrat in den Keller. Nur die Weichseln mochte keiner, sie waren uns zu sauer. Auch dafür hatte Großmutter ihre Verwendung, sie machte Likör daraus, der dann gar nicht mehr so unschmackhaft war und mit dem Gäste bewirtet wurden.

Die Frühzwetschken im Juli machten wenig Sorgen, der Baum war klein, der Ertrag nicht überwältigend. Die ersten Zwetschkenknödel erfreuten uns an Freitagen, an denen in unserer Familie aus religiösen Gründen kein Fleisch auf dem Teller war. Aus den übrigen Zwetschken konnte man Kompott und Powidlmarmelade herstellen.

Größere Sorgen hingegen bereiteten uns die beiden Marillenbäume. Die Reife der Früchte fiel in den Juli, die Schulferien. In späteren Jahren, als wir uns eine Sommerfrische leisten konnten, war der Termin des Urlaubsantritts immer von den Marillen abhängig. In guten Jahren konnten wir mit 500 Kilogramm Ertrag rechnen, der sich auf eine Rosenmarillensorte, die sich zur Knödelzubereitung und Einkochen eignet, und die Kecskemeter, die so genannten ungarischen Marillen, die wesentlich saftiger und schmackhafter sind, aufteilte. Letztere wurden hauptsächlich für Kuchen und für Marmelade verwendet. Das war selbst meiner fleißigen Großmutter zu viel, vor allem, weil Marillen die Eigenschaft haben, gleichzeitig zu reifen, und man nicht wusste, wohin damit. In 25-Kilo-Obststeigen und Einkaufskörben transportierten wir die Früchte mit der Straßenbahn nach Hause. Das hört sich leichter an, als es tatsächlich war. Die Kiste und Taschen mussten erst einmal in einem viertelstündigen Fußmarsch zur nächstgelegenen Haltestelle gebracht werden. Die Wagen der Linie 60 verkehrten in langen Intervallen und waren an Sonntagabenden überfüllt. Es gab kaum Platz, das Gepäck auf dem Perron abzustellen. Ins Wageninnere durfte man nicht, wenn man viel transportierte. Wir mussten zweimal umsteigen, die Haltestelle der Linie 58 war einen guten Kilometer von unserem Wohnhaus entfernt, dazwischen lag der Rustensteg über die Westbahngleise mit seinem hohen Stiegenaufgang. Waren die Marillen daheim angelangt, waren wir erst einmal glücklich.

Alles, was nicht getragen werden konnte, wurde am Gartentor verkauft. Eine damals durchaus übliche Art, sich ein kleines Zubrot zu verdienen. Allerdings waren wir nicht die Einzigen, die Obst direkt vermarkteten. Die Konsumenten waren kritisch, verglichen die Preise und versuchten zu feilschen.

Dann hing die reife Salzburger Birne am Baum. Eine wunderbare, geschmackvolle Sorte an einem nicht allzu hohen pyramidenförmigen Baum, bei uns liebevoll nur die Pyramide genannt, die nur den einzigen Nachteil hat, nicht lange lagerfähig zu sein. Die nächsten Einmachgläser mussten aus dem Keller geholt und gereinigt werden, der Konservierungsprozess begann von neuem.

Einkochen und Einwecken war nicht so einfach wie heute, wo man auf alle möglichen Hilfsmittel zur Haltbarmachung zurückgreifen kann. Was heute nur Minuten dauert, dauerte früher Stunden. Das Obst musste sorgfältigst gereinigt und zerkleinert werden, bevor es stundenlang in einem speziellen Einkochgeschirr, das nur zu diesem Zweck verwendet wurde, vor sich hin köchelte. Einsiedehilfen wurden dabei nicht verwendet. Zum Abdecken der Gläser bediente man sich des Cellophanpapiers, das mühselig zurechtgeschnitten und mit etwas Alkohol oder Rum beträufelt werden musste, um das Einmachgut vor Schimmel zu bewahren. Das Cellophanpapier wurde mit einer dünnen Schnur am Glasrand festgehalten. Gummiringerl zu kaufen, die die Arbeit wesentlich vereinfacht hätten, ersparte man sich, denn das wären wieder Ausgaben gewesen. Ich kann mich nicht erinnern, wie viele Kilo Zucker in unserem Haushalt während einer Saison verbraucht wurden. Kaufleute müssen reich geworden sein durch den Verkauf des damals erhältlichen etwas billigeren Einsiedezuckers, denn eingekocht wurde in allen Haushalten.

Irgendwann zwischen Marillen und den ersten Birnen wurden die Kriecherln reif. Der Kriecherlbaum war der Lieblingsplatz meines Vaters, unter dem er den Liegestuhl für sein Nachmittagsschläfchen aufstellte. Die Früchte waren gelb mit roten Tupfen, nicht viel größer als Kirschen und honigsüß. Wurden sie reif, fielen sie von selbst in Unmengen vom Baum, man brauchte sich nur zu bücken, um sie einzusammeln. Was nicht gegessen werden konnte, überließ man den Vögeln, die sich über eine außergewöhnliche Mahlzeit freuten. Eine andere Verwendung dafür war nicht vorgesehen.

Mit den Zwetschken begann die nächste Küchenarbeit. Wiederum standen Zwetschkenknödel und -röster, am Sonntag ein Kuchen am Speiseplan. Powidl wurde eingekocht und die härteren Exemplare fanden sich in Rexgläsern wieder. Aber diese und die nächsten Ernten waren überschaubar, da die Bäume nicht so groß waren. Den Abschluss der Ernte und der Sommersaison machten die Winterbirnen und -äpfel, die Ende September/Anfang Oktober gepflückt wurden. Diese wurden wieder mühevoll in Kisten verpackt und nach Hause getragen, wo sie im Keller für den Winter eingelagert wurden.«

Silvia Zenta, Jahrgang 1949, tauchte in der Wohnung der Großmutter in einer Villa der Hietzinger Hauptstraße, »auf deren zwei Etagen die Menschen in großzügigen Wohnungen lebten, Weiß und Gold die vorherrschenden Farben des Treppenhauses« waren, tief in die Gerüche und Rituale der Vergangenheit ein, zum Beispiel im großelterlichen Schlafzimmer: »Schon beim Öffnen der Tür begann eine andere Welt. Im Winter hauchte es einem kalt entgegen, doch voller Duft aus unzähligen Gläsern mit eingemachten Säften, Früchten und Marmeladen des eigenen Obstgartens. Auch Äpfel lagerten auf den Kästen und verströmten ihr Aroma. In der Küche wurde gekocht und gebadet. Dies war auch der Ort, wo Großmama Unmengen von Marmeladen und Säften produzierte. Dank dieser Erfahrungen wäre es für mich auch heute noch möglich, mittels umgedrehten Sessels, eines Tuches und Kochlöffels einen biologischen Ribiselsaft herzustellen.«

In der Knittelfelder Wohnung der Eltern diente der Keller für die »Aufbewahrung von allerlei Besitztümern. Der meist nicht allzu große Kellerraum wurde bis auf den letzten Meter ausgenützt. Holzstellagen wurden gezimmert, auf denen Äpfel in Reih und Glied gelagert wurden, ein Krautfass verströmte den typischen Gärgeruch, und hatte die Hausfrau eine gute Gemüseernte erwirtschaftet, gab es eine große Holzkiste mit Sand, in der Karotten, Sellerie und Rote Rüben vergraben wurden. Der größte Stolz war es, Endiviensalat bis Weihnachten ›durchzubringen‹. Natürlich wurden auch Kartoffeln eingelagert. Zu diesem Naturalienlager gesellten sich auch mehr oder weniger große Mengen an Kohle und Koks.«

Die niederösterreichische Bauernfamilie Halmer lebte im Rhythmus der Jahreszeiten und erntete das selbst Gesäte wie das von der Natur Offerierte. »Von den ersten Kirschen im Mai bis zu den schon gereiften Schlehen im November haben wir

Familie Halmer bei der Feldarbeit

alles gegessen. Im Sommer nach einem Gewitterregen sind wir in den Wald gegangen, Pilze sammeln. Da hat es zu Mittag oder am Abend Schwammerlsuppe gegeben. Das war eine Abwechslung, damit man nicht immer nur Stosuppe hatte. Im Herbst gab es auch oft einen Hollerröster mit Zwetschken und natürlich viel Apfelstrudel. Im Herbst haben wir Kinder helfen müssen beim Obst- und Erdäpfelklauben und beim Auf- und Abladen der Rüben.« Birnen und Äpfel wurden gedörrt, von den Birnen Kletzenbrot gemacht, nicht nur zu Weihnachten. Die Pilze wurden getrocknet für die Schwammerlsuppe im Winter. Das Fleisch wurde geselcht. »Es gab ja keinen Kühlschrank. Frisches Fleisch gab es nur beim Sauabstechen.«

In die Kunst der Eigenversorgung führt uns Karl Schmutz, geboren 1946, am Beispiel der gewissenhaften Verwertung eines Schweines ein. »Ein Schwein wurde bei uns für den Eigenbedarf mitgefüttert. Es war selbstverständlich, dass von diesem alles, aber schon wirklich alles, vom Kopf bis zum Ringelschwänzchen verwertet wurde. Auch das Blut beim Abstechen wurde verwendet; nämlich zum Blunzenfüllen, wozu man dann auch die Gedärme der Sau benötigte, selbstverständlich nach deren vorheriger gründlichster Reinigung. Als Blunzenfülle fanden das Kopffleisch, Schwarten, Grammeln und Semmelwürfel Verwendung. In ähnlicher Weise machte Mutter auch ab und zu recht schmackhafte Leberwürstchen. Der Magen des Schweins wurde ebenfalls fein säuberlich geputzt und erfüllte als Hülle für einen ordentlichen Presskopf seinen Zweck. Die Fülle bestand aus etwas höherwertigem Fleisch als bei den Blunzen und ebenfalls aus Schwarten. Auch für die Sulz benötigte man Schwarten, jedoch reichte da minderwertigeres Fleisch wie jenes von den Haxln (Vorderteile der Füße).

Nun aber zum Hauptsächlichsten beim Sautod, dem Fleisch. Dieses wurde in Schnitzelfleisch, Fleisch zum Braten oder Kochen, für Gulasch usw. zerteilt und zwecks Haltbarmachung und Aufbewahrung in einem eigens dafür vorgesehenen Holzschaff – nach vorherigem Einpökeln – eingelegt. Auch jenes Fleisch, welches zum Selchen vorgesehen war, wurde in gleicher Weise in einem derartigen Bottich eingelagert. Eine weitere Art der Haltbarmachung war das Einkochen von Fleisch.

Das Fleisch wurde leicht vorgebraten und dann in so genannte Rexgläser (Gläser mit Deckel, Gummidichtung und Metallklammer) unter ständigem Übergießen mit flüssigem Fett abgefüllt. Die verschlossenen Gläser wurden in einem eigenen Blechgefäß nochmals kurz aufgedampft, um einen Vakuumverschluss der Deckel zu erreichen.

Das Speckschneiden, Fett- und Grammelausbraten für das Schweineschmalz war seinerzeit in der Küche unabdingbar, weil Schmalz eben billiger als Margarine gewesen ist. Das Schmalz war auch der einzige Brotaufstrich, den man sich leisten konnte, zumindest in unserer Familie.

Wichtige Utensilien waren neben der Selch auf dem Dachboden die Brotleiter für die Bevorratung der selbstgebackenen Brotlaibe und der Kasten für die Aufbewahrung und Lufttrocknung des geselchten Fleisches und der Dauerwürstel. Diese Kiste mit Luftlöchern und Holzstäben wurde mit Draht am Dachgespärre (Dachsparren, Langhölzer usw.) aufgehängt, damit sich nicht Mäuse und Katzen über diese verlockend riechenden Sachen hermachen konnten.

Um ja alle Möglichkeiten der Selbstversorgung zu nützen, wurde bei uns daheim auch das gängigste Gemüse selbst gezogen. Ich kann mich an die Prozedur des ›Krauteinmachens‹ noch recht deutlich erinnern. Nachdem die Krauthappel (Krautköpfe) fein gehobelt wurden, brachte man das Kraut lagenweise – unter Beigabe von Salz und diverser Gewürze – ins Holzschaffel ein. Meine Arbeit dabei war, jede neue Krautlage barfuß fest einzutreten, damit sich keine Hohlräume bilden konnten. Von dieser meiner Tätigkeit hing die Haltbarkeit und Qualität des Sauerkrautes in großem Maße ab. Ich will nicht verheimlichen, dass das immer ein tolles Gefühl war, wenn der Saft des Krautes so zwischen meinen Zehen quoll.«

Das Obst gedieh im rauen Klima des Waldviertels weniger gut. »Obstbäume besaßen wir leider nicht viele und bei denen, welche wir hatten, war die Qualität der Früchte nicht besonders gut. Vom Obst, welches zum Verzehr nicht geeignet war (sauer und wurmstichig), wurde ein süffiger Apfelsaft bzw. bekömmlicher Most hergestellt. Ein herrliches Getränk, wenn man diesen Saft frisch von der Presse herunter genoss. Unsere Beerenfrüchte, wie Ribiseln und dergleichen, kochte Mutter sehr oft auch in den Rexgläsern ein. Natürlich machte sie auch Saft von diesen Beeren. Die im Wald gepflückten Heidelbeeren waren für mich die erlesensten aller verfügbaren Beerenfrüchte. Eine tolle Sache war auch der Saft, den sie durch Ansetzen aus den Holunderblüten gewann. Die Blütendolden wurden mit diversen Zugaben in ein Gefäß mit Wasser gegeben und einige Tage stehen gelassen. Wenn dieser Saft längere Zeit nicht verbraucht wurde, begann er zu gären und es entstand daraus sogar ein leicht alkoholhältiger Holunderwein.

»Schaut, was euch das Christkind gebracht hat!«

Weihnachten als Hochzeit des Konsums

Konsumerinnerungen schließen für viele der Erzähler/innen Gedanken an Weihnachten mit ein. Die Adventzeit und das Weihnachtsfest bildeten im Vergleich zum Rest des Jahres stets eine Hochzeit des Konsums, wenn auch in Zeiten des Mangels meist nur das ohnehin dringend Notwendige als Geschenk verpackt wurde. Geschenke, Essen und Christbaum bilden laut Kulturwissenschaften die konsumwirksame weihnachtliche Feiertrias. Sie bildet sich in den Texten ab, begleitet am Land vom Gang durch die Dunkelheit zur Christmette und in der Stadt zum Lichtermeer der Mariahilferstraße. Die Kinder von damals freuten sich besonders auf das weihnachtliche Essen, das am häufigsten eine Gans, gefolgt vom Karpfen oder einem anderen Fisch war. Selbstgebackene Kekse wie Kokos- und Nussbusserln, Vanillekipferln, Husarenkrapferln und Lebkuchen gehörten zur adventlichen Vorfreude. Eine große Magie ging für die Schreiber/innen vom Christbaum aus, den Girlanden aus Stanniolsilber oder den bronzenen Engelchen des Glockenspiels, die sich durch die aufsteigende Wärme des Kerzenlichts in Bewegung setzten. Die Erwartungen an die Geschenke blieben in den meisten Familien lange Zeit bescheiden. Die »erste Knickerbockerhose« ersetzte für Günther Doubek den ungeliebten »Strumpfbandgürtel«. Auch über praktische Dinge wie »Strümpfe, Handschuhe, Wollmützen« war die Freude groß, »weil wir endlich die alten, gestopften Sachen nicht mehr tragen mussten«, schrieb Kurt Motlik. »Zu Weihnachten gab es nur nützliche Sachen, Mützen, Pullover und Patschen«, erinnerte sich Maria Medla, die mit ihrer Schwester »für Christbaumsachen sparte«, denn die Mutter befand, »für das habe ich kein Geld«. Ein vom Vater selbst geschnitzter Lastwagen aus Holz wurde für Herta Grillitsch auf dem nächtlichen, vom Mond beschienenen Küchentisch zum »Weihnachtswunder«. Wie kam das Christkind mit dem großen geschmückten Baum überhaupt durchs Fenster, fragte sich Judith Schachenhofer in Annaberg und schloss auf »Ein wahres Weihnachtswunder!«.

Irritiert zeigten sich mehrere Autor/inn/en, die Weihnachten im Ablauf der Konsumzeiten verglichen, über den späteren Rückgang der Magie und die neue Dominanz der Packerln unter dem Baum. »Mittlerweile habe ich mich daran gewöhnt, dass Weihnachten bei der nachfolgenden Generation anders abläuft«, schrieb Ilse Wolfbeisser. Diese sei »hauptsächlich mit Papier- und Packerlaufreißen beschäftigt. Da wird weder gesungen noch etwas vorgetragen und amüsiert nehme ich zur Kenntnis, dass jedes Weihnachtsfest bei meinem Sohn in eine Art Silvester ausklingt. Hauptsache, die Familie ist beisammen und feiert.«

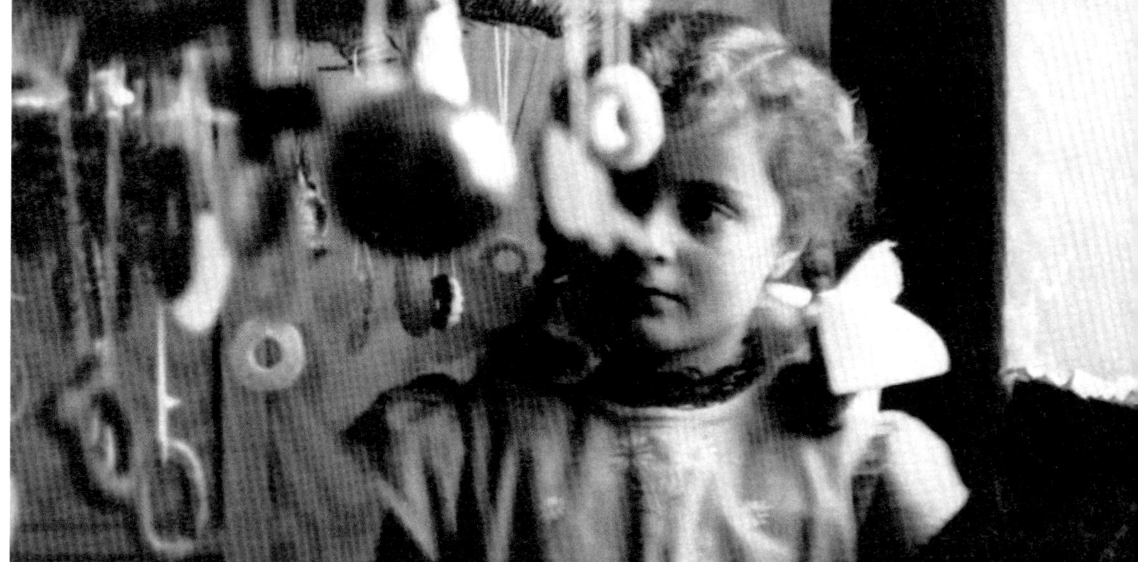

Judith Schachenhofer zu Weihnachten 1936 in Annaberg

Spielzeug stand zu allen Zeiten ganz oben auf der Wunschliste der Kinder. Diese konnte vom Christkind, das als weihnachtlicher Geschenkbringer in den Texten dominiert, entsprechend der Einkommenssituation der Eltern oder des verfügbaren Warenangebotes unterschiedlich intensiv abgearbeitet werden. Bei Erika Podpera, Jahrgang 1932, war das angeschriebene »Liebe Christkind« Ende der 1930er-Jahre großzügig. Von den gewünschten Dingen fanden sich zumindest Grammophon, Puppe und Schuhe unter dem Christbaum. Die Bücher und die BDM-Tasche aus Leder sind auf dem Foto nicht sichtbar.

Erika Podpera zu Weihnachten Ende der 1930er-Jahre

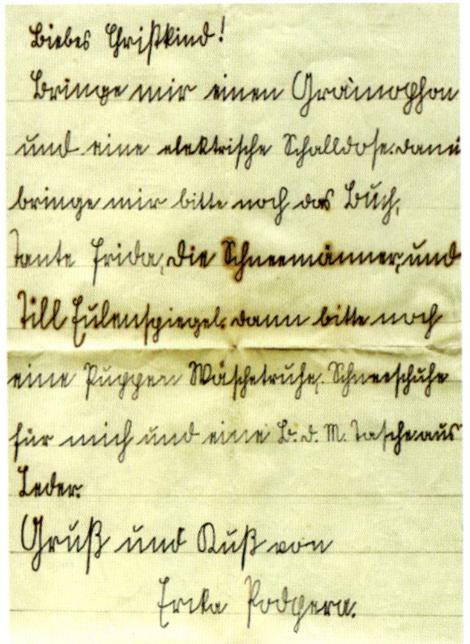

Erika Podperas Brief an das Christkind

Ein Spielzeug-Markenname, der in den Texten öfter vorkommt, ist »Matador«, der Holzbaukasten, für den sich Mädchen und Knaben begeisterten. Ihren »zweiteiligen Matador-Baukasten« habe sie besonders geliebt, erinnerte sich Ilse Wolfbeisser. »Ich weiß noch, wo die Firma Matador ihre Zentrale in der Mariahilferstraße hatte. In der Passage waren immer die neuesten technischen Finessen in Betrieb, was mich faszinierte.« »Mein Matador-Baukasten büßte lange Jahre nichts an Faszination ein. Und da ich so emsig werkte, erfüllte man mir den kaum für realisierbar gehaltenen großen Wunsch: einen kleinen Motor, mittels welchem die verschiedensten Schöpfungen in Bewegung gesetzt werden konnten«, schrieb Annelies Gorizhan, die Tochter eines Lehrerehepaares. Franz Ginner hatte für die Zusatztechnik weniger übrig: »Karlonkel schenkte mir zu Weihnachten eine kleine Dampfmaschine, um die Matadormodelle anzutreiben. Sie wurde nur ein oder zwei Mal in Betrieb genommen. Die Technik interessierte mich nicht. Eine Spielzeugeisenbahn zum Aufziehen konnte mich auch nie begeistern. Neben dem Matador hatte ich am liebsten Bücher aller Art.«

»Alles bewegt sich. Alles dreht sich«

Der Matador blieb als Spielzeug im Gedächtnis der damaligen Kinder haften. Erfinder war Johann Korbuly, der von 1860 bis 1919 in Wien lebte. 1900/01 hatte er Patente auf einen neuartigen Holzkonstruktionsbaukasten erhalten. Den ersten Baukasten soll er seinen drei Buben zu Weihnachten geschenkt haben. Um den Bauten der Söhne mehr Stabilität zu geben, kam der Techniker-Vater, der 1893/94 den Bau der Grazer Schlossbergbahn geleitet hatte, auf die Idee, in die Holzwürfel Löcher zu bohren und diese durch Holzstäbchen zu verbinden. Der Markenname Matador zeugt vom Ehrgeiz Korbulys, der selbst 1903 die erste Serie herstellte und ab 1915 in Pfaffstätten – mit der Sortimentsergänzung Geschützrohre – in einer Fabrik baute. »Papa! Sag, was ist Matador?«, fragt ein imaginäres Kind in einer Annonce der *Neuen Illustrierten Kronenzeitung* im Dezember 1924: »Korbuly's Matador – ist der berühmte und bewährte Konstruktionsbaukasten –

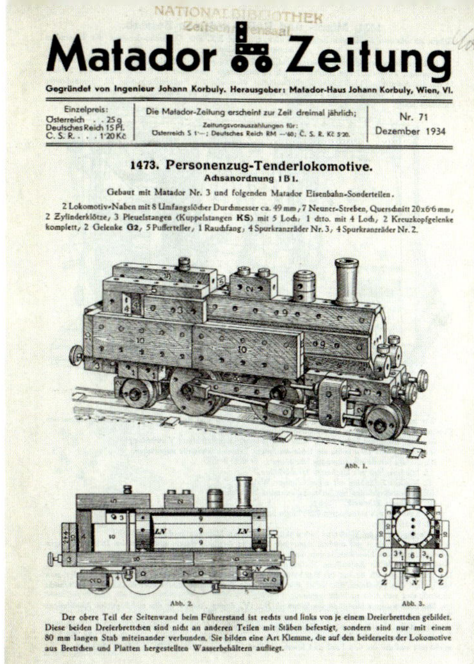

NATIONALBIBLIOTHEK Zeitschriftensaal

Matador Zeitung

Gegründet von Ingenieur Johann Korbuly. Herausgeber: Matador-Haus Johann Korbuly, Wien, VI.

Einzelpreis: Österreich . . 25 g; Deutsches Reich 15 Pf.; C. S. R. . . . 1·20 Kč	Die Matador-Zeitung erscheint zur Zeit dreimal jährlich; Zeitungsvorauszahlungen für: Österreich S 1·—; Deutsches Reich RM —·60; Č. S. R. Kč 5·20.	Nr. 71 Dezember 1934

1473. Personenzug-Tenderlokomotive.
Achsanordnung 1 B 1.

Gebaut mit Matador Nr. 3 und folgenden Matador Eisenbahn-Sonderteilen.

2 Lokomotiv-Naben mit 8 Umfangslöcher Durchmesser ca. 49 mm, 7 Neuner-Streben, Querschnitt 20x6·6 mm, 2 Zylinderklötze, 3 Pleuelstangen (Kuppelstangen KS) mit 5 Loch, 1 dtto. mit 4 Loch, 2 Kreuzkopfgelenke komplett, 2 Gelenke G2, 5 Pufferteller, 1 Rauchfang, 4 Spurkranzräder Nr. 3, 4 Spurkranzräder Nr. 2.

Abb. 1.

Abb. 2.

Abb. 3.

Der obere Teil der Seitenwand beim Führerstand ist rechts und links von je einem Dreierbrettchen gebildet. Diese beiden Dreierbrettchen sind nicht an anderen Teilen mit Stäben befestigt, sondern sind nur mit einem 80 mm langen Stab miteinander verbunden. Sie bilden eine Art Klemme, die auf den beiderseits der Lokomotive aus Brettchen und Platten hergestellten Wasserbehältern aufliegt.

Spielzeug und Lehrmittel zugleich für alle Kinder. Mit einem und demselben Matador-Baukasten bauen Kinder hunderterlei Modelle, wie Puppenmöbel, Automobile, Eisenbahnen, Wagen, Karren, Karussell, Krane, Aufzüge, Seilbahnen, Hammerwerke, Brücken, Schiffe usw. Viele Hunderttausend Mütter preisen Matador als das Schönste und Beste für ihre Kinder. Alles bewegt sich. Alles dreht sich«, lautet die werbliche Antwort. »Der gute und billige Matador-Radio«, mit einem selbstgebauten Detektor-Empfänger und dem empfohlenen Kopfhörer »Ericsson«, ermöglicht einen Radio-Empfang bis zu 35 Kilometer Entfernung vom Sender, verspricht die Annonce.

Die *Matador-Zeitung* versorgte die Fangemeinde mit ambitionierten neuen Bauvorlagen, wie im August 1930 mit dem »Musikwerk« oder im Dezember 1934 mit der »Personenzug-Tenderlokomotive«. Im März 1938 machte die Zeitung mit der Vorlage für ein »Flak-Geschütz« und dem Hinweis »Matador-Haus ist arisch seit der Gründung 1903« einen Kotau vor den neuen Machthabern. Zeitschrift und Spielzeugproduktion wurden dennoch eingestellt und in der Fabrik Sprengkapselschachteln hergestellt. Die Nachkriegskinder spielten begeistert mit den aufbauenden Baukästen Matador Nr. 1 bis 4. 1978 erwarb Zeitungsmacher Kurt Falk das Unternehmen, das in der Folge bis zur Produktionseinstellung 1987 auf Objektbaukästen und den vermehrten Einsatz von Plastikteilen setzte. Ab 1996 wurde der Marke Matador mit dem Kauf durch Michael Tobias neues Produkt- und Vertriebsleben eingehaucht, das wieder auf dem Naturmaterial Holz basierte. Unter dem Motto *build your world* offerierte die in Niederösterreich ansässige, global verkaufende Matador Spielwaren GmbH 2018 im Online-Katalog unter anderem Holzbaukästen für die Themenfelder »Cars, Planes, Catapults, Space und Country«.

Die großen Warenhäuser in der Wiener Mariahilferstraße zogen mit ihren aufwendigen vorweihnachtlichen Inszenierungen viele Schaulustige an. »Es war ein Erlebnis in der Adventzeit, wenn ich mit meiner Mutter zum ›Gerngroß‹ die Dekoration anschauen gehen durfte, die zu der damaligen Zeit sehenswert war. Nicht nur die Auslagen waren dementsprechend dekoriert, sondern im Hauptgebäude,

Herzmansky Mariahilferstraße Weihnachten 1934

wo viele Treppen in die oberen Stockwerke führten (eine schmale, altersschwache Rolltreppe gab es damals auch schon), stand ein Riesenchristbaum, der fast bis zur Kuppel reichte und unten gruppierte sich drum herum Weihnachtliches: Schlitten mit Puppen, Teddybären, Nachstellungen von Märchen (Frau Holle usw.).« »Die Kaufhäuser waren viel schöner damals. Da waren die goldene Stiege und die großen Kuppeln. Zu Weihnachten gab es riesige Dekorationen. Das war damals viel schöner«, urteilte Waltraud Berger, Jahrgang 1922, die sich an Einkäufe bei Gerngroß und Herzmansky erinnerte. Stafa, Falnbigl, Gerngroß und Herzmansky, »große mehrstöckige Kaufhäuser« mit Aufzügen und Rolltreppen, waren die Fixpunkte der Spaziergänge der Familie Ginner. »Besonders in der Weihnachtszeit war die Mariahilferstraße einen Spaziergang wert. Bei solchen Wanderungen wurde mehr geschaut als gekauft.« Auch Helmut Drechsler, Jahrgang 1947, begab sich »im vorweihnachtlichen Rummel sowie zu den Räumungs-, Schluss- und Ausverkaufszeiten« mit »Frau Mutter« in die Mariahilferstraße. »Die Mutti freute sich auf die Wühltische und die vollgeräumten Stellagen, ich mich auf die uralte Holzrolltreppe beim Gerngroß und die Spielzeugabteilungen vom Herzmansky und Falnbigl. Kaufen mussten wir ja nicht um jeden Preis etwas. Denn besonders das Spielzeug, das mir gefiel, schien immer unerschwinglich teuer zu sein.«

Stark in die Erinnerung eingeschrieben haben sich Weihnachtsfeste in emotionalen und konsumtiven Ausnahmesituationen. Judith Schachenhofer, Jahrgang 1933, machte die Erfahrung, dass »in Notzeiten alles etwas schwierig« war, auch das Schenken. »Selbst für billigste Wolle musste ich lange alle Groschen aufsparen. Ich wollte nämlich für meine Geschwister Socken stricken. Wegen der vielen Bombenangriffe mussten wir oft viele Stunden im dunklen Luftschutzkeller sitzen. Dort hatte ich Zeit, aber wenig Licht, um zu stricken. Wie viele Fehler werden wohl dadurch entstanden sein? Trotzdem war die Freude groß.« Zu Weihnachten 1944 (»Es waren keine fröhlichen Weihnachten für meine Mutter und mich. Mein Vater als Zugsbegleitoffizier irgendwo im Osten und wir mit dem bangen Gefühl, dass, wenn nicht bald ein Wunder geschehe, etwas Schlimmes passieren würde.«) durfte sich Ilse Wolfbeisser einen Christbaum im Wald in Schottwien aussuchen. »Der Stamm war so groß wie ich und ich schleppte ihn zur Bahn und mit der Bahn zurück nach Hetzendorf und ich sehe noch immer den vereisten dunklen Weg bergab von der S-Bahnstation vor mir. Wegen der Verdunkelungsverordnung gab es kein Licht am Abend in den Straßen von Wien; auch die Fenster waren hermetisch abgedunkelt.«

Wilhelmine Hinner erinnerte sich an die ersten Nachkriegsweihnachten und die Rede des österreichischen Bundeskanzlers: »Es waren sehr traurige Weihnachten. Wir hatten alle nichts. Bundeskanzler Ing. Figl sagte auch in seiner Weihnachtsrede, dass er uns nichts geben kann. Kein Brot, kein Heizmaterial, keine Geschenke und auch keine Fensterscheiben. Aber wir sollen an ein Österreich glauben und durchhalten. Am Heiligen Abend saßen wir recht traurig beisammen, es war uns kalt und hungrig waren wir auch. Wenn ich uns im Geiste so sehe, wie arm wir waren, kommen mir heut' noch die Tränen.«

Neben den religiösen und ideellen Werten standen stets auch die Zahlen des Weihnachtsgeschäfts, das schon früher für zahlreiche Händler, Hersteller und Medien einen Grundpfeiler des Einkommens darstellte, im Fokus des Interesses. Am »Silbernen« und »Goldenen Sonntag« vor Weihnachten klingelten die Geschäftskassen besonders hell. Es war für die Eltern Jedelsky folglich ein gutes Omen, dass ihr Sohn an einem so verheißungsvollen Sonntag zur Welt kam: »Ich wurde am 21. Dezember 1924 in Wien-Fünfhaus geboren, als Sohn eines Kaufmannsehepaares, an einem ›Goldenen Sonntag‹, wie damals der zweite von den beiden offenen Verkaufssonntagen vor Weihnachten hieß«, schrieb Josef Jedelsky, der später das Geschäft der Eltern übernahm. Nicht nur die Geschäftsleute rechneten, auch die Konsument/inn/en. Erika Payr, die ein Haushaltsbuch führte, verdanken wir für das Jahr 1953 einen Überblick über die weihnachtlichen Einnahmen und Ausgaben eines Innsbrucker Haushaltes, der zu dieser Zeit zwei Kinder umfasste:

Weihnachtsgeld 1953:
S 870.-
Spenden von Großm., Onkeln und Tanten " 820.-

Wolle	80.-
Setzkasten	25.-
Skischuhe Susanne (6)	160.-
" Heiner	60.-
Bücher 18.- + 70	88.-
Plastillin	8.-
Farben	12.-
Thermos-Flasche	60.-
Christbaum (Behang?)	80.-
Stoff	200.-
Gläser	93.-
Esel	7.-
Lebensm.	100.-
Roller	60.-

Erika Payrs Haushaltsaufzeichnungen über Weihnachten 1953

Konsumerzählungen von Weihnachten

Gustav Lackinger, Jahrgang 1920, blieb vor allem das Festtagsessen in Erinnerung. »Nur zu besonderen Anlässen und Feiertagen gab es besondere Mahlzeiten. Zu Ostern das obligate Lamm und zu Weihnachten den Weihnachtskarpfen. An hohen Festtagen wurde zu Mittag dann die 5-Kilo-Gans aufgetragen, zusammen mit der sehr beliebten Biskottentorte. Die Torte wurde bereits Tage vorher zubereitet. Die Biskotten wurden lagenweise in die Tortenform gelegt und mit Rum beträufelt. Zwischen den einzelnen Lagen wurde eine Buttercreme aufgestrichen. Wenn die Tortenform gefüllt war, wurde die Masse mit Gewichten beschwert und ins Fenstergartl gestellt, damit die Biskotten gut durchziehen konnten. Am Heiligen Abend wurde die Torte dann mit Schlagobers gegessen.«

Auch in der Wiener Familie von Ernestine Hauer hielt man an kulinarischen Traditionen fest: »Zu Weihnachten hatten wir, solange ich denken kann (außer die letzte Kriegszeit und die Nachkriegszeit natürlich), eine Gans oder einen Truthahn – oft bis zu sieben Kilo schwer, sodass es eine Woche Sonntagsessen gab –, zwei geflochtene Striezel mit Mandeln und Rosinen und dreierlei Kekse. Am Heiligen Abend aßen wir traditionsgemäß mittags Knoblauch-Brotsuppe, abends gebackenen Fisch mit Erdäpfel-Vogerlsalat. Mutter war eine ausgezeichnete Köchin und brachte aus ihrer Heimat Nordmähren alle Bräuche, Koch- und Essgewohnheiten mit.«

An ein weihnachtliches Stillleben in bescheidener Ausprägung erinnerte sich Kurt Motlik: »Zu Weihnachten hatten wir einen Christbaum. Er war aber nur sehr klein und stand während der Feiertage auf der Schneidertafel meines Vaters. Danach musste der Christbaum auf einen der beiden Schränke gestellt werden, damit mein Vater wieder arbeiten konnte. Die wenigen Geschenke bestanden hauptsächlich aus praktischen Dingen wie Strümpfen, Handschuhen, Wollmützen u.Ä. Trotzdem hatten wir eine große Freude, weil wir endlich die alten, gestopften Sachen nicht mehr tragen mussten. Manchmal bekam ich auch ein kleines, mechanisches Spielzeug, das aber mein großer Bruder regelmäßig ruinierte. Besonders freuten wir uns aber auf das Festtagsessen. Da gab es entweder panierten Fisch mit Salat oder eine Weihnachtsgans mit Rotkraut und Kartoffelknödel.«

Bei Johanna Hacker in der Steiermark erfreuten sich auch tierische Bewohner des kleinen, einsam gelegenen Hauses an seltenen weihnachtlichen Genüssen. »Weihnachten gab es, wenn wir nicht schlachten konnten, eine Suppenhenne, gekocht, gefüllt und gebraten. Sonst Schnitzerl, am Stephanitag Breinwürste und Sauerkraut. Wir wohnten in der Einschicht, sehr tierfreundlich. Der Fußboden war etwas löchrig und da hatten sich Mäuse einquartiert. Der Christbaum stand im Zimmer am Tisch, oben waren Kekse, Würfelzucker eingewickelt, Zuckerringerln und als Schmuck Engelhaar und so kleine Glöckchen. Die Mäuse erklommen in der Nacht den Christbaum, knabberten die Kekse an und läuteten dabei immer mit den Glöckchen. Als Vater, um zur Christmette zu gehen, seinen Schladminger anzog, huschten aus dem Rocksack auch die Mäuse heraus. So war es am Land.«

Herta Grillitsch, auch eine Steirerin, erinnerte sich an eine magische Weihnachtsnacht, die sie 1933 erlebte, als es der Familie »schon recht gut« ging (»wir hatten eine zweite Kuh«). »So gab es auch in unserem Kinderleben schöne Höhepunkte. Ich denke oft noch an ein Weihnachtserlebnis zurück, da war ich etwa fünf Jahre alt. Bei uns kam das Christkind, während wir schliefen, in der Nacht. Ich hatte mir so sehr einen Lastwagen gewünscht. Wahrscheinlich, weil immer so viele auf der Straße fuhren. In der Christnacht, wir schliefen ja in der Küche, wachte ich plötzlich auf. Der Mond schien so hell durchs Fenster. Es war taghell in der Küche und ich sah auf dem Tisch etwas glitzern. Es stand ein kleiner Christbaum da, etwa einen halben Meter hoch. Bunte Zuckerln hingen oben, unsere Eltern wickelten immer Würfelzuckerstücke ein, die waren auch gut. Hinter dem Stamm stand mein Lastwagen. Gerne wäre ich aus dem Bett gekrochen und hätte das ganze Weihnachtswunder auf unserem bescheidenen Küchentisch genauer angesehen, aber das getraute ich mich nicht. Ich hatte Angst, ich könnte das Christkind bei seiner Tätigkeit stören.

Am Morgen sah ich das ganze Weihnachtswunder. Mein Lastwagen war aus Holz, Vater hatte ihn geschnitzt, er war schön angestrichen und sogar an die Schnur hatte das Christkind gedacht. Es hat dieselbe genommen, die wir auch haben, den weißgrünen Spagat. Ein Erlebnis, an das ich mich noch lebhaft erinnere.«

Franz Ginner, Jahrgang 1930, lernte »in den damaligen schneereichen Wintern« im Krankenhausgarten das »Schneepflug-, Telemark- und Stemmbogenfahren« und nutzte ausgiebig seine »originale Goiserer Rodel«. »Im Advent war die große Backzeit. Es wurden wochenlang Kekse, Zelten und andere feine Sachen gemacht und ich durfte fleißig mithelfen. Am liebsten waren mir die ganz gewöhnlichen Kekse sowie Kokos- und Nussbusserln. Natürlich gehörten Vanillekipferln und Husarenkrapferln zu den Standardrezepten meiner Mutter. Von einer Konditorei in der Josefstädterstraße wurden Spanische Windringe, Patiencebäckerei, Fondantringe und Fondantwickler, Geleeringe, Pralinen und Milchschokoladefiguren in Stanniol als Christbaumbehang schachtelweise eingekauft. Von der mütterlichen Großmutter kam zu Weihnachten regelmäßig mit der Post eine Schachtel mit selbst gemachten Lebzelten.

Besonders in der Weihnachtszeit war die Mariahilferstraße einen Spaziergang wert. Es wurde allerdings auch zu dieser Zeit kaum etwas gekauft. Die Hauptgeschenke waren für uns die Bücher, und die wurden schon zeitgerecht in unserer Stammbuchhandlung besorgt. Vater war ein starker Zigarettenraucher und bekam seine Luxuszigaretten, die ›Memphis‹.

Leider hatte Mutter keine gute Hand beim Verstecken der Geschenke. Die meisten Weihnachtsbücher hatte ich schon im Oktober entdeckt und heimlich, auf dem Schlafzimmerkasten liegend, ausgelesen.

In der ›Nordsee-Fischhalle‹ besorgten wir den Fischbedarf. Vor allem zu Weihnachten gab es bei uns meistens Karpfen. Dort wurde ich auch Augenzeuge, wie die Karpfen durch den Schlag mit einem Holzhammer auf den Kopf getötet und anschließend aufgeschnitten und ausgeweidet wurden. In der Spitalgasse gab es ein Feinkostgeschäft. Zu Festzeiten wie Weihnachten und Ostern kaufte Mutter gerne verschiedene Schmankerln ein. Die in Aspik gegossenen Fleisch- und Wursttorten waren eine Spezialität dieses Geschäftes. Das Angebot war überreich, aber nur wenigen erschwinglich. Deshalb erlaubte sich Mutter auch nur ein- bis zweimal im Jahr solch einen Luxuseinkauf.

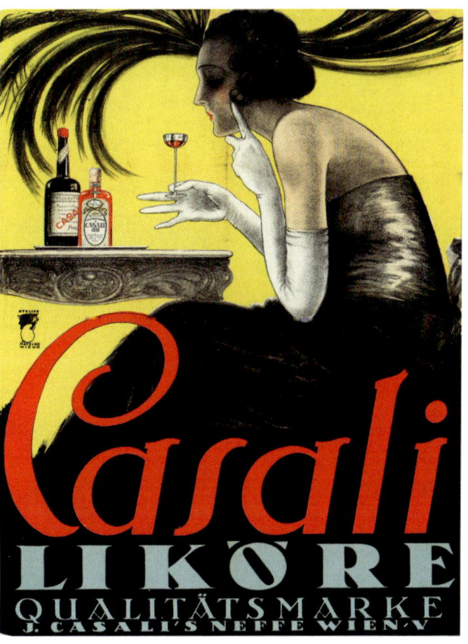

Alkohol gab es in meinem Elternhaus nur zum Weihnachtsfest. Die einzige Ausnahme war hie und da ein Most vom Bruder meines Vaters, dem Lehenbauern in der Zehetgrub. Schon lange vor dem Weihnachtsfest hatte meine Mutter ein ganzes Sortiment an Likörflaschen der Marke Casali besorgt. Die viereckigen Flaschen standen wohl verschlossen in der Bar des Sekretärs. Es gab diese verlockenden Getränke in allen Farben: gelben Kaiserbirn und Chartreuse, giftgrünen Glühwürmchenlikör, braunen Klosterlikör und Magenbitter und weißen Kümmellikör …

Nach dem weihnachtlichen Abendessen kamen etliche Schüsseln mit Bäckereien auf den Tisch und dazu wurden die verschiedenen Likörsorten probiert. So kam ich im Alter von etwa vier Jahren zu meinem ersten Rausch. Ich sah, wie auf dem Tisch kleine Gläschen mit farbigen Flüssigkeiten standen. Die Erwachsenen tranken fleißig daraus, aber ich durfte davon nichts kosten. Das machte mich natürlich neugierig und so stibitzte ich die nahezu ausgetrunkenen Stamperl und kostete davon. Der süße Geschmack mundete mir. Später erzählte der Vater über dieses Ereignis folgende Geschichte: ›Der Franzl hat ganz ruhig seine Geschenke angenommen und still damit gespielt. Erst viel später, nach dem Essen, ist er plötzlich ganz lustig und übermütig geworden. Wir haben zuerst gedacht: Eigenartig, daß sich der Bub erst jetzt über seine Geschenke so freut. Auf einmal kam er ins Purzeln, stürzte und blieb auf dem Teppich liegen. Erst jetzt wussten wir, warum die Likörgläser immer so schnell leer waren. Hat der Raubersbua heimlich die Likörgläser ausgetrunken und dabei einen Mordsrausch bekommen.‹«

Ingredienzien eines urban bürgerlichen Weihnachten beschrieb die 1929 geborene Ilse Wolfbeisser, eine Verteidigerin des »Christkindes« gegen den amerikanischen Santa Claus und den Weihnachtsmann (»Selbst der deutsche Weihnachtsmann fand in der ›Ostmark‹ keinen Boden, wir ließen uns unser Christkind nicht nehmen!«). Dieses Christkind brachte in die Hetzendorfer Wohnung einen prächtigen Christbaum: »Es war immer eine Doppeltanne (d.h. die Nadeln gehen um den Zweig herum) in entsprechender Größe – wir hatten ja hohe Räume –, das ließen sich meine Eltern was kosten. Wir hatten sehr schönen Gablonzer Schmuck: Paradiesvögel mit langem Schweif, Laternen und Weihnachtsmänner mundgeblasen, ebenso die schönen, mit Perlen geschmückten Kugeln. An der Spitze des Baumes war immer der Weihnachtsstern mit dem Abziehbild eines Engels. Die Girlanden waren aus Stanniolsilber, im Krieg machte ich selbst welche aus Buntpapier: verschiedenfarbige Ringe ineinandergehängt. Spärlich Engelshaar. Meine Mutter schnitt Fäden aus Silberschnur, weil sie die Fertighaken hässlich fand und hängte alles besonders lang auf: den Schmuck, die Schokoladefiguren, kleine Garnnetze mit Liebesperlen (schöner sahen sie selbstgeschnitten aus Seidenpapier aus) und die in selbstgefranstem

Seidenpapier gewickelte Schokolade, immer zwei Lagen in verschiedenen zarten Farben zusammen, fertig umwickelt mit einem Streifen Stanniol versehen. Die ›Selbstgewuzelten‹ habe ich übernommen. Für das Kind war das Essbare vorgesehen, was dieses die längste Zeit verschmähte; die Mutter hat es dann verzehrt, was sie nicht gerade schlanker werden ließ. (›Aus einem Bernhardiner können Sie keinen Windhund machen!‹)

Diese Unmengen von Weihnachtsschmuck und Behang heutzutage! Jedes Jahr ein neuer Trend: in Blau, in Gold, vorher Bauernbaum in Rot mit Holzfiguren. Damals sah der Baum jedes Jahr gleich aus – das wollte man auch haben – und der Schmuck vermehrte sich nur zögernd, d.h. das zerbrochene Glas musste ersetzt werden. Kein Trend, nur Tradition. Am Christkindlmarkt, den ich heiß liebte, wurde nur geschaut, nichts gekauft. Es gab auch nichts zu essen oder zu trinken – das gefällt mir jetzt besser. Aber die Atmosphäre war weihnachtlicher, jetzt ist es mehr jahrmarktmäßig.«Der Vater, ein Bankbeamter, leistete sich zu Weihnachten etwas Besonderes. »Mein Vater war schon vorher ein Hummer-Fan und holte sich vor Weihnachten von der Firma Wild in der Inneren Stadt fürs Fest seine Dose Hummer, der damals noch nicht so unverschämt teuer wie jetzt war. Aber immerhin, nur diese Dose.«

Von Kriegsweihnachten und vom Schnee und von der Stille im nördlichen Waldviertel schrieb Alfred Katzenbeisser, Jahrgang 1933. »So näherten wir uns Weihnachten. Der Advent war tatsächlich eine stille Zeit. Keine Nervosität, kein Hasten und Rennen. Was sollte auch gekauft werden? Es gab keinen Supermarkt, in dem man sich selbst bedienen konnte. Die kleinen Handelsgeschäfte beschränkten sich auf das Wesentliche: Die notwendigen Güter des Alltags, Mehl, Zucker und andere Dinge für das tägliche Leben. Keine Elektrogeräte, keine Radios oder Fernseher, kein Game Boy oder MP3-Player oder, oder …

Das Weihnachtsfest wurde nicht gemessen am Umsatz und Gewinnsteigerung. Der Advent war eine echte Vorbereitung auf das Geburtsfest des Herrn.

Dann der Heilige Abend. Voll innerer Freude warteten wir Kinder auf das Christkind. Es kam wieder so wie all die Jahre vorher, dass wir es nicht sehen konnten. Schade! Ein schöner kleiner Baum leuchtete mit ein paar Kerzen, geschmückt mit einigen selbstgebackenen Keksen, in Papier eingewickelt ein paar Stücke Würfelzucker. Jedes Kind, es waren unser fünf in der Familie, hatte an seinem Platz am

Tisch einen Teller mit Bäckereien. Die waren von vornherein aufgeteilt, damit es keinen Streit gab. Man konnte sie gleich aufessen oder es sich einteilen, dass es auch für die nächsten Tage etwas Gutes gab. An Geschenken lagen daneben ein Heft für die Schule, ein Bleistift und ein Radiergummi. Trotzdem waren wir zufrieden.

Dann wurde gegessen. Apfelstrudel, in den verschwenderisch ein größeres Stück Schmalz eingearbeitet war, ein wenig mehr Zucker in der Fülle, deshalb schmeckte er weit köstlicher als zu einer anderen Zeit.

Keine Schokolade, keine aufwendigen Bäckereien. Das Wort Schokolade kannten wir nicht in unserem Wortschatz. Zum einen, weil die Geldmittel knapp waren, zum anderen, weil sie auch in den Geschäften nicht zu haben war. Es war ja Krieg! Alle öffentlichen Interessen waren darauf ausgerichtet, den Krieg zu einem Sieg zu führen. Dass nach ein paar Jahren das Gegenteil eingetreten ist, wissen wir aus Erfahrung oder auch aus dem Geschichtsunterricht. Jahre, ja Jahrzehnte hat es gedauert bis zum Wirtschaftswunder, in dem wir heute leben dürfen.«

Judith Schachenhofer lässt in ihrem Text ein üppiges weihnachtliches Panoptikum eines Jahrhunderts vorüberziehen. Für die ersten Jahrzehnte des 20. Jahrhunderts lieh sie sich die Erinnerungen ihres Vaters, der Lehrer in Annaberg und begeisterter Fotograf war:

»Verschiedene Weihnachtsfeste im 20. Jahrhundert
Mein Vater (Jahrgang 1907):
›Weihnachten sah traurig aus. Das Weihnachtsfest konnten wir zwar mit schönen Fichtenbäumchen aus dem Wald gestalten (man galt damals noch nicht als Christbaumdieb). Baumschmuck hatten wir wohl aus den Vorjahren verwahrt, aber Kerzen goss ich selbst mit Wollfäden, Rinder- und Hirschtalg. Nur brennen wollten sie nicht so recht. Als ca. zehnjähriger Bub verstand ich damals die Situation, aber Gretl, meine um fünf Jahre jüngere Schwester glaubte noch an das ›Christkind‹. Aus diesem Grunde bat ich meine Mutter schon lange vor dem Fest, sie möge mir das Zuckerstück für meinen Frühstückskaffee zum Häferl legen. Davon brach ich die Hälfte ab und sparte die andere für den Christbaumbehang, so dass ich nebst getrockneten Zwetschken vom Nachbarn etwas in Papier gewickeltes Naschwerk auf den Christbaum hängen konnte.

Ich weiß gar nicht mehr, welche Kriegsweihnacht es war, als Vater für mich einen Bezugsschein auf einen Anzug beantragte und ich einen grau-grünen Anzug aus Brennnesselfasern erhielt, der am ganzen Körper entsetzlich kratzte. Auch bekam ich einmal ein paar Schuhe, keine Lederschuhe, sondern solche mit Leinenoberteil und einer Sohle aus Holz; diese war nicht aus einem Stück, sondern aus beweglich verklebten Holzleisten, so dass sich die Sohle etwas hob. Wenn es regnete, durfte ich sie natürlich nicht tragen. Das wäre ein schnelles Ende gewesen! Aus Kaninchenfellen, die wir selbst gerbten, bekamen wir zusätzlich manch warmes Kleidungsstück, weil Mutter gut nähen konnte; ganz ohne Bezugsschein. Ja, das waren schlimme Zeiten.‹

25 Jahre später
feierte unser Vater mit seiner Frau und seinen vier Kindern Weihnachten schon etwas anders.

Speziell bei mir (geb. 1933) ›ging‹ im Advent schon die Phantasie ›oft durch‹. Angeheizt durch erzieherische Maßnahmen, wie sie damals üblich waren, bekamen wir Kinder zu hören: ›Jetzt müsst ihr aber sehr brav sein, denn es kommt bald das Christkind!‹ Wo kommt es her? Wie kommt es zu uns? Wie schaut es aus? Na klar, weiß mit großen Flügeln – wie herrlich! Flügel zu haben, wie herrlich! Flügel zu haben, das war schon im zartesten Kindesalter mein Wunschtraum. Vater machte sich sogar einmal die Mühe, mir aus Pappendeckel Flügel anzufertigen, die er mir gleich einem Rucksack auf dem Rücken befestigte. Allein der Glaube an einen ›himmlischen‹ Flug führte mich maximal von der Hausbank hinab in einen Schneehaufen. Ein wenig Erlösung fand ich beim Zeichnen eines Christkindls. Nur, wie in Wahrheit das mit dem geschmückten Baum funktionieren konnte, das blieb mir lange unvorstellbar. Zumal unser Christbaum immer groß war, mit einem Glockenspiel an der Spitze. Dass sich kleine bronzene Engelchen durch die aufsteigende Wärme des Kerzenlichtes in Bewegung setzen können, das war mir im wahrsten Sinne des Wortes ›zu hoch‹.

Und übrigens: Wie kam das Christkind überhaupt damit durchs Fenster? Ein wahres Weihnachtswunder!

Aber wir Kinder wurden allmählich größer und gute Beobachter. So fiel mir eines Tages auf, dass auf dem hohen Kleiderschrank meiner Eltern große Gläser standen, die mit weißen Zuckerlpapiersachen gefüllt waren. Durfte man da überhaupt hinschauen? Am Heiligen Abend blieb sogar die Zimmertür ins elterliche Schlafzimmer den ganzen Tag versperrt. Warum? Durchs Schlüsselloch zu spähen, wäre einer Sünde gleichgekommen. Vorerst.

Wo nur Vater heute immer war? Mutter war sehr beschäftigt mit dem Putzen und Richten der Feiertagsgewänder, dem Kochen etc. Nach einem Spaziergang um etwa 16 Uhr wurden wir gebadet (in einer transportablen Badewanne in der warmen Küche; warmes Wasser aus dem ›Schiff‹ vom gut geheizten Herd gab es genug.)

Judith Schachenhofer zu Weihnachten Ende der 1930er-Jahre

Dann saßen wir ›gekampelt und gestriegelt‹ wie vier Engerln beim Küchentisch und trauten uns nur mehr zu flüstern, denn jetzt musste ja gleich das Christkind kommen. Mutter sagte: ›Passt nur gut auf, dass ihr das Glöckerl nicht überhört!‹

Und dann war er also da, der ersehnte Augenblick. Vater öffnete ein wenig die Tür und rief ganz laut: ›Kommt, das Christkind war da!‹ Die Aufregung und das Herz-Bumbum wird wohl bei allen Kindern dieser Welt immer heftig (gewesen) sein. Da stand er nun in voller Größe, Pracht und Herrlichkeit: der hellerleuchtete, mit Sternspritzern übersäte Christbaum. – Irgendetwas betend und singend, was ich mit fünf Jahren noch nicht so gut verstand. Es war wohl die Frohbotschaft, vorgelesen von meinem Vater. Wir standen so lange still vor dem Baum, bis der Vater sagte: ›Schaut, was euch das Christkind gebracht hat.‹ Schier, Rodel, Puppenwagen konnten wir leicht erkennen. Aber da gab es auch noch Päckchen, die erst geöffnet werden mussten. O Jubel, o Freud!

Allerdings blieben die Zeiten nicht immer so rosig, und es gab auch eine Kriegsweihnacht, die jedem ›nur‹ warme Patschen bescherte. Wert und Freude waren ziemlich bescheiden. Doch das ist eine andere Geschichte.

Im Unterschied zu anderen Weihnachtsfeiern gab es bei uns etwas eher Außergewöhnliches: Nach einem bescheidenen Abendessen durften wir drei größeren Kinder mit unserem Vater tarockieren; ein Spiel, das Vater sonst nur mit dem Pfarrer, Mesner und einem Schneidermeister pflegte. Wir verstanden es bald. Bis zum Gang zur Mitternachtsmette verging uns die Zeit rasch.

Matchboxler, Matchbox-Modelle aus verschiedenen Epochen

Wieder 25 Jahre später

stand ich selbst als Mutter mit meinen zwei kleinen Kindern in der Adventzeit vor einem Problem. Viele Erziehungsberechtigte vertraten in den 1960er-Jahren die Meinung, man müsse Kindern gegenüber in jedem Fall ehrlich sein; auch was das alte Brauchtum um den Nikolaus, Krampus und letztendlich um das Christkind betraf. Wie sage ich es meinem Kinde, ohne dass ein gewisser Zauber um Weihnachten verloren geht?

Aufgrund meiner religiösen Erziehung wurde die Weihnacht als Geburtstag des Jesukindes vorangestellt. Gutes-Tun wurde mit einem Strohhalm für die Krippe unter dem Christbaum belohnt. Je voller sie wurde, desto weicher konnte das Jesukind darauf ruhen. Sich von alten Spielsachen freiwillig für Ärmere zu trennen gehörte auch dazu. So wurde das Fest von den Kindern als etwas ganz Besonderes, Geheimnisvolles angenommen.« Nach wie vor schrieben Schüler Briefe an das Christkind und legten sie ins Fenster. »Die Wunschliste war anfangs noch recht bescheiden. Die größere Schwester schrieb sogar für den kleineren Bruder, mit seinem Versprechen, dafür recht brav zu sein, diverse Bitten auf: Bausteine, Dominosteine, Matador, Puzzle-Spiele, Bücher, das eine oder andere Matchbox-Auto, Buntstifte u. Ä.

Die Wünsche steigerten sich allerdings im Lauf der Jahre bis hin zu einer Autorennbahn, die, wie sich später herausstellte, nur so beliebt war, weil Vater sich Zeit nehmen musste, um seinen Kindern beim Aufbau zu helfen.

Alle erfreuten sich an einem nicht allzu großen (jetzt gekauften) Weihnachtsbaum, der oft nachts heimlich beschlichen und abgeräumt wurde. Und seltsamerweise: Niemand war es! Die vielen bunten Schokoladefiguren waren einfach zu verlockend. Patienceringe und Windbäckerei hielten sich am längsten.

Der Unterschied zu meiner eigenen Kinderweihnacht war nicht allzu groß, fand ich.

Ein Vierteljahrhundert verging wiederum

und unsere Enkelkinder wuchsen heran. Aufgeklärt durch Bücher, Zeitschriften und neue Medien näherten sie sich dem Weihnachtsfest mit ganz anderen Schritten. Werbeprospekte flatterten ins Haus. Schon im Oktober tauchten in den Geschäften die ersten Weihnachtsmänner auf. Sah man sich bis zum 24. Dezember nicht total satt? Irgendwann hört auch die Vorfreude einmal auf. Vielfältige Angebote wurden (werden) deutlich sichtbar überall arrangiert. Mit ›Leise rieselt der Schnee‹, auch wenn es gar keinen gibt, wird alles möglichst ›schmackhaft‹ gemacht. In der Tat kann ein künstlicher (wie schade!) Christbaum ja lange Lagerzeit vertragen; auch kann frischer Duft dazu geliefert werden und ist so stets erneuerbar.

Die Wunschzettel der Enkelkinder werden immer länger: Ich wünsche mir einen Lego-Baukasten für ein Raumschiff, hieß es einmal, schließlich war man ja bereits auf dem Mond gelandet, mit allem Drumherum und Dran, versteht sich! Waren für meine Kinder kleine Legoboxen und Matchbox-Autos für das Christkind noch erschwinglich, so mussten es für unsere Enkelkinder mit Lichtsignalen etc. ausgestattete ›Instrumente‹ sein inklusive dazugehöriger Batterien und eines Akkus, versteht sich von selbst! Das Nonplusultra aber wurden so nach und nach Computerspiele, die selbst kleine Kinder bedienen können. Die ganze Verwandtschaft trug ihren Teil zur Bescherung mit bei. Einmal kam ein Opa sogar mit einer Scheibtruhe voll Geschenken ›anmarschiert‹. Der Geschenkpaketeberg wuchs und wuchs. Eine ganz schön anstrengende Arbeit, alle Präsente an den richtigen Ort unter dem Baum zu platzieren!«

1948 erlebte Margarethe Felder, Jahrgang 1927, ein kleines Weihnachtswunder:

»Ein himmlischer Fisch.

Wir schrieben das Jahr 1948. Ich war eine junge Frau und hochschwanger. Wir wohnten in einem größeren Einzelraum im 17. Bezirk in der Kalvarienberggasse im Hause Nr. 10 im 2. Stock. Das Haus, im Jahre 1810 erbaut, bestand aus einer größeren Wohnküche mit eingemauertem Herd und einem winzigen Kabinett. Der Herd besaß einen alten zerbeulten Kupferkessel, aus dem man dann gleich warmes Wasser bekam, wenn man einheizte, um zu kochen oder den Raum zu erwärmen. Zu der Zeit war es schwierig, weil es nichts zum Heizen gab. Fast täglich holten mein Mann und ich Holz aus dem nahen Wienerwald, Neuwaldegg, Hameau, Schafberg. Es gab kein Wasser in der Wohnung, nur eine allgemeine ›Bassena‹ am Hausgang weit draußen, ebenso die Toiletten für drei Parteien, ein Klo ohne Wasserspülung.

Mein Mann, der Goldschmied von Beruf war und erst im Jahr davor aus der englischen Kriegsgefangenschaft heimgekehrt war, durfte noch eine Zeit lang bei seinem alten Lehrherrn arbeiten, doch dann wurde er arbeitslos und das gerade jetzt vor Weihnachten. Die Menschen hatten andere Bedürfnisse nach dem Krieg, als Schmuck zu kaufen.

Wie gut, dass es öfter schneite und wir beide öfters Schneeschaufeln gehen konnten. Ein feiner Verdienst, besonders des Nachts. Mit der Nachtzulage brachte das doch etwas.

In unserer Gasse hatten wir einen ›Greißler‹, einen Kolonialwarenhändler, wo man seine Einkäufe besorgte. Ich hatte Glück und gewann bei einem Preisausschreiben von der Firma ›Ceres‹ einen Weihnachtskarpfen und alles, was dazu gehört, um ihn auch richtig gut zuzubereiten. Ich glaubte damals an ein Geschenk des Himmels.

Als ich den Gutschein in meinen Händen hielt, schrie ich vor Freude: ›Alleluja! Otmar, schau bitte, was ich da gewonnen habe!‹ Stolz schleppte ich den großen Spiegelkarpfen in einem Einkaufsnetz nachhause. Wie der zappelte in meiner Tasche. In einem alten Zinkschaffel von meiner Schwiegermutter wurde er bis zum Heiligen Abend eingewässert. Dann musste der Glücksfisch sein Leben lassen für einen köstlichen Schmaus. Die Eier für die Panier habe ich mit Milch gestreckt und ersparte mir so zwei Eier für einen Weihnachtsstriezel. 3 Deka Hefe und 5 Deka Rosinen kaufte ich dazu und buk in meinem alten Backrohr einen wunderschönen Striezel für das bevorstehende Fest. Ein kleines Bäumchen holte ich mir aus dem Lainzer Tiergarten bei Nacht und Nebel. Aus buntem Seidenpapier schnitt ich Fransenpapier und wickelte Würfelzucker ein. Nüsse und Äpfel aus einem verwilderten Garten schmückten unser liebes Bäumchen und für uns wurde es das schönste Weihnachtsfest.«

Weihnachten 1948 war auch für Eveline Weiss, die 1936 in der Tschechoslowakei geboren wurde, ein besonderes Fest, das sich in die Erinnerung einschrieb. Es war das Jahr, als ihr Vater nach seiner Internierung in der Tschechoslowakei zu Frau und Tochter nach Österreich kam und die Familie in einem komfortablen winterfesten Gartenhaus in einer abgeschiedenen Gegend um Strebersdorf, wo damals noch die »Schrecken des Winters« mit »manchmal mannshohen Schneewechten« den Pioniergeist der Bewohner/innen auf die Probe stellten, eine gemeinsame Bleibe fand:

»Trotz aller Mühsal waren wir sehr glücklich. Weihnachten kam und wir lebten in einem Wintermärchen, feierten das schönste Fest des Jahres als Familie erstmals wieder gemeinsam in den eigenen vier Wänden. Der Zauber des verschneiten Gartens rund um unser Knusperhaus umgab es noch mit einem Hauch von Romantik. Am Heiligen Abend saßen wir im warmen Zimmer um unsere mit einem geschenkten Tischtuch bedeckte Kiste, die als Tisch diente. Wir entzückten uns an unserem winzigen Christbaum, geschmückt mit selbst gebackenen Keksen (Sparrezept), ein paar in gefranstes, buntes Seidenpapier gewickelten Zuckerln und ein paar Kerzlein. Ach wie strahlte er über der papierenen Krippe! Und Geschenke gab es: Die längst fällige Unterwäsche für mich, ein Flanellhemd für Vater und von mir für Mutter einen warmen, aus aufgetrennter Wolle selbst gestrickten Schal und für Vater dicke Socken. Wir fielen einander um den Hals, freuten uns, als hätten wir Reichtümer erhalten.«

Gleich »vier Weihnachtsfeiern« gab es in der Nachkriegszeit für Kinder des ersten Wiener Gemeindebezirks, berichtete Christiana Körbler, geboren 1939 in Wien. »Da der 1. Bezirk von den vier Alliierten besetzt war, gab es für die Schulkinder auch vier Weihnachtsfeiern. Bei allen vier Weihnachtsfeiern gab es Kakao und Kuchen.

Die Russen luden in die Hofburg und ein Christbaum vom Boden bis zur Decke vervollständigte die Feier. In das Hotel Bristol luden die Engländer. Es war dort sehr schön und elegant. Die Franzosen überraschten uns mit einer Vorstellung, bei der ein Zauberer die Hauptrolle spielte, und diese fand in einem Saal im 14. Bezirk statt. Ein Film, gesponsert von den Amerikanern, vervollständigte das Weihnachtsprogramm. Außerdem gab es Erdnüsse, Zuckerln und Schokolade von den vier Befreiern.«

An ein »Christkindl« erinnerte sich Karl Schmutz (»Aus dem Leben eines Waldviertler Kleinhäusler-Buben«) besonders gern. »Gekaufte Spielsachen besaß ich fast keine, ich erinnere mich da nur an eine ganz kleine Eisenbahnlok mit zwei Waggons und der dazugehörenden Gleisanlage in Kreisform mit etwa einem halben Meter Durchmesser. Um diesen Zug in Betrieb zu setzen, musste mit einem Schlüssel (wie bei einem alten Wecker) eine in der Lokomotive befindliche Federvorrichtung aufgezogen werden. Eine fantastische Sache für die damalige Zeit. Ein anderes ›Christkindl‹ (Weihnachtsgeschenk) war ein sehr filigraner Dreiradler, bei dem sich schon nach ein paar Tagen der Benützung die Pedale leer (ohne Widerstand) durchtreten ließen. Ich möchte der Ordnung halber schon auch darauf hinweisen, dass sich da logischerweise pro Jahr immer nur eines dieser Geschenke unter dem Christbaum befand.«

Um ihre Kinderjahre im obersteirischen Knittelfeld und die Weihnachtsfeste der 1950er-Jahre kreisen die Erinnerungen von Silvia Zenta. »Für das waschechte Eisenbahnerkind in dritter Generation stand alsbald eine Eisenbahn unterm Christbaum, man kann sich denken, wer mit mir damit spielte. Auch der heute museumsreife Matador-Baukasten aus Papas eigenen Kinderjahren fand Einzug in meine Spielzeugsammlung. Es waren die Stunden des gemeinsamen Spielens mit meinem Papa, die mir in so wohltuender Erinnerung geblieben sind, wohl wissend, dass sie auch sehr zu Papas eigener Entspannung dienten.

Die ganze Verwandtschaft schien sich Sorgen um meine vorschulische Entwicklung zu machen. Es schienen sich vor allem die männlichen Altvorderen mit unerschöpflicher Freude ans Werk gemacht zu haben, mir ausgefallenes Spielzeug selbst herzustellen. Ich denke da zuallererst an das feuerrote Tretauto mit grauem Sitzbankbezug, das mir Papas Bruder eines Weihnachtsabends schenkte. Nur einen Haken hatte die Sache: Irgendwie überstieg der Mechanismus des Tretens meine

Kräfte und als ich kräftig genug war, um mich und das Auto fortzubewegen, war ich dem Cabrio entwachsen.

Dies waren also die Geschenke, die der männliche Anteil in mir erhielt. Der weibliche Teil wurde mittels feinster Puppenküche befriedigt, die mein Großvater mütterlicherseits für mich zimmerte. Die Einrichtungsgegenstände waren der echten Küche meiner Mama nachgebildet. Mit diesem Geschenk habe ich viele, viele Stunden allein und in Gesellschaft verbracht. Und als meine Kinder in diesem Alter waren, habe ich mit ihnen dieses Spiel mit Freude – und leiser Wehmut – fortgesetzt.«

»Im Laufe der Kriegsjahre gab es genügend Geld, nur kaum etwas zu kaufen.«

Von Lebensmittelmarken und Bezugsscheinen

Das (vorläufige) Ende Österreichs im März 1938 leitete auch ein neues Konsumkapitel ein. Der NS-Staat griff massiv in den privaten Konsum ein. Die Kriegswirtschaft im Frieden hatte längst die Entscheidungsfreiheit von Unternehmen und Konsumenten reduziert und »kriegswichtige Industrien« forciert. Dennoch verhießen propagandistische Konsumkarotten wie Volksempfänger, KdF-Reisen für jedermann und Pläne für den Volkswagen, das Auto, das sich jeder leisten können würde, der Volksgenossenschaft nach den schlechten Jahren baldige massenhafte Teilhabe an den Früchten der Konsumgesellschaft. Erst einmal stiegen die Einkommen, und der Konsum in Österreich boomte. Aber auch die Lebenshaltungskosten machten ab 1938 einen Sprung nach oben, wie das *Institut für Wirtschaftsforschung* in einer »streng geheimen« Studie 1941 festhielt. Erzähler/innen berichten von neuen Jobs für bis dahin arbeitslose Familienmitglieder. Der Vater von Günter Doubek hörte auf, die Zigaretten selbst zu stopfen. »Erst ab 1938, als er eine gut bezahlte Dauerarbeit hatte, kaufte er Zigaretten. Ob er wollte oder nicht – er musste Korso kaufen«, erzählte der Sohn vom neuen Trend zum Einheitsprodukt. »Vater, die Tante, sogar Mutter bekamen Arbeit. Es gab plötzlich Kataloge, da konnte man sich von Deutschland alles schicken lassen. Mutter bestellte ein Fahrrad«, erinnerte sich Wilhelmine Bauer an den familiären Konsumaufbruch. Die Familie Ginner erwarb zusätzlich zum »Hornyphon 12 Röhren Empfänger« einen »Großen Deutschen Volksempfänger«. Um 59 Reichsmark war er wohlfeil.

Zur stark gestiegenen Nachfrage trugen auch neue Einkäufer bei. »Viele reichsdeutsche Soldaten belebten das Straßenbild und die schönen und gut bestellten Geschäfte«, beobachtete Franz Ginner. Während die einen noch aufgestaute Konsumwünsche realisierten, begannen andere Familien, sich auf den Krieg vorzubereiten. Die Großmutter von Franz Halmer,

Der Deutsche Kleinempfänger DKE 19

den Ersten Weltkrieg noch frisch im Gedächtnis, insistierte, dass Ziegen für den Hof angeschafft werden. Und auch die Väter von Martha Willinger und Erika Neuberger waren sicher, »wenn der Hitler kommt, gibt's Krieg«. Von ihren damaligen Sorgen schrieb die steirische Bauerntochter Gertrude Erlacher: »Ende der 1930er-Jahre besserte sich zwar unsere finanzielle Lage, dafür begann die Angst um meinen regimekritischen Vater. Ich hätte lieber weiter kärglich, aber ohne Angst gelebt.« Zwei Töchter vorsichtiger Familienväter erinnerten sich, wie das devisenhungrige Regime in die familiäre Krisenvorsorge eingegriffen hatte. Lebensversicherungen, die eingedenk der rezenten Erfahrungen massiver Geldentwertung in Fremdwährungen wie dem Goldfranken abgeschlossen worden waren, wurden noch im März 1938 per Gesetz in Reichsmark konvertiert. Sie brachten den Begünstigten bei Fälligkeit dann kaum ein »Butterbrot« ein wie im Hause Payr oder eine »Umhängetasche aus Stoff« wie bei Annelies Gorizhan, bei deren Lebensversicherung die Goldklausel gestrichen worden war. Über die Plünderung des Geschäfts ihrer Tante, Witwe eines jüdischen Kaufmanns, durch die SA berichtete Erika Neuberger. Von Erinnerungen an eingeschlagene, beschmierte Auslagenscheiben jüdischer Geschäfte im November 1938 schrieb Franz Ginner. Von der größten Welle von Eigentumsübertragungen und Vermögensverschiebungen, die Österreich je erlebt hatte, sprechen Wirtschaftshistoriker für die Zeit nach 1938. Die vorrangig Betroffenen und Verlierer waren die jüdische Bevölkerung, die Kirchen, die politischen Gegner des Nationalsozialismus, die Kärntner Slowenen, das Auslandskapital und die Staatsunternehmen.

Ende August 1939 zerbarsten die großen Konsumillusionsblasen. Die Kärntnerin Erika Schöffauer fasste die schnelle Abfolge von Erwartungen und Enttäuschungen, den Mangel an Geld, der vom Mangel an Waren abgelöst wurde, zusammen. »In den Dreißigerjahren gab es zwar vieles zu kaufen, aber es fehlte überall das Geld. Für eine kurze Zeitspanne war dann das Warenangebot gut und der Verdienst groß genug, um sich einige Wünsche zu erfüllen. Aber mit Kriegsbeginn am 1. September 1939 wurde dieser Traum zur Lüge, die wir vorerst nicht verstanden. In der ersten Zeit kam man mit der Zuteilung von Lebensmitteln gut aus. Manches war uns fremd und neu, wie zum Beispiel Puddingpulver, und so wurde beinahe täglich Pudding gekocht. Je länger der Krieg dauerte, desto weniger bekam man zu kaufen, und wir lernten einen neuen Markt kennen, den Schwarzmarkt. Dabei ging es weniger ums Geld als vielmehr um Tauschgeschäfte, wie etwa Wertgegenstände gegen Lebensmittel. Hunger war unser ständiger Begleiter.«

»Mit Puddings hatte uns Adolf Hitler reichlich bedacht!«, vermerkte auch Martha Willinger.

Die »Markerlwirtschaft«, das System der Bewirtschaftung und Rationierung, das dem Regime zusätzliche Möglichkeiten der Überwachung und Diskriminierung eröffnete, begann Ende August 1939 und bildet einen wesentlichen Fokus der Konsumerinnerungen der Zeit. Der Kaufmannssohn Josef Jedelsky erinnerte sich an den Start: »Am letzten Sonntag des August 1939 hatten wir Hitlerjungen in einer Überraschungsaktion alle Haushalte zu verständigen, dass ab sofort Lebensmittel, Textilien, Schuhe, Rauchwaren, ja fast alle lebenswichtigen Güter nur gegen Lebensmittelkarten bzw. Bezugscheine verkauft werden dürften.«

Ab 25. September 1939 wurden die Zuteilungen der Lebensmittel nach Alter und Schwere der körperlichen Arbeit gestaffelt. »Für die Ostmark« kündigte *Das Kleine Volksblatt* am 24. September 1939 »beachtenswerte Sonderbestimmungen« an. Um den »besonderen Verbrauchsgewohnheiten in jeder Hinsicht Rechnung zu tragen«, wurde die Mehlquote erhöht.

»Durch Kriegsbeginn Herbst 1939 stagnierte ja die Wirtschaft. Vorher hatte keiner Geld, um was zu kaufen, und dann gab es nicht mehr, als im Lande wuchs, und das auf Lebensmittelkarten, die genau nach Kalorien eingeteilt waren. Schwerarbeiter – so kann ich mich erinnern – bekamen das meiste, hatten die höchste Kalorienzuteilung, und wir Frauen und Kinder waren der letzte Dreck. Wir durften keine Kalorien verbrauchen. Babys und Kleinkinder bekamen mehr Milch«, schrieb Ilse Wolfbeisser.

Seite 8 — Nr. 264 **Das Kleine Volksblatt** Sonntag, 24. September 1939

Wieviel erhält man auf die Bezugsscheine?

Die endgültige Regelung des Bezugsscheinsystems. — Beachtenswerte Sonderbestimmungen für die Ostmark. — Die Bezugsmengen für Normalverbraucher, Schwer- und Schwerstarbeiter und Kinder.

Nach der endgültigen Regelung des Bezugsscheinsystems werden nunmehr die Lebensmittelmengen bekanntgegeben, die ab morgen Montag an die Inhaber der neuen Lebensmittelkarten ausgegeben werden.

Wieviel auf die Reichsbrotkarte?

Auf die Reichsbrotkarte erhalten die Karteninhaber folgende Wochenrationen:

für Normalverbraucher: 2400 g Brot oder 1900 g Brot und 375 g Mehl;

für Schwerarbeiter: 3800 g Brot oder 2800 g Brot und 750 g Mehl;

für Schwerstarbeiter: 4800 g Brot oder 3800 g Brot und 750 g Mehl;

für Kinder bis zu sechs Jahren: 1100 g Brot oder 600 g Brot und 375 g Mehl;

für Kinder von sechs bis zehn Jahren: 1700 g Brot oder 1200 g Brot und 375 g Mehl.

Auf die einzelnen Abschnitte der Reichsbrotkarte können folgende Mengen bezogen werden:

Reichsbrotkarte für Normalverbraucher: Auf die Abschnitte 1 bis 4 je 1000 g Brot, 5 bis 8 je 500 g Brot, 9 bis 12 je 500 g Brot oder je 375 g Mehl, auf die mit a und b bezeichneten Abschnitte je 50 g Brot.

Reichsbrotkarte für Schwerarbeiter: Auf die Abschnitte 1 bis 8 je 1000 g Brot, 9 bis 12 je 1000 g Brot oder je 750 g Mehl, auf die mit a und b bezeichneten Abschnitte je 100 g Brot.

Reichsbrotkarte für Schwerstarbeiter: Auf die Abschnitte 1 bis 4 je 2000 g Brot, 5 bis 8 je 1000 g Brot, 9 bis 12 je 1000 g Brot oder je 750 g Mehl, auf die mit a und b bezeichneten Abschnitte je 100 g Brot.

Reichsbrotkarte für Kinder bis zu sechs Jahren: Auf die Abschnitte 1 bis 4 je 100 g Brot, 5 bis 8 je 500 g Brot oder je 375 g Mehl, auf die mit einem Kreuz bezeichneten Abschnitte je 125 g Kindernährmittel. Diese Abschnitte gelten abweichend von dem Aufdruck auf der Karte vom 25. September bis 22. Oktober 1939.

Reichsbrotkarte für Kinder von sechs bis zehn Jahren: Auf die Abschnitte 1 bis 8 je 500 g Brot, 9 bis 12 je 500 g Brot oder 375 g Mehl, auf die mit a und b bezeichneten Abschnitte je 100 g Brot, auf die mit einem Kreuz bezeichneten Abschnitte erfolgen zunächst keine Zuteilungen.

Für die Ostmark wurde der Mehlbezug besonders geregelt.

Diese Sonderregelung wurde deshalb getroffen, um den besonderen Verbrauchsgewohnheiten in jeder Hinsicht Rechnung zu tragen. Die bisherige Mehlquote erfährt auf Grund der endgültigen Bezugsscheinregelung eine nicht unbeträchtliche Erhöhung, und zwar können auf die Abschnitte der Reichsbrotkarte 5, 6, 7 und 8 an Stelle der dort vorgesehenen Brotmengen von Normalverbrauchern je 375 g Mehl und von Schwer- und Schwerstarbeitern je 750 g Mehl bezogen werden. Unbeschadet dieser Regelung können von allen Verbrauchergruppen in der Ostmark auf den Abschnitt L 32 der Lebensmittelkarte 750 g Mehl bezogen werden.

Was gibt es auf die Reichsfleischkarte?

Auf Grund der Abschnitte auf die Reichsfleischkarte bekommt man folgende Wochenrationen:

Für Normalverbraucher und für Kinder von 6 bis 14 Jahren: 500 g Fleisch oder Fleischwaren;

für Schwerarbeiter: 1000 g Fleisch oder Fleischwaren;

für Schwerstarbeiter: 1200 g Fleisch oder Fleischwaren;

für Kinder bis zu sechs Jahren: 250 g Fleisch oder Fleischwaren.

Auf die einzelnen Abschnitte der Reichsfleischkarte können folgende Mengen bezogen werden:

Reichsfleischkarte für Normalverbraucher und für Kinder von 6 bis 14 Jahren: Auf die Abschnitte 1 bis 3, 5 bis 7, 9 bis 11, 13 bis 15 je 100 g Fleisch oder Fleischwaren. Auf jeden der mit a, b, c und d bezeichneten Abschnitte je 50 g Fleisch oder Fleischwaren.

Reichsfleischkarte für Schwerarbeiter: Auf die Abschnitte 1 bis 3, 5 bis 7, 9 bis 11, 13 bis 15 je 100 g Fleisch oder Fleischwaren, auf die Abschnitte mit a und b je 250 g Fleisch oder Fleischwaren, auf die Abschnitte mit c und d je 100 g Fleisch oder Fleischwaren.

Reichsfleischkarte für Schwerstarbeiter: Auf die Abschnitte 1 bis 3, 5 bis 7, 9 bis 11, 13 bis 15 je 100 g Fleisch oder Fleischwaren, auf die Abschnitte a bis c je 250 g Fleisch oder Fleischwaren, auf den Abschnitt d je 150 g Fleisch oder Fleischwaren.

Reichsfleischkarte für Kinder bis zu sechs Jahren: Auf die Abschnitte 1 bis 4 je 125 g Fleisch oder Fleischwaren, auf die Abschnitte a bis d je 125 g Fleisch oder Fleischwaren.

Es wird darauf hingewiesen, daß

sämtliche Innereien bezugsscheinpflichtig

sind, ebenso wie Blutwürste, Leberwürste und dergleichen. Schalenwild (Reh, Hirsch, Damwild, Gams, Wildschwein) fallen unter die Bezugsscheinpflicht. Innereien von Wild sind bezugsscheinfrei. Ferner bezugsscheinfrei sind Hasen, Rebhuhn sowie Geflügel überhaupt. Die Fleischmengen werden mit Zuwaage berechnet. Nähere Bestimmungen über das Ausmaß der Zuwaage werden noch getroffen werden. Wildbret fällt ebenfalls unter die 500 g Fleisch, die insgesamt bezogen werden können, und zwar gelten hiefür die Abschnitte auf der rechten Seite des Bezugsscheines.

Auf die Reichsfettkarte?

Die Reichsfettkarte berechtigt zum Bezug folgender Wochenrationen:

Für Normalverbraucher 80 g Butter, 125 g Margarine oder Pflanzen- oder Kunstspeisefett oder Speiseöl, 65 g Schweineschmalz oder Speck oder Talg, zusammen 270 g; dazu 62,5 g Käse oder 125 g Topfen;

für Schwerarbeiter: 80 g Butter, 187,5 g Margarine usw., 125 g Schmalz usw., zusammen 392,5 g; dazu 62,5 g Käse oder 125 g Topfen;

für Schwerstarbeiter: 80 g Butter, 250 g Margarine usw., 410 g Schmalz usw., zusammen 740 g; dazu 62,5 Käse oder 125 g Topfen;

für Kinder bis zu 6 Jahren: 80 g Butter, 62,5 g Käse oder 125 g Topfen;

für Kinder von 6 bis 14 Jahren: 80 g Butter, 125 g Margarine usw., zusammen 205 g; dazu 62,5 Käse oder 125 g Topfen.

Auf die einzelnen Abschnitte der Reichsfettkarte können folgende Mengen bezogen werden: Reichsfettkarte für Normalverbraucher: Auf die Abschnitte „Butter und Butterschmalz" je 80 g, „Käse oder Quarg" je 62,5 g Käse oder je 125 g Topfen, „Margarine oder Pflanzen- oder Kunstspeisefett oder Speiseöl" je 125 g, „Schweineschmalz oder Speck oder Talg" je 65 g.

Reichsfettkarte für Schwerarbeiter: Auf die Abschnitte „Butter und Butterschmalz" je 80 g, „Käse oder Quark" je 62,5 g Käse oder 125 g Topfen, „Margarine oder Pflanzen- oder Kunstspeisefett oder Speiseöl" je 187,5 g, „Schweineschmalz oder Speck oder Talg" je 125 g.

Reichsfettkarte für Schwerstarbeiter: Auf die Abschnitte „Butter oder Butterschmalz" je 80 g, „Käse oder Quark" je 62,5 Käse oder 125 g Topfen, „Margarine oder Pflanzen- oder Kunstspeisefett oder Speiseöl" je 250 g, „Schweineschmalz oder Speck oder Talg" 1 bis 3 je 375 g, 4 515 g.

Reichsfettkarte für Kinder von 6 bis 14 Jahren: Auf die Abschnitte „Butter oder Butterschmalz" je 80 g, „Käse oder Quark" je 62,5 g Käse oder 125 g Topfen, „Margarine oder Pflanzen- oder Kunstspeisefett oder Speiseöl" je 125 g.

Reichsfettkarte für Kinder bis zu sechs Jahren: Auf die Abschnitte „Butter oder Butterschmalz" je 80 g, „Käse oder Quark" je 62,5 g Käse oder 125 g Topfen.

Die Bezugsmengen auf die Reichsmilchkarte

Vollmilch kann nur von folgenden Versorgungsberechtigten zu nachstehenden Mengen bezogen werden:

Kinder bis zu sechs Jahren 0,75 Liter täglich. (Eine Milchkarte zu ½ Liter und eine Milchkarte zu ¼ Liter.)

Kinder von 6 bis 14 Jahren 0,25 Liter täglich. (Eine Milchkarte zu ¼ Liter.)

Werdende und stillende Mütter sowie Wöchnerinnen (Wöchnerinnen für die Dauer von sechs Wochen) 0,50 Liter täglich. (Eine Milchkarte zu ½ Liter.)

Besondere Berufe (gesundheitsgefährdete Arbeiter) 0,50 Liter täglich. (Eine Milchkarte zu ½ Liter.)

Im Bereich des Gaues Wien erhalten werdende und stillende Mütter sowie Wöchnerinnen ab Dienstag, 26. d., Milchkarten bei den zuständigen Kartenstellen. Vorzulegen ist das Zeugnis eines Arztes oder einer Hebamme. Bis zum Empfang der neuen Milchkarte können die Mütter, soweit sie im Besitz des früher ausgestellten Milchbezugsscheines für werdende und

NS-Lebensmittelmarken

»Mein Onkel Fritz«, hielt Günther Doubek fest, »hatte am 8. Oktober 1939, seinem Geburtstag, alle vier Lebensmittelkarten fotografiert. Damit wollte er für die Nachkriegszeit dokumentieren, wie kärglich er im Krieg gelebt hatte. 1944 konnte er diese Fotografie genau für das Gegenteil verwenden: Jetzt konnte er zeigen, wie ärmlich die Rationen in fünf Jahren des Krieges geworden waren.« Die Konsumforschung belegt diese Erfahrungen anhand von Kalorien-Zahlen. 1937 wurden in Österreich durchschnittlich 3.200 Kalorien pro Kopf und Tag verbraucht. Je nach Verbraucher und Familientyp lag der Kaloriengehalt der zugeteilten Rationen 1941 zwischen 5 und 26 Prozent unter dem Kalorienverbrauch von 1938. 1944 ging der Nährwert der zugeteilten Rationen auf 2.000 Kalorien und 1945 auf 800 Kalorien zurück.

Von Kriegsbeginn an wurden auch Seife, Waschpulver und Rasierseife rationiert. Der Name Rif findet sich mehrmals in Erinnerungen.

Einheitsseifen und Einheitswaschpulver

Angebots- und Markenvielfalt waren dem NS-Regime, das Autarkie und »Erhaltung und verlustfreie Ausnutzung volkswirtschaftlich wertvollen Gutes« forderte, nie ein Anliegen gewesen. Fett war wegen der »Fettlücke«, der hohen Abhängigkeit Deutschlands von Fett- und Ölimporten, und dem Devisenmangel, im Deutschen Reich bereits seit März 1933 der staatlichen Bewirtschaftung unterstellt. Nach Kriegsbeginn 1939 wurden unter dem Namen Rif Einheitsseifen und Einheitswaschmittel eingeführt, um den hohen industriellen Fettverbrauch zu senken. »Wir stellen in der Seifenfabrik unsrer Werke jetzt nur noch die drei Einheitsprodukte her, die Rif-Seife, die Rif-Rasierseife und das Rif-Waschpulver. Die Buchstaben Rif bedeuten *Reichsstelle für industrielle Fettversorgung.* Nach den Vorschriften dieses Amtes geht die Fabrikation der Erzeugnisse vor sich«, erklärte der Chefingenieur der »größten fettverarbeitenden Werke Europas, der Georg Schicht AG in Aussig im Sudetengau« laut *Neuem Wiener Tagblatt.* Eine Medienkampagne betonte die – trotz geringerem Fettgehalt – hohe Qualität der Einheitsprodukte und die Absurdität der Vergleiche mit der »›Tonseife‹ des Weltkrieges«.

Henkel musste auf Anordnung der *Reichsstelle für Chemie* die Persil-Fabrikation bei Kriegsbeginn einstellen. An ihre Stelle trat »das neue Einheitswaschpulver für Weiß-, Grob-, Buntwäsche«. Imi, Ata und Henko mit ihrem geringeren Anteil an Fettsäuren wurden weiterhin erzeugt. Um den Markenartikel Persil im Gedächtnis der Verbraucher/innen lebendig zu halten, betrieb Henkel Erinnerungswerbung.

Auch Schuhe und Textilien, in Deutschland für Private schon in der Vorkriegszeit ein Engpass, wurden ab 28. August 1939 bewirtschaftet. Ab Herbst 1941 wurde es noch deutlich schwieriger, Kleidung zu erwerben, und ab etwa Mitte 1943 für nicht Privilegierte unmöglich. Der Kreativität im Umgang mit dem Mangel waren wieder einmal keine Grenzen gesetzt. Annelies Gorizhan trug ein »abgelegtes, unmodernes braungestreiftes Kostüm« als »Paradestück« und bewegte sich in einem wadenlangen »exotischen Kleid aus den Zwanzigern«. Wollreste und Schafwolle wurden durch »Datschen« zu »zart melierter Rohwolle«, aus der ihre Mutter Pullover »im aktuellen ›Norweger-Muster‹« strickte. Günther Doubek konnte dem Stoffmangel durchaus etwas abgewinnen. »Kleider und Röcke wurden immer kürzer, was die Knappheit an Textilien erträglicher machte.«

Für die Konsument/inn/en wurde es zunehmend schwieriger, das gestiegene Einkommen auszugeben, weil das entsprechende Angebot an Konsumgütern fehlte. Sie verfügten bald über Geld im Überfluss. Erika Payr erinnerte sich: »Alles Unentbehrliche war nur mehr auf Bezugsschein zu haben. Nun tauchte die Idee des ›Eisernen Sparens‹ auf, das heißt, man musste ›freiwillig‹ einen beträchtlichen Teil des Gehaltes auf ein Sparbuch einzahlen und es war einsichtigen Leuten gleich einmal klar, dass wir davon nichts wiedersehen würden. Wer natürlich an den Endsieg glaubte, konnte ja mal Pläne schmieden.«

»Eisernes Sparen«

1941 schuf die deutsche Regierung das Programm »Eisernes Sparen«, das auf einer alten bis heute populären Metapher aufbaute. Die gesetzliche Basis hatte den bezeichnenden Namen *Verordnung über die Lenkung der Kaufkraft.* Die überschüssige Kaufkraft der Lohn- und Gehaltsempfänger sollte auf eigenen Sparkonten für die Kriegskasse nutzbar gemacht werden, wobei die gesparten Beträge direkt von Lohn und Gehalt abgezogen, verzinst und zudem von Steuern und Sozialabgaben freigestellt wurden. »Voraussetzung für diese besondere Belohnung ist, dass der Lohn- und Gehaltsempfänger *für die Dauer des Krieges* darauf verzichtet, das Sparguthaben zu kündigen«, beschrieb das *Kleine Blatt* die Konditionen.

Zum Deutschen Spartag am 30. Oktober 1941 lautete das Thema eines Schul-Aufsatzwettbewerbs »Inwieweit hilft Sparen siegen?«. Die erwünschte Antwort wurde gleich mitgeliefert: »Gerade jetzt braucht man so viel Geld zum Kriegführen. Die Steuern des Reichs reichen nicht aus, die unzähligen Arbeiter der deutschen Waffenschmieden und Rüstungsbetriebe zu entlohnen und den Millionen deutschen Soldaten Wehrsold, Nahrung und Kleidung zu geben. Hier greifen nun die Sparkassen ein. Eine Unmenge von Geld fließt von diesen in unsere Waffenschmieden und Rüstungsbetriebe. Dort werden dann Kanonen, Flugzeuge, Schiffe, Panzer und vieles andere gefertigt. Alles das, was der Führer zum Kampf für unsere Freiheit braucht, denn das ist jedem Deutschen gewiss, es geht um Sein oder Nichtsein unseres Volkes. Deshalb ist Sparen nationale Pflicht. Unser Bekenntnis ist ›Wir sparen und helfen dem Führer zum Sieg‹.« Trotz kollektivem Druck besonders auf staatliche Angestellte und Beamte, angestellte Mitarbeiter der NSDAP und ihrer Organisationen blieben die Einzahlungen hinter den offiziellen Erwartungen zurück. Im September 1944 betrug der Anteil der Eisernen an den gesamten privaten Spareinlagen bei deutschen Sparkassen 1,76 Prozent. Es kursierte der Witz: »Was heißt ›eisern sparen‹ auf Chinesisch? – ›Futschi, Futschi‹!«

„Wir alle sparen eisern!“

Wir lassen von unserem Lohn wöchentlich 3, 6 oder 9 RM, von unserem Gehalt monatlich 13, 26 oder 39 RM auf Eisernes Sparkonto überweisen. Es vermindern sich infolgedessen die Lohnabzüge für Steuern und Sozialversicherungsbeiträge. Das Krankengeld berechnet sich trotzdem nach dem vollen Lohnbetrag. Die Eisernen Sparbeträge werden zum Höchstsatz verzinst. Sparguthaben sind unpfändbar. Sie werden nach Beendigung des Krieges mit zwölfmonatiger Kündigung, in Notfällen, bei der Geburt eines Kindes und bei der Verheiratung einer Sparerin auf Antrag ohne Kündigungsfrist sofort, auch während des Krieges, ausgezahlt.

... sagt die Verkäuferin Else W... aus Hannover.

„Trotz nur mäßigen Gehaltes kann ich immerhin im Monat 13 RM auf Eisernes Sparkonto abführen. So spare ich 156 RM im Jahr. Das fällt nicht schwer, weil ja Lohnsteuer und Soziallasten geringer sind. Mein Eisernes Sparkonto wird auch zum Höchstsatz verzinst. Ich kann so daran denken, mir nach dem Krieg eine gediegene Aussteuer zu kaufen.“

... sagt Oberbuchhalter Werner Z... aus Hamburg.

„Ich bin Vater von drei Kindern und will für deren Berufsausbildung ein kleines Kapital ansammeln. Bei meinem monatlichen Einkommen von 520 RM kann ich dem Eisernen Sparkonto 26 RM überweisen. Nach Ablauf eines Jahres habe ich bereits 312 RM erspart. Die Abzüge von Lohnsteuer und Sozialversicherungsbeiträgen haben sich in derselben Zeit um 61,20 RM vermindert.“

... sagt der Landarbeiter Franz K... aus Tiefenbach.

„Mein Einkommen ist nicht groß, aber ich kann doch wöchentlich 3 RM abstoßen. Das sind 156 RM im Jahr. Dazu kommen noch Zinsen. Das genügt, um nach dem Krieg ein Stück Land zu pachten und mein Einkommen dadurch zu vergrößern. Meine Frau und meine Kinder helfen mir bei der Bewirtschaftung. Das Sparen wird um so leichter, weil Lohnsteuer und Sozialversicherungsbeiträge sich stark vermindern. Außerdem wird das Eiserne Sparguthaben so gut verzinst.“

Hast auch Du Deine Eiserne Sparerklärung schon abgegeben?

Naturalien und ihre Erzeuger wurden wichtiger. Bis Ende 1944 lagen die Schwarzmarktpreise mitunter fünfzig, bei Kriegsende dann oft sogar hundert oder zweihundert Mal höher als die offiziellen Preise. »Für 1 Kilo Mohn als Lohn, ließ mir meine Mutter einen Mantel schneidern«, erinnerte sich Hedwig Öhler. »Das war während des Krieges, als nur mehr Lebensmittel wertvoll waren und das Geld fast nichts mehr zählte.« Ella Gams erwähnte eine für sie überraschende Erfahrung als *Arbeitsmaid* im Waldviertel. Die Bauern hätten zwar ihre Butterfässer abgeben müssen, »damit sie keine Butter machen können und mehr Milch abliefern … aber alle haben Butter gemacht! Es gab ja noch die älteren Butterfässchen mit Stößel oder einfach die Gurkengläser (5-Liter-Glas).« 1940 tauchte in den Wiener Zeitungen nach einem Aufruf Hitlers zur Bebauung aller verfügbaren Flächen erstmals der Begriff des »Grabelandes« auf. »Tausende Wiener werden Gemüsebauern«, schrieb *Das Kleine Volksblatt.* Im Rathaus konnte man sein Interesse an »brach liegendem« Grund anmelden, um mit Gemüseanbau auf einer Parzelle an der »großen Erzeugungsschlacht des deutschen Volkes teilzunehmen.« Günther Doubek erinnerte sich an die Parzellierung des früheren Truppenaufmarschplatzes und seines Riesenfußballfeldes, der *Schmelz.*

Vereinzelt führen in den Texten Spuren vom Inlandskonsum zu den nach den deutschen Angriffskriegen in ganz Europa besetzten Territorien, die mit requirierten Lebensmitteln und Zwangsarbeiter/inne/n unfreiwillig zur Aufrechterhaltung der Versorgung in Deutschland und Österreich beitrugen. Ella Gams erinnerte sich an Gemüse aus dem Ausland. »Im Krieg bekamen wir statt ›unseres‹ Gemüses die holländischen ›Wruken‹ (Rüben). Wir liebten sie nicht sehr, aber gut gewürzt (so es etwas gab) schmeckten sie ganz gut.« Gertrud Jagob erwähnte Päckchen, die der

Geschenk eines Kriegsgefangenen an Martha Willinger

Vater mit seiner Ration Zigaretten schickte: »Dann, als mein Vater in besetzten Ländern stationiert war, schickte er wöchentlich einige 10-Deka-Päckchen Zigaretten (die portofrei waren) nach Hause, denn er war Nichtraucher, und jeder Soldat bekam eine tägliche Ration davon. Es kam natürlich nur ein Teil davon auch tatsächlich am Bestimmungsort an, doch konnten wir zu Hause uns damit etwas helfen; immerhin tauschte ein starker Raucher z.B. ein Ei für drei Glimmstängel ein.« Martha Willinger erzählte von einem sowjetischen Kriegsgefangenen, der in einer Floridsdorfer Fabrik arbeitete, und ihr als Dank für das Brot, das ihm ihre Mutter zugesteckt hatte, ein selbst geschnitztes Pferdchen geschenkt hatte.

Geschichten vom Konsum und Nicht-Konsum während der Zeit des Nationalsozialismus

Ingeborg Walla-Grom, Jahrgang 1931, hielt Ambivalenzen in der Familie fest: »13. März 1938! Hitlereinmarsch! Alles jubelte ihm zu! Es gab sofort Arbeit! Wir mussten nicht mehr hungern! Aber Mama schimpfte über Hitler und wurde eingesperrt. Sie war schon am Weg nach Dachau, doch weil sie schwanger war, durfte sie heimgehen. Hitler brauchte Kinder! Wir bekamen ein Stockhaus mit Wasser und WC am Gang.

Warum hat Hitler diesen verdammten Krieg angefangen?

September 1939: Polenfeldzug! Papa muss einrücken!

Als nunmehrige Soldatenfrau bekam Mama eine größere Wohnung in der Lerchenfelder Straße, genügend Geld und Papa schickte auch noch seinen Sold heim. Lebensmittel wurden rationiert. Hitlers Gesundheitsminister war ein kluger

Kopf: niemand musste hungern, niemand war übergewichtig! Es hieß: einmal in der Woche Fleisch, einmal Fisch, einmal Hülsenfrüchte, jeden Tag Obst und Gemüse! Für die Kleinsten: ¾ Liter Vollmilch täglich, ½ Liter für die Größeren und ¼ Liter für die Erwachsenen. Für Kinder gab's zu Weihnachten 10 Deka Zuckerln.

Habe später meine fünf Kinder genauso ernährt, wie ich es während des Krieges gelernt habe. Sie wurden schlank, gesund, groß und robust!«

Wilhelmine Bauer erinnerte sich an die Begeisterung, als das per Katalog bestellte Fahrrad aus Deutschland eintraf: »Es kam in einem Karton verpackt mit der Bahn. War das eine Aufregung. Vater hat es zusammengestellt. So sollte einmal mein Traumrad aussehen! Ich war wie verzaubert. Alles da, sogar ein Dynamo! Am Hinterrad ein wunderschönes Netz. Ich durfte es montieren, welch eine Belohnung. Wo soll man das Rad nur aufheben? Es war kein Platz, es kam ins Schlafzimmer. Natürlich durfte es niemand anrühren. Diese Herrlichkeit vor Augen …«

Auch für Franz Halmer war die erste Anschaffung ein Fahrrad. »Als 1938 die Deutschen gekommen sind, hat sich vieles verändert und das sehr schnell. Innerhalb von ein paar Wochen sind keine Arbeitslosen mehr auf der Straße gewesen, es gab keinen Bettler mehr und die Geschäfte waren leergekauft. Ich bin im Sommer und Herbst dreschen gegangen und um dieses Geld habe ich im Frühjahr 1939 ein neues Rad gekauft. Das kostete 90 Mark – dafür musste ich 30 Tage arbeiten. Das wäre ein Jahr früher gar nicht gegangen, denn da gab es für einen 15-jährigen Buben gar keine Arbeit und wenn, dann nur um den halben Lohn. Es war wohl eine schwere Arbeit und vor allem viel Staub und 5 Mark den ganzen Tag von sechs Uhr früh bis sechs Uhr abends und oft auch länger. Ich war stolz auf mein Rad, denn ich war von den Buben der erste, der ein neues Rad hatte.«

»Im Jahre 1938 durfte ich als ›Ostmarkkind‹ nach Berlin fahren. Ich hatte gute Ferieneltern. Die schenkten mir viele Sachen, weil sie sahen, wie wenig ich zum Anziehen hatte«, vermerkte Maria Medla. Während des Krieges schickte sie Pakete mit Brot, Butter und Geselchtem sowie Lebensmittelmarken nach Berlin. »Mariechen, bei uns war Weihnachten und Ostern zusammen«, bedankte sich die frühere Ferienmutter in einem Brief.

Der damals zehnjährige Günther Doubek sammelte mit Begeisterung die kleinen Fotos, die den Einheitszigarettenpackungen beigelegt waren: »Mein Vater war seit dem Krieg Raucher und drehte viele Jahre seine Zigaretten selbst – im Sommer, wenn er Arbeit hatte, saß er abends beim Tisch und stopfte sich genau zehn Zigaretten für seinen Arbeitstag. Über das Wochenende und in der arbeitslosen Zeit drehte er sich seine ›Glimmstängel‹ mit der Hand. Er meinte: ›Das Papier ist billiger als die Hülsen und wenn ich genug Zeit habe …‹ Erst ab 1938, als er eine gut bezahlte Dauerarbeit hatte, kaufte er Zigaretten. Ob er wollte oder nicht – er musste Korso kaufen. Diesen Zigaretten waren kleine Fotografien beigelegt, die den Aufstieg des Nationalsozialismus in Österreich dokumentierten. Wenn man alle hatte (was etwa zwei Jahre dauerte), konnte man sich ein Buch kaufen (Titel: Wie die Ostmark ihre Befreiung erlebte) und die Bildchen einkleben. Alle Väter rauchten 1938 und 1939 Korso-Zigaretten. Als ich das vollgeklebte ›Korso-Album‹ endlich hatte, zeigte ich es ganz stolz meinem Onkel Fritz. Seltsamerweise war er nicht so angetan davon wie ich und meinte nur: ›Ich muss einmal in meinem Lexikon nachschauen, wie dort das Wort Befreiung definiert ist.‹ Ich bemerkte keine Ironie.

Unser kleines Kabinett war im Gegensatz zum Gartenhäuschen an das öffentliche Gasnetz angeschlossen und Tante Lisi schenkte uns nach ihrer Hochzeit ihren Gasrechaud mit zwei Kochstellen. Jetzt erst merkte ich allmählich, was für eine gute Köchin meine Mutter war, besonders nach dem Frühling 1938, als mein Vater nicht mehr arbeitslos war und sich unsere finanzielle Situation deutlich verbesserte. Das war auch notwendig, weil praktisch alle ›Privatkäufe‹ wegfielen. Das ›Eisenbahneröl‹ aus der Steiermark versiegte ebenso wie unser ›Zuckerlieferant‹ aus Tulln und auch die Erdäpfelbauern fuhren nicht mehr. Dafür verdiente mein Vater gut und regelmäßig und die beiden nächsten Jahre waren für uns, was unsere Ernährung betrifft, die besten. Nun lernte ich auch Fleischspeisen kennen, welche ich früher nicht einmal dem Namen nach gekannt hatte, z.B. Rindsrouladen und Tafelspitz. Manchmal kaufte meine Mutter jetzt Kalbfleisch für mich, auch Wurstsemmeln bekam ich nun genau so oft wie die anderen Kinder in die Schule mit. Dass es, wie der Herr Feldmarschall Göring in einer Rede betonte, gute deutsche Margarine statt Butter gab, traf uns nicht sehr – wir hatten früher auch Margarine gegessen. Paradox war der Umstand, dass ich als ›Kind‹ ab 1939 auf der Lebensmittelkarte Butter zugeteilt bekam, obwohl ich keinen Wert darauf legte (wohl aber auf die Vollmilch).«

Franz Ginner, der als Einzelkind mit seinen Eltern eine enge Erlebnis-Gemeinschaft bildete, hielt in seinen Erinnerungen Veränderungen und Ressentiments im Umfeld fest: »Nach der ›Rückholung der Ostmark in das Großdeutsche Reich‹, oder wie meine Eltern und viele andere sagten: ›nach dem Umbruch‹ änderte sich vieles. Viele reichsdeutsche Soldaten belebten das Straßenbild und die schönen und gut bestellten Geschäfte. Für die *Piefke,* die genügend Geld hatten, weil es im ›Altreich‹ keine Arbeitslosigkeit gab, war dies die Gelegenheit, sich mit all dem einzudecken, das dem Großteil der ›Ostmärker‹ aus Geldmangel versagt geblieben ist. Zum Ausgleich für die Plünderung der Geschäfte kam der ›Bayerische Hilfszug‹ des ›Deutschen Winterhilfswerkes‹, kurz WHW, genannt. Vom Hilfszug wurden alle Armen und Ausgehungerten betreut, die als Ausgesteuerte jahrelang hungern mussten. Mit dem Schlagwort ›Kein Deutscher darf hungern oder frieren‹ wurde die Notlage all dieser Menschen nahezu schlagartig aufgehoben. Es dauerte auch nicht lange, bis diese Hunger- und Elendsgestalten aus dem Straßenbild von Wien verschwunden sind. Natürlich sorgten diese Maßnahmen für eine große Begeisterung bei diesen Menschen. Aber ebenso, wie die Ausgesteuerten verschwunden sind, leerten sich die vormals üppig gefüllten Auslagen der Delikatessengeschäfte. Bald entstand bei den ›Ostmärkern‹ der Unmut darüber, dass die Preußen, die ›Marmeladinger‹, die daheim ohnehin nur Erdäpfel zu essen hätten, die Ostmark kahlgefressen haben wie ein Heuschreckenschwarm. Damals kursierte hinter vorgehaltener Hand der Spruch: ›Ein Volk, ein Reich, ein Führer. Wir werden immer stierer!‹«

Die Folgen der Novemberpogromtage 1938 besichtigte Franz Ginner mit seinen Eltern, er beschreibt sie in seinem Erinnerungskapitel »Die Geschäfte nach der ›Reichskristallnacht‹«. »Bis 1939 gab es wie in ganz Wien auch auf der Alserstraße viele jüdische Geschäftsinhaber. Meine Eltern waren beim Einkauf sehr qualitätsbewusst. In erster Linie kam es auf die Qualität und erst in der Folge auf den Preis an. Die ›Textiljuden‹ im ›Fetzenviertel der Innenstadt‹ und im 2. Bezirk waren wegen ihrer Schleuderpreise bekannt, aber meine Eltern kauften wenig und selten ein, dann aber von bester Qualität. Es gab einige jüdische Geschäfte, in welchen meine Eltern ab und zu gerne eingekauft hatten. Aber nach der so genannten ›Reichskristallnacht‹ im November 1938 sah alles anders aus. Beim gewohnten Einkaufsgang in die Alserstraße sahen wir vor vielen Geschäften mit Karabinern bewaffnete SA-Männer. Die Auslagenscheiben vieler jüdischer Geschäfte waren eingeschlagen und die Auslagen ausgeplündert. Waren die Scheiben noch unversehrt, so waren mit Seife oder Kalk große Judensterne draufgemalt und Inschriften wie *Jude, Saujud, Jüdisches Schwein* ergänzten die Davidsterne. Vor manchen Geschäften mussten die jüdischen Geschäftsinhaber unter Aufsicht der bewaffneten SA-Männer kniend den Gehsteig aufwaschen und die Glassplitter wegräumen. Ein Mann wurde von zwei SA-Männern durch die Straße getrieben. Er hatte um den Hals ein Schild mit der Aufschrift: ›Dieses arische Schwein kauft bei einem Juden ein‹. Als uns erzählt wurde, dass es im 2. Bezirk noch ärger aussehen sollte, fuhren meine Eltern mit mir in die Taborstraße. Es bot sich uns ein Bild der Verwüstung, weil sich dort kaum arische Geschäfte befanden.«

Erika Neuberger beschrieb, wie ein Kaufhaus in Hernals zum Objekt der Begierde der SA wurde. »In der Hernalser Hauptstraße 139, Ecke Wurlitzergasse, gab es ein relativ großes Lebensmittelgeschäft der Firma Deutsch. Meine Tante, die Schwester meines Vaters, hatte bereits zwei ledige Söhne, als sie den Besitzer dieses Geschäfts, H. C. Deutsch, heiratete. Ab diesem Zeitpunkt betreute sie die so genannte ›Kasse‹ des Geschäftes. Sie hatten Lehrmädchen und Commis, Dienstmädchen und Köchin. Sie alle wohnten im Parterre und im ersten Stock des Hauses, das zum Besitz gehörte. Das Kaufhaus in Hernals war schon sehr modern eingerichtet, hatte eine Delikatessenabteilung, eine Spezerei und eine Drogerie. Der Chef, Herr Deutsch, war schon um 1923 gestorben. Mutter und Sohn führten es mit Erfolg bis zum Jahre 1938, als plötzlich ein Lastwagen mit SA vorfuhr und es ausräumte. Obwohl meine Tante eine Tafel mit dem Hinweis ›Arisches Geschäft‹ haben durfte, da sie ja Christin war, gab es andauernd Belästigungen dieser braunen Horden, die sich bereichern wollten. So entschloss sie sich, das Unternehmen zu verkaufen und zum ältesten Sohn nach Südafrika zu reisen. Auch ihr Sohn Egon hatte als *Halbjude* keine Möglichkeit mehr, das Geschäft weiterzuführen. Der Verkauf kam zu den ungünstigsten Bedingungen zustande (da man jüdische Geschäfte ja fast umsonst haben konnte) und ein Schuhgeschäft Dvorak zog ein.«

Kaufhaus Deutsch in der Hernalser Hauptstraße, Wien 17

In der Steiermark erinnerte Walfrieda Marchl an die jüdische Kaufmannfamilie Zucker in Obdach, wo die Schwiegermutter für ihre große Familie in der Zwischenkriegszeit eingekauft hatte. »Mein Mann erzählte oft, dass seine Mutter oft die Lebensmittel aufschreiben lassen musste, wenn der Vater arbeitslos war. Nur der Kaufmann Zucker in Obdach ließ aufschreiben. Er war Jude und musste weg mit seiner Familie nach Amerika. Sein Sohn Fredi, der gleich alt war wie mein Mann, erzählte, als er nach Obdach kam, dass sein Vater an Heimweh gestorben ist. Das waren gute Kaufleute: Im Herbst haben sie die Schulden mit Preiselbeeren und Schwarzbeeren getilgt.«

Die Kaufmannslehre, die Josef Jedelsky 1939 bei seinem Vater antrat, wurde von der neuen Rationierungs- und Verteilungsbürokratie nach Kriegsbeginn geprägt: »Ich hatte gleich das beeindruckende Erlebnis eines Verkaufsbooms, wie es wohl der Traum oder eher Albtraum eines jeden Kaufmanns sein muss. Am letzten Sonntag des August 1939 hatten wir Hitlerjungen in einer Überraschungsaktion alle Haushalte zu verständigen, dass ab sofort Lebensmittel, Textilien, Schuhe, Rauchwaren, ja fast alle lebenswichtigen Güter nur gegen Lebensmittelkarten bzw. Bezugscheine verkauft werden dürften. Die Folge war ein unbeschreiblicher Ansturm auf die Geschäfte am 27. und 28. August. Unser kleines Geschäft war vom Aufsperren bis zum Zusperren voll Kunden, die alles kauften, was nicht niet- und nagelfest war. Selbst die ältesten Ladenhüter mussten wir aus den obersten Regalen herunterholen und ich glaube, bis auf einige ausgefallene Likör- und Schnapssorten war der Laden am Dienstagabend leer. Die restlichen fast drei Jahre meiner Lehrzeit lernte ich weniger das Verkaufen als das Verwalten. Und kurz nach Lehrabschluss, im Dezember 1942, begann für mich der Kriegsdienst.«

Hans Kasper, der im Zuge der Bewirtschaftung zu einem Lebensmittelkarten-Experten wurde, erwartete anfangs neue Lebensperspektiven. »Etwas rosiger sah es dann ab März 1938 aus. Als Hitler die Macht übernahm, ging die jahrelange, große Arbeitslosigkeit zu Ende und man sah recht guten Zeiten entgegen. Schulden wurden abgebaut, es konnte wieder mehr eingekauft werden, kurz gesagt der Lebensstandard erhöhte sich beachtlich. Auch bei mir änderte sich so manches. Ich hatte im September 1937 das erste Schuljahr in unserer dreiklassigen Volksschule angetreten und lernte recht schnell lesen und schreiben. Dies hatte ja den Vorteil, dass ich bei meinen aufgetragenen Einkäufen den Einkaufszettel nicht mehr aus der Hand geben musste, sondern die ›Wünsche‹ persönlich der jeweiligen Bedienung vortragen konnte. Dieser Fortschritt machte mich richtig stolz. Auch wurde ich immer kräftiger und konnte so manchen Einkauf bereits in einem Rucksack heimtragen.

Diese Zeit, in welcher an eine bessere Zukunft gedacht wurde, ging leider viel zu schnell zu Ende. Bereits am 1. September 1939 erklärte Adolf Hitler den Polen den Krieg und der folgenschwere Zweite Weltkrieg nahm seinen Anfang.

Bereits zwei Tage vorher wurden die Lebensmittelkarten eingeführt, um Hamsterkäufen vorzubeugen. Ab dieser Zeit hatte mein Leiterwägele zu einem Einkauf endgültig ausgedient, denn bei den Lebensmittelkarten war die Zuteilung nach Wochen beschränkt, und so war der Rucksack ausreichend. Die Wochenzuteilung bei den Lebensmittelkarten war leider auch erforderlich, sonst hätte so manche Familie womöglich in der ersten Woche des Monats gut gelebt und dann eine leere Karte vor sich gehabt. Natürlich waren es nicht nur die Lebensmittel, welche rationiert wurden, auch für Bekleidung, Schuhe, Werkzeuge und andere Produkte mussten Bezugscheine beantragt werden. Und auch da gab es beachtliche Unterschiede, z. B. für Büroangestellte nur leichte Straßenschuhe, für Waldarbeiter den stabilen Gebirgsarbeitsschuh.

Da die Lebensmittelkarten teilweise recht kompliziert waren, – es gab Abschnitte in verschiedenen Grammeinheiten –, war meine Ahna (Großmutter) recht froh, wenn ich beratend zur Seite stand. Fallweise wurde ich auch bei älteren Nachbarsleuten um Hilfe gebeten. Die zugeteilten Lebensmittelrationen wurden mit jedem Kriegsjahr geringer, und auch die Bezugsscheine bekamen Seltenheitswert. Bedingt durch diese Engpässe ergaben sich gute, zum Teil jedoch auch strafbare Notlösungen. Das Tauschgeschäft und der strengst verbotene ›Schwarzhandel‹ kamen so richtig in Bewegung. So war auf den Anschlagtafeln vor Geschäften oder in manchen Wochenzeitungen z. B. zu lesen: ›Tausche Arbeitsschuhe Gr. 42 gegen solche Gr. 39.‹ Wenn auch die Ablieferungspflicht für unsere Bauern enorm war, kleine Vorteile gab es doch. Obwohl strengstens verboten, mit Schnaps, Speck, Butter, Obst, auch mit Milch konnte doch so manches Produkt leichter erworben werden. Notgedrungen sah sich so manche Frau gezwungen, Kleidungsstücke ihres im Krieg gefallenen Mannes zu veräußern, um Lebensmittel oder Bekleidung für die Kinder einzuhandeln. Das Angebot in den Geschäften war auf ein Minimum beschränkt und Einkaufen wurde beinahe eine Kunst.«

Die Familie Ginner war vom Kriegsbeginn und der »Markerlwirtschaft« zu Ferienende am Land überrascht worden: »Beim Kaufmann Preiss kam dann die große Enttäuschung. Die Chance, Vorräte anzuschaffen, war vorbei. Es gab keinen Bohnenkaffee, keinen russischen Tee und keinen Kakao. Für alles waren Lebensmittelmarken notwendig. Freie Waren gab es kaum. Es begann die Zeit des ›Schlangestehens‹. Nahezu überall musste man sich um etwas in einer Menschenschlange anstellen. Gab es einen ›Sonderaufruf‹, dann hieß es schnellstens zum Fleischhauer oder Greißler oder zur Milchfrau laufen, um weit vorne in der Schlange zu stehen. Die zu spät Gekommenen sind da oft mit leeren Taschen wieder heimgezogen.

Die Zeit der Monatseinkäufe war für meine Mutter nun vorbei. Man musste einkaufen, wenn etwas vorhanden war, wenn etwas ›aufgerufen‹ wurde. Es war daher überaus wichtig, im Volksempfänger alle Nachrichten abzuhören, damit man ja keine Einkaufsmöglichkeit verpasste. Das Radio wurde nahezu zu einem Instrument des Überlebens. Nicht nur die Lebensmittel, auch alle Bedarfsgüter wurden bezugsscheinpflichtig. Es gab die Kleiderkarte, es gab Karten für Schuhe, für Waschmittel und für Sonderaufrufe. Während des Krieges wurde Leder zur Mangelware. Die Schuhoberteile waren aus Jute oder anderen Stoffen und die Sohlen aus Holz. Wir nannten dieses Schuhwerk wegen des Geräusches Holzklapperl oder einfach Klapperl. Bessere Modelle hatten auf der Holzsohle eine dünne Gummiplatte aufgeklebt, die aber bald abgetreten war. Wir behalfen uns mit aufgenagelten alten Fahrraddecken. Nur Zeitschriften, Zeitungen und Bücher waren von der Rationierung befreit. Für meinen Vater war die Raucherkarte sehr wichtig. Die Raucherkarte bekamen alle Erwachsenen, gleichgültig ob sie rauchten oder nicht. Durch seinen Dienstturnus: 24 Stunden Dienst und 24 Stunden frei wurde er nahezu zu einem Kettenraucher. Dass er die Raucherkarte seiner Frau auch benützen konnte, war ein kleines Trostpflaster. In einem verborgenen Winkel unseres Gartens pflanzte er einige Tabakpflanzen an. Nach dem Gelbwerden der Blätter fermentierte sie mein Vater mit Zuckerwasser. Mit einem scharfen Messer erzeugte er Feinschnitt-Eigenbau. Mit Stopfvorrichtungen wurden die fertigen Zigarettenhülsen mit diesem Eigenbau gefüllt. Es kamen mit der Zeit die eigenartigsten Füllgeräte auf den Markt. Das ›Zigarettenwuzeln‹ war eine andere Möglichkeit, dem Laster des Rauchens zu frönen. Gesundheitsschädigende Wirkungen waren damals kaum bekannt.

In den Kriegsjahren hat sich durch die Rationierung der Lebensmittel der Speiseplan nur geringfügig geändert. Es wurde das Fleisch zwar knapp, aber auch früher gab es Fleisch nur ab und zu und auch da nicht in Riesenmengen. Lediglich Butter und andere Fette wurden zur Mangelware. Brotmarkerln gab es selbst im Jahre 1944 noch genügend. Durch den Garten und die eigenen Hühner hatten wir allerdings Vorteile gegenüber der Stadtbevölkerung. Auch von der Zehetgrub bekamen wir ab und zu Eier oder ein Stück Geselchtes oder Speck. Hamsterngehen hatten wir also nie nötig.

Seife und Waschmittel wurden ebenfalls rationiert. Meine Mutter bekam einmal eine Menge Rindertalg. In der Waschküche kochten wir einen Tag lang aus diesem Fett mit Soda und Pottasche eine tadellose Kernseife. Es gab die ›Rif-Seife‹, die einem

Stück Sandstein eher glich als einer Seife, und dann war eine federleichte gelbliche Schwimmseife erhältlich. Hinter vorgehaltener Hand wurde gesagt, ›Rif‹ bedeute ›Ruhe in Frieden‹, weil die Seife angeblich aus Leichenfett hergestellt werde.« Auch wenn diese Gerüchte nicht der Realität entsprachen, geben sie Einblick in Dimensionen von Ungeheuerlichkeiten, die für die Zeitgenoss/inn/en schon denkbar waren.

Ilse Wolfbeisser verbrachte viel Zeit mit der aufwendigen Logistik der Lebensmittelmarken: »Ich erinnere mich an viele Abende, wo wir alle, Mutter, Großmutter, Tante und ich, um den Tisch versammelt saßen und Lebensmittelmarken auf Bögen klebten. Die Großmutter hatte ein Milchgeschäft und seit Kriegsbeginn war alles rationiert: Lebensmittel, Artikel des täglichen Bedarfs und Bekleidung. Nur gegen Abschnitte, die wöchentlich aufgerufen wurden, gab es Ware. Wir pickten abendelang diese Unmengen von Bezugsmarken, die nach Artikeln auf große Listen geklebt werden mussten, was ich sehr gerne tat.«

Auch Erika Podpera, Jahrgang 1932, half Mutter und Großmutter »1939 bis 1943 in der Greißlerei« und zeigte in ihrem Beitrag zahlreiche Tücken des Systems auf. »Wahrscheinlich kann sich noch jedes Mitglied meiner Generation daran erinnern, dass man während des Krieges (und nachher) zum Einkaufen außer Geld Lebensmittelmarken brauchte. Es waren Blätter, in deren Mitte jeder seinen Namen und die Adresse einzutragen hatte. Am Beginn eines Monats musste man sich mit dieser Karte in einer Greißlerei anmelden, eintragen lassen. Rund um die Mitte waren die Abschnitte je Woche eingezeichnet, auf der gelben Karte für Fett, Fleisch, Wurst à 50 Gramm (vielleicht auch 100 Gramm, das weiß ich nicht mehr), die hellbraune Karte galt für Brot, Semmeln, Mehl usw. Wenn eine Kundin (es waren fast nur Frauen) in das Geschäft kam und 5 Deka Butter wollte, schnitt meine Großmutter eine Marke herunter. Zum Sammeln der abgeschnittenen Marken standen auf der ›Budel‹ zwei flache Schachteln, eine für die gelben, eine für die hellbraunen. Am Ende jedes Monats mussten die gesammelten Marken in die Kartenstelle gebracht werden. Kartenstellen waren Ämter, die in Schulen eingerichtet und nachmittags von Lehrerinnen besetzt waren.« Vor dem Abgeben mussten die Marken auf Papierbögen aufgeklebt werden, je zehn gleiche Marken auf einer Linie. Dabei stellten die Aufkleberinnen fest, dass sich in den Schachteln weniger Marken fanden als Butter verkauft worden war. »Das heißt, dass Kundinnen, während meine Großmutter sich umdrehte, um eine Ware aus einer Lade oder dem Eiskasten zu nehmen, in die Schachtel griffen und sich abgeschnittene Marken zurückholten. An sich war es verboten, mit abgeschnittenen Marken einkaufen zu gehen, da aber nur Stammkunden in das Geschäft kamen und wahrscheinlich eine plausible Ausrede hatten, konnten sie mit der abgeschnittenen Marke ein zweites (vielleicht auch drittes) Mal die entsprechende Menge Butter kaufen. Wir bekamen aber in der Kartenstelle nur für die Menge der abgegebenen Marken einen Bezugsschein, mit dem wir beim Großhändler bzw. in der Molkerei die Ware für uns einkaufen konnten.« So wurden in der Folge – trotz stichprobenweiser behördlicher Kontrolle – in manchen Zeilen nur neun Marken mit breiten Rändern aufgeklebt, aber zehn verrechnet. »Diese Manipulationen waren nötig, damit wir die ehrlichen Kunden weiter mit Butter versorgen konnten.« Schließlich wurden aber die Schachteln so aufgestellt, dass die Kunden nicht mehr hineingreifen konnten.

»Weil es immer weniger Benzin gab, musste man auch für eine Taxifahrt einen Bezugsschein vorweisen. Er wurde nur für ganz dringende Fälle vergeben. So kam es, dass mein Vater nicht mehr sechs Tage mit seinem Taxi fuhr, sondern vier oder drei Tage. An den freien Tagen arbeitete er bei der ›Papierwirtschaft‹ in der Greißlerei. Meine Mutter und meine Großmutter waren schon ganz verzweifelt, weil die Schärdinger Molkerei uns keine Butter mehr geben wollte. Die Angestellten dort sagten, wir hätten schon viel mehr bezogen, als wir Bezugsscheine gebracht hätten. Ich kann mich erinnern, dass meine Mutter wie eine arme Sünderin im Büro der Molkerei stand, bis ihr endlich doch noch etwas Butter zugestanden wurde. Mein Vater begann nun, auf zwei Jahre zurück alle abgegebenen Bezugsscheine mit den erhaltenen Buttermengen nachzurechnen, und fand dabei heraus, dass die Firma Schärdinger uns mehrere Kilo Butter schuldete. An einem seiner freien Tage fuhr er mit allen Unterlagen in die Linzer Straße und machte dort wahrscheinlich so einen Radau (es wurde uns gesagt, dass irrtümlich die Mengen eines anderen Greißlers auf unser Konto eingetragen wurden), dass die Firma Schärdinger sich bereit erklärte, die Butter in das Geschäft zu liefern. Nur damit niemand mehr von uns in die Ausgabestelle kommt. In der Ausgabestelle waren auch alle froh über dieses Angebot, weil mein Vater sehr genau auf die Waage schaute und verlangte, dass der uns zustehende ›Schwund‹ prozentuell richtig dazu gegeben wurde. Butter wurde ja von einem Block heruntergeschnitten und dabei konnten 1 oder 2 Gramm nicht wirklich genau dazu- oder weggegeben werden. Um das auszugleichen, hatte der Greißler Anspruch auf einen bestimmten Prozentsatz ›Schwund‹. Zur Belieferung durch die Molkerei ist es nicht mehr oft gekommen. Mein Vater wurde 1943 zur Marine nach Kiel eingezogen. Meine Großmutter war 1942 gestorben und meine Mutter sah sich außerstande, das Geschäft mit allem Papierkram und der Notwendigkeit, die Waren vom Großhändler selbst zu holen (weil auch diese keine Fahrzeuge mehr bekamen), allein weiterzuführen. So sperrte sie die Greißlerei zu.

Am 17. Oktober 1944 wurde das Lokal vom Luftdruck einer Bombe so beschädigt, dass außer dem dicken Eichenholz des Eiskastens nur Scherben und Späne zwischen den Ziegelwänden lagen.«

Günther Doubek zeichnete den zunehmenden Mangel nach: »Die meisten Hausfrauen erwiesen sich im Verlauf des Krieges als wahre Meisterköchinnen. Die Fleisch- und Fettrationen wurden immer geringer, nur Brot gab es noch zur Genüge. Vollmilch war nur für Kinder unter 14 Jahren erhältlich, alle anderen Leute mussten sich mit Magermilch (»Entrahmter Frischmilch«) begnügen, ebenso wenig bekam man echtes Schweineschmalz. Auch echte Marmelade gab es in den Geschäften nicht mehr, nur noch eine geleeartige künstliche Marmelade, die hauptsächlich aus Rüben erzeugt wurde und einheitlich rot war. Dasselbe galt für Honig. Dieser Kunsthonig war beim Kauf noch einigermaßen dickflüssig, kristallisierte aber sehr bald und war nicht mehr streichfähig. Da man ohnehin bald nichts anderes bekam, war es mir rätselhaft, warum man ihn in den Kinoreklamen anpries. ›Hausfrau sei schlau – beim Einkauf beachte die Marke genau – am Deckel der Benediktiner – die Marke kennt jeder Wiener – Benediktiner Kunsthonig ist nahrhaft und gesund – enthält 80 % Zucker und macht die Wangen rund.‹ Mein Schulfreund Ernst Kein sprach aus, was alle dachten: ›Für solche Reime müsste es eine zweimonatige zwangsweise Nachschulung oder ein Berufsverbot geben.‹ Viele Frauen hätten gerne selber Marmelade gemacht, aber es fehlte meist an den nötigen Zutaten.

Ab 1943 wurde das Riesenfußballfeld meiner Kindheit, die Schmelz, der allerletzte Rest des früheren Truppenaufmarschplatzes, in viele kleine Teile parzelliert. Die kleinsten Gründe waren 10 × 10 Meter, die größten 20 × 20 Meter. Wer das Glück hatte, so eine Parzelle pachten zu können, aß bis zum Frühling 1945 eigenes Gemüse. Diese Minigemüsegärten nannte man bald Grabeland (und die Pächter demzufolge ›Grabelandler‹). Ich kann mich noch erinnern, dass 1944 die beiden Humoristen Pirron und Knapp, die jahrelang in der ›Ostmark‹ und auch nach dem Krieg in Österreich bekannt und beliebt waren, in unserer Flakstellung im Rahmen der Truppenbetreuung eine Parodie auf den ›Egerländer Marsch‹ sangen, die mit den Worten begann: ›Grabelandler, halts euch z'samm, dass mir 'was zum Kiefeln ham.‹

Deutlicher als bei der Lebensmittelzuteilung merkte man den kriegsmäßigen Mangel bei der Kleidung. Es gab auf einmal keine Schuhe mehr – gerade dann, als wir mit 12 oder 13 Jahren nicht mehr barfuß gehen wollten. Die Notlösung waren Holzsandalen. Sie waren oben mit einer Stoffschicht belegt und etwa unter den Fußballen geteilt. Die Riemen waren ebenfalls aus grobem Leinen mit ein wenig Leder. Auch junge Frauen trugen solche Ungetüme. Da es nun keine Seidenstrümpfe mehr gab, malten sie sich mit einer in vier Schattierungen erhältlichen Strumpffarbe die Beine braun. Dazu gab's einen Pinsel und ein Fläschchen mit schwarzer Farbe, damit konnte man an die Rückseite der Beine eine ›Naht‹ malen. Tante Lisi kam mit einem seltsamen Gebilde auf dem Kopf: eine schwarze Kappe (ähnlich den roten Käppchen der Bischöfe), auf die sie kleine Sägespäne geklebt hatte. Sie behauptete, das sei die heurige Hutmode. Kleider und Röcke wurden immer kürzer, was die Knappheit an Textilien erträglicher machte. Einmal hörte ich, wie eine meiner Tanten ihre Schwester fragte: ›… und was machen wir im Winter?‹ Die Frauen, die 1943 fast alle schon in irgendeinem Arbeitsverhältnis standen, fanden auch hier eine Lösung – sie zogen unter den Kleidern Trainingshosen an und schützten sich so vor der Kälte. Zuletzt gab es keine Mode mehr – jeder trug, was er noch hatte.

Mein Vater hatte in die frühere Wiese im hinteren Teil von Großvaters Garten jetzt Erdäpfel gelegt, im Herbst 1944 brauchten sie meine Eltern schon sehr notwendig. Ich wusste von der immer mehr fortschreitenden Lebensmittelknappheit nur aus Erzählungen, da ich seit April 1944 beim Militär war und dort eine einfache, aber ausreichende Verpflegung hatte. Sehr viele Leute versuchten ihre Rationen durch Schwarzkäufe bei Bauern aufzubessern, das war nicht nur mühsam, sondern auch streng verboten – die Strafen während des Krieges waren drakonisch. Man nannte dieses ›schwarze Einkaufen‹ Hamstern, für meine Begriffe eine leicht blödsinnige Bezeichnung, denn ein Hamster legt Wintervorräte an und das konnten die meisten beim besten Willen nicht. Seltsamerweise überlebte dieser unsinnige Ausdruck den Zusammenbruch des Naziregimes. Alle Ausdrücke aus dieser Zeit wurden nach dem Krieg streng verboten (es durfte in der Schule nicht einmal mehr ein Lehrfach ›Deutsch‹ geben, der Gegenstand hieß plötzlich ›Unterrichtssprache‹), nur das aus der Nazizeit stammende Wort Hamstern überlebte das sprachliche Großreinemachen.«

Die Tiroler Bauerntochter Hanni Steixner erinnerte sich an strenge Abgabepflichten und die Versuche der Mutter, dennoch zu helfen. »Während des Krieges kamen sehr viele Hungrige aus dem nahe gelegenen Wattens. Es war nicht viel, das man zu verschenken hatte. Alles, die Milch, die Eier usw. mussten abgeliefert werden, die Vorschriften waren hart und die Ernten nicht immer gut. Ich erinnere mich noch gut, wie viele betteln kamen. Mit allem waren sie zufrieden, Kartoffel, Äpfel, Gemüse und Magermilch – wir bekamen immer etwas Magermilch von der Sennerei zurück. Ich sagte zur Mutter: ›Mutter, es sind so wenig Kartoffel im Keller und du schenkst immer noch her.‹ – ›Wirst sehen, es reicht – du brauchst gar keine Angst zu haben, mit dem Schenken wird man nicht arm.‹ Es hat nie weit gefehlt. Die Kartoffeln und die Brennsuppe mussten meistens genügen.«

Der geborene Burgenländer Hermann Greller, Jahrgang 1937, kramte ein Gedicht aus einem Schulbuch seiner ersten Klasse Volksschule hervor:

»Auszüge aus meinem ersten Schulbuch 1943:
Erbsen, Bohnen, Linsen,
wir haben einen Prinzen.
Linsen, Bohnen, Erbsen,
er wird uns doch nicht sterbsen.

Jakob hat kein Brot im Haus,
Jakob macht sich nichts daraus.
Jakob hin, Jakob her,
Jakob ist ein Zottelbär.

Wir Kinder ergänzten noch einen Reim, mit dem unsere Mütter keine Freude hatten:
Äh äh äh – mei Mutter kocht an Tee,
ohne Zucker, ohne Brot,
ist des net a Hungersnot?«

Sebastian Haselsberger, der zu Beginn des Krieges in eine »Kleinhäusler«-Familie in Tirol geboren worden war, beschrieb eine ungewöhnliche Brotbeschaffungsaktion. »Im Kriege bzw. in den Nachkriegszeiten waren viele Menschen arm, nagten am Hungertuch. Man musste wie meine Eltern schon hart arbeiten und kämpfen, um etwas zu beißen zu bekommen und dabei nicht straffällig oder gar kriminell zu werden. So gab es bei uns zum Frühstück ein Türkenkoch = eine Art Polenta aus der Kupferpfanne, mittags ein Mehlmus, abends Erdäpfel, und das fast jeden Tag. Sehr gut kann ich mich erinnern: Als wir Kinder zur Schule gingen – drei Kilometer hin und drei Kilometer nach Hause –, kamen wir an einem Haus vorbei, wo ein couragierter Typ wohnte. Sepp war einige Jahre älter und verwahrte uns stets angebrochene Brotlaibe über Nacht. Dieses Brot wiederum besorgte ein durchtriebener Schulkollege, indem er zu Hause oder auch in der Nachbarschaft die Lebensmittelkarten stibitzte und so mit der Bezugskarte beim Bäcker auch das Brot erhielt. Höchstens zwei bis drei Tage reichte meist so ein Brotlaib – bei sparsamem Verbrauch – für uns drei bis fünf Schulbuben. Brot war lebenswichtig und es schmeckte auch ohne Butter etc.

Von Mai bis zum ersten Reif mussten wir zur Schule barfuß gehen. In der Übergangszeit trugen wir Holzschuhe, nur im Winter hatten wir richtige (allerdings ausgetretene) Schuhe, welche ich stets von meinem älteren Bruder bekam. Den gleichen Erbweg nahmen auch die paar Kleidungsstücke. Mein jüngerer Bruder erhielt schon wieder neue Sachen.«

Erika Payr vermerkte in Innsbruck zum Erinnerungsabschnitt »Entwicklung während der Reichsmark-Zeit«: »Mein Vater wollte seinen und seiner Frau Lebensabend so gut wie möglich absichern und schloss zwei Lebensversicherungen ab. Eine in der Schweiz in Goldfranken, die andere in England – ebenfalls in Goldwährung. Sobald bei uns die Reichsmark eingeführt war, wurden diese Verträge in Reichsmark konvertiert und haben dadurch enorm an Wert verloren. Die recht ansehnlichen Prämien, die mein Vater schon geleistet hatte, brachten der Witwe im Jahr 1950 kaum ein Butterbrot.

Während des Krieges hatte ich eine Anstellung als Buchhalterin und verdiente ganz schön, nur wurde das Warenangebot natürlich immer kleiner und ich war nur daran interessiert, Dinge für meinen zukünftigen Haushalt anzuschaffen. Das war hauptsächlich Geschirr (Kristall und handbemalte Keramik), manchmal ein paar Besteckteile oder ein Tischtuch, nicht sehr wichtige Dinge, aber Hoffnungsträger. Die Gehälter der Offiziere wurden auf ein Bankkonto überwiesen und sie konnten auch im Urlaub nicht ohne weiteres darauf zurückgreifen. So kam es, dass wir bei Kriegsende über fürstliche Sparguthaben verfügten, die aber auf Dauer eingefroren waren. Nur bei Krankheits- oder Todesfällen konnte man Geld abheben. So konnte mein Mann während seines langen Krankenhausaufenthaltes wenigstens auf Sonderstation und bei bester Pflege verbleiben.«

Martha Willlinger, Jahrgang 1928, erzählte unter dem Titel »Miteinander teilen« von »russischen Kriegsgefangenen, die Hitler quer durch Europa bis nach Österreich und somit auch Wien schleifen ließ. Besonders in Floridsdorf wurden viele in der Kriegsindustrie verwendet, denn da gab es die meisten Fabriken: Siemens, Lokomotivfabrik etc.« Die gutmütige Nachbarin Frau Schuster, die über den einzigen

Keller mit einer dickeren Betondecke verfügte, habe, wenn im »Volksempfänger« der »Kuckuck« schrie, also vor »feindlichen Luftwaffenverbänden im Anflug« gewarnt wurde, die »ausgemergelten Gestalten« im Keller aufgenommen und ihre Mutter und Tante Paula hätten ihnen mehrfach Brot zukommen lassen. »Und es rührt mich heute noch, wenn ich daran denke, wie sich die Dankbaren dafür revanchiert hatten! Ihnen war es nicht entgangen, dass die beiden Frauen Kinder hatten, zwei verschreckte Mädchen. Wer weiß, vielleicht hatten sie in Russland selbst Kinder, und vielleicht waren auch Mädchen dabei? Jedenfalls überreichten sie eines Tages Edith und mir ein aus Holz geschnitztes Pferdchen mit Spagatschweif und -mähne sowie bemaltem Sattel. Wir hatten große Freude und waren gerührt: Beschenkte wie Geber!«

Die Speckseiten, die der Vater vom Fleischhauer im Haus für seine Hilfe bekommen hatte, erwiesen sich im Krieg als wertvoll, wie Gertrud Jagob feststellte: »Als während des Krieges die Lebensmittelversorgung immer prekärer wurde, half uns das selbstausgelassene Schweineschmalz, in großen 5-Liter-Gurkengläsern gehortet und noch aus Zeiten stammend, in welchen mein Vater mit Speckseiten bezahlt worden war, als Tauschobjekt einige Zeit weiter.« Der Großvater wurde zur zentralen Person der Familienversorgung. »Der Großvater stellte selbst Seife her, indem er Knochen mit Asche ewig lang in einem umfunktionierten Waschkessel zerkochte. Die dafür eingesparten Bezugsscheine, denn damals war bereits alles rationiert, konnte man für Dringenderes verwenden. Manchmal brachte Großvater von Besuchen in seinem Heimatort Mistelbach neben anderem Essbaren ein Säckchen Getreidekörner mit, die er röstete und in der handbetriebenen Kaffeemühle (heutzutage ein beliebtes Sammlerstück für Nostalgiker) als Kaffee-Ersatz mahlte. 1944 und 1945 sammelten wir mit vielen anderen Hungrigen auf den abgeernteten Feldern des Wienerberges, damals noch unbebautes Ackergebiet, vergessene oder verlorene Getreidehalme, aber auch Körner auf, um daraus etwas Mehl zu gewinnen. Wie? Im Mörser oder aber ebenfalls mit Hilfe der Kaffeemühle. Vater war nun schon lange vermisst und es gab weder Zigaretten- noch Schokolade-Feldpostpäckchen. Wir waren fast zur Gänze auf die Rationierungen angewiesen – es war die bitterste Hungerzeit meines Lebens. Falls doch etwas Essbares vorhanden war, gab es kein Gas für den Rechaud und kein Brennmaterial für den Herd, der Ofen blieb sowieso eiskalt. Großvater war gelernter Schuster, und so hatte er mir zuletzt noch aus einer festgewebten Decke und Lederresten Stiefel gemacht, die ich ständig trug. Oftmals wurde mir angeboten, sie gegen Brot oder Mehl einzutauschen, doch dazu konnte ich mich nie entschließen. Die Wahl zwischen Hungern und Frieren blieb unentschieden, bis die Stiefel löchrig waren. Um eine Mehlsuppe kochen zu können, genügte ein so genannter *Hausfreund,* den man mit kleinsten Ästen und Holzabfällen beheizen konnte. Es handelte sich um ein Stück Metallzylinder, oben und unten verschlossen, und am Bauch des Gerätes befand sich für die Feuerung ein kleines Ofentürchen. Das Ganze stellte man auf einen feuerfesten Untergrund, meist auf den kalten Ofen oder Herd. Wärme strahlte das Ding logischerweise nicht aus.

Im letzten Kriegsjahr wurden alle Schulkinder, mehr oder weniger freiwillig, klassenweise aus den Städten aufs Land verschickt. Meine Schule wurde nach Smokovec, zu Deutsch ›Schmecks‹, in die Slowakei evakuiert. Dieser Name half mir über den Abschiedsschmerz etwas hinweg, doch dort hatte ich ständig Hunger. So nahm ich die Gelegenheit wahr und meldete mich zu einem Ausbildungskurs zur ›Jungmädchenführerin‹, weil ich wusste, dass man dort immer genug zu essen bekam. So etwa vormittags während einer Unterrichtspause große Wasserkrüge voll dünnflüssigem Grießkoch und ein großes Schmalzbrot dazu. Trotzdem nahm ich ständig etwas an Gewicht ab. Als dort immer mehr Partisanen eindrangen, verlagerte man unsere Schule an den Attersee und bald darauf waren wir wieder daheim, gerade rechtzeitig, um die beginnende Bombardierung Wiens mitzuerleben.

Während der letzten Kriegstage im Kampf um Wien war ich mit etlichen anderen um Brot angestellt, als einige Panzer auf der Straße vom westlichen Stadtrand kommend gegen die Innenstadt ratterten. Die Soldaten, die oben bei der Luke herausschauten, deuteten immer hinauf; wir nahmen an, sie winkten uns, denn es waren deutsche Panzer. Doch kaum waren sie unseren Blicken entschwunden, brausten einige Flugzeuge im Tiefflug heran und beschossen die ganze Straße mit den Bordwaffen. Ich wurde in die zersplitternde Auslage eines Schuhgeschäftes geschleudert; neben und unter mir lagen Menschen, die um Brot angestellt waren. Getötet wurde zwar niemand, doch der Bäcker hat sofort sein Geschäft geschlossen und unsere letzte Erwerbsmöglichkeit von Essbarem war dahin.«

»Der letzte Artikel, den meine Mutter für mich im Jänner 1945 auf ›Punkte‹ der Kleiderkarte erstand«, erinnerte sich Erika Pazdera, »war ein Paar schwarze, halbhohe Schnürschuhe. Der Oberteil war aus ›Kunstleder‹, die Sohle aus Holz, fingerhoch und zweimal durchtrennt. Jede Feuchtigkeit ging durch bis auf die Haut. Meine Kleider, aus denen ich laufend herauswuchs, waren aus den Unterröcken meiner Großmutter geschneidert und hatten jede Menge Umschlag, zum Verändern.

Das Kriegsende erlebte ich in Wien. Wir lebten, wie alle Hausbewohner, an die zwei, drei Wochen im Keller. Nur um etwas Essbares zu holen, ging man in die Wohnung. Wasser, Strom und Gas gab es nur stundenweise. Durch die Bombardierung hatten wir kein Fensterglas, sondern Pappe, in die kleine Ausnehmungen geschnitten waren, die mit ›Einsiedehaut‹ verklebt waren, um etwas Licht in den Raum zu lassen. Zum Glück war es meiner Erinnerung nach ein warmes Frühjahr.«

Kurt Motlik, der 1944 als 17-Jähriger eingezogen worden war und sich von der Ostfront zurück nach Wien durchgeschlagen hatte, zog Resümee: »Auch die Vergangenheit hatte uns wieder eingeholt. Wir hatten erneut kaum etwas zu essen und kaum noch etwas anzuziehen. Wir hausten noch immer in der alten, primitiven Wohnung – wie früher. Doch diesmal war sie durch Bomben geschädigt und ich wurde durch das Schicksal gezwungen, viel zu früh erwachsen zu werden.

Nachsatz: Rückblickend betrachtet, hatte sich meine Mutter durch ihren frühen Tod viel Kummer erspart: den Ausbruch des Zweiten Weltkriegs, den dadurch entstandenen Versorgungsnotstand, die Bombenangriffe sowie die Sorge um ihre beiden Söhne, die an der Front waren, verwundet wurden und beschädigt wieder heimkehrten.«

Die Mutter hatte sich, als sie mit ihrem Sohn an einem nasskalten Tag im Frühjahr 1938 am Westbahnhof stundenlang auf die Abfahrt des Zuges gewartet hatte, der ihn »zu wohlhabenderen Pflegeeltern nach Deutschland« bringen sollte, schwer erkältet und war an Lungenentzündung erkrankt, die zu ihrem Tod führte.

»Da waren alle schlank … aber die Gedanken drehten sich nur ums Essen.«

Hunger, ausländische Hilfe und der Tauschhandel der Nachkriegsjahre

In den Kriegsjahren hatte die Tauschwirtschaft bereits eine Renaissance erlebt und Mutige und Hungrige hatten sich schon im Schleichhandel geübt. Nach dem völligen Zusammenbruch der Versorgung im April 1945 wurden Eigeninitiative und das Übertreten von Vorschriften zur Daseinsnotwendigkeit. Am Anfang der neuen Zeit – und am Ende des alten repressiven Ordnungssystems – stand das Plündern. Die Gebliebenen plünderten die Vorräte der verlassenen öffentlichen Institutionen, Fabriken und Geschäfte und legten die Basis für das mühselige Überleben in den Tagen des Chaos. »Am besten schnitten dabei Leute aus Ottakring ab, die aus der dortigen Tabakfabrik Kartons mit 4000 Zigaretten erbeuteten«, erzählte Günther Doubek. »Am nächsten Tag marschierten die Russen in unseren Bezirk ein und es begann das große Plündern«, erinnerte sich Gertrud Jagob an diese Tage in Ottakring. Die Soldaten der Alliierten wurden zu wichtigen Akteuren des Konsums auf dem städtischen »Schwarzmarkt«, wie sich einige Erzähler/innen erinnern, die selbst Geschäfte mit ihnen machten. So tauschte Elfriede Kellermann als Kind ihre Puppe gegen Schmalz und Mehl ein. Daneben bilden die »Hamsterfahrten« aufs Land einen Schwerpunkt der Erzählungen. Die Eigenversorgung aus Gärten und »Grabeland«, das Holzsammeln im Wienerwald trugen in Wien zum Überleben bei. Nach den Schätzungen des *Instituts für Wirtschaftsforschung* brachten die Wiener Haushalte 1945/46 durch Selbstversorgung und »Organisieren« rund zwei Drittel der benötigten Nahrungsmittel auf, nur ein Drittel stammte aus offiziellen Zuteilungen. Hunger ist ein zentrales Wort in den Texten. Nun hatten die Besatzungsmächte – so die Wienerin Martha Willinger – das »zweifelhafte ›Vergnügen‹, die hungrigen Österreicher zu versorgen«. Nichts wird in den Erinnerungen an diese Zeit des minimalen Konsums öfter erwähnt als die »Erbsen«, das »Geschenk der Russen«, wobei auch nie vergessen wird, die dazugehörigen Würmer herauszustreichen.

»Erbsenspende« und »Erbsenschulden«

Am Beginn aller Hilfe stand die »Erbsenspende« oder »Maispende«, »Stalins Spende zum 1. Mai 1945«, der am 15. April 1945 ein brieflicher Appell des Staatskanzlers Karl Renner an Stalin vorangegangen war. 9500 Tonnen Getreide, 800 Tonnen Mehl, 300 Tonnen Fleisch, 200 Tonnen Zucker, 200 Tonnen Fett, 1000 Tonnen Erbsen u.a. übergab das Kommando der Roten Armee aus ihren Beutebeständen »als Geschenk der Roten Armee zum 1. Mai«, begründet mit einem »erheblichen Mangel an Lebensmitteln und den großen Unregelmäßigkeiten bei der Versorgung der Stadt Wien mit Lebensmitteln sowie auch auf Grund der Unmöglichkeit einer Zulieferung aus den Bezirken des Umlandes«. Erstmals seit dem Ende der Kampfhandlungen am 13. April 1945 konnten die Bäckereien wieder Brot backen. Die aller ihrer Vorräte beraubte Ankerbrot-Fabrik begann mit Hochdruck zu backen, um den Menschen das dringend benötigte Brot zukommen zu lassen. Pro Familie ein Laib Brot, solange der Vorrat reichte. Ein wichtiger Tropfen auf den heißen Stein.

Am 23. Mai 1945 beschloss die Sowjetregierung, die Versorgung Wiens ab dem 1. Juni aus »Armee-Reserven« sicherzustellen, allerdings nicht als Spende, sondern »im Austausch gegen Waren, die von der österreichischen Regierung der Sowjetunion bereitgestellt werden können«. Damit wurden die »Erbsenschulden« begründet. Allein bis zum 15. Juni 1945 stellten die 2. und 3. Ukrainische Front mehr als 46.000 Tonnen Getreide, darunter mehrere Tonnen Hülsenfrüchte, und 4.000 Tonnen Fleisch zur Verfügung. Obwohl die Sowjets von Juni bis September 1945 Lebensmittel für insgesamt 35 Millionen Militärschilling lieferten, reichte das Angebot nur zur Ausgabe von Minimalrationen, nach wie vor hauptsächlich Trockenerbsen, an die Bevölkerung. Menschenschlangen vor den wenigen offenen Geschäften gehörten zum täglichen Straßenbild und auch der Hunger blieb groß.

Erbsen für Wien
im Mai 1945

Österreichische Lebensmittelkarten

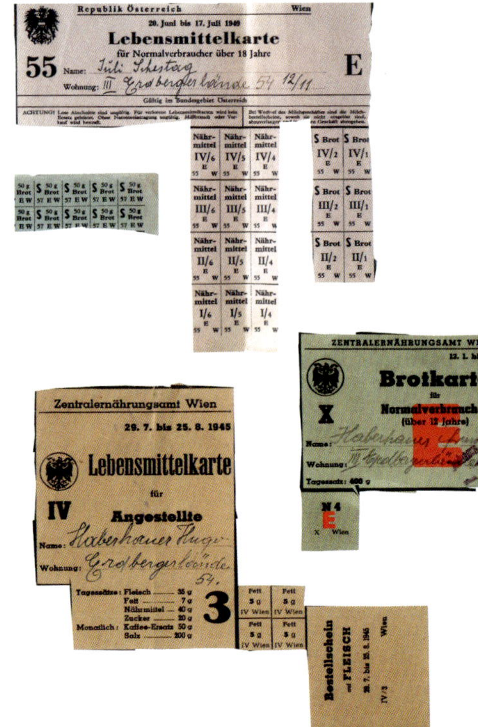

Republik Österreich Wien
20. Juni bis 17. Juli 1949
Lebensmittelkarte
für Normalverbraucher über 18 Jahre
55 E
Gültig im Bundesgebiet Österreich

Zentralernährungsamt Wien
29. 7. bis 25. 8. 1945
Lebensmittelkarte
für
IV Angestellte
Name:
Wohnung:
3

Zentralernährungsamt Wien
Brotkarte
X

Bestellschein Fleisch

Auf Basis der sowjetischen Lieferungen konnte wieder ein Lebensmittelkartensystem eingeführt werden, wobei die vorgesehenen Kalorien – zwischen 833 für Normalverbraucher und 1.620 für Schwerarbeiter – oft nur auf dem Papier blieben.

»Ach, waren da alle schlank … aber die Gedanken drehten sich fast nur ums Essen«, hielt Ella Gams Prioritäten fest. Bei Fleisch und Fett traten Engpässe auf, die durch die ungeliebten Hülsenfrüchte kompensiert wurden. Gertrud Jagob, die im September 1945 eine Ausbildung in einer Haushaltungsschule begonnen hatte, berichtete von folgender Menüzusammenstellung im Kochunterricht: »1. pürierte Bohnensuppe, 2. Bohnengulasch, 3. Bohnentorte.« Bis 1946 gaben die Besatzungszonen eigene Karten aus, wobei die Ausgabemengen unterschiedlich waren. »Die Besatzungsmächte versuchten die Not zu lindern, leider nur in ihren Zonen. Wer Glück hatte und in der amerikanischen Zone wohnte, bekam von Zeit zu Zeit Weißbrot, Nussbutter, Kondensmilch und Fischkonserven. Bei den Engländern gab es kleine Fleischkonserven, Zucker und Mehl und sogar die Russen verteilten, was sie hatten, wenn es auch nur Erbsen und Dörrgemüse waren. Nur bei den Franzosen gab es nie so eine Sonderzuteilung – die hatten selber nichts. Unser Pech, wir wohnten in der französischen Zone«, verglich Günther Doubek. Ab März 1946 trafen erste Hilfslieferungen der UNRRA (United Nations Relief and Rehabilitation Administration) und die ersten CARE-Pakete in Österreich ein.

»Silverhakes«, CARE-Pakete und Marshall-Plan

Als amerikanische Soforthilfe tauchen in den Texten am häufigsten die »Silverhakes« auf, silberne Fischchen in Konservenbüchsen, die wie die Erbsen geschmacklich auf wenig Begeisterung trafen. Aber: »Mutter konnte aus allem etwas machen«, schrieb Alice Werany. Begehrt waren die CARE-Pakete. 1945 hatte sich die private Hilfsinstitution CARE, die »Cooperative for American Remittances to Europe«, aus einem Konsortium von 22 amerikanischen Hilfsorganisationen gebildet. Am 25. Juli 1946 übergab General Clark die ersten zehn CARE-Pakete, die US-Präsident Truman symbolisch dem österreichischen Volk gespendet hatte, an Bundespräsident Renner in Wien, das damals als »hungrigste Großstadt Europas« galt. Personalisierte CARE-Pakete, die »Liebesabgaben«, gingen an Einzelpersonen, die Bekannte in Übersee hatten, »general relief«-Pakete an Altersheime, Krankenhäuser und Schulen. Bis zum Jahr 1955 wurden über eine Million CARE-Pakete im Wert von 9,9 Millionen US-Dollar nach Österreich geschickt, Im Schnitt bekam damals jede/r siebente Österreicher/in ein CARE-Paket. CARE Österreich ist nach wie vor als internationale Hilfsorganisation weltweit in Krisen- und Katastrophengebieten im Einsatz. Am 1. Juli 1948 trat Österreich dem Marshallplan bei. Im Rahmen des nach US-Außenminister George Marshall benannten, von den USA finanzierten Programms zur Rekonstruktion der europäischen Wirtschaft (European Recovery Program – ERP) floss bis 1955 beinahe eine Milliarde Dollar nach Österreich, die pro Kopf zweithöchste Summe hinter Norwegen.

CARE-Paket© CARE

Pakete spielten überhaupt eine wichtige Rolle. Mehrfach ist von Paketen die Rede, die Verwandte aus den Vereinigten Staaten schickten und die begehrte Nahrungsmittel und modische Kleidung enthielten. Auch die Schweiz wird mehrfach erwähnt – als Zielland für hungrige Kinder, die wohlgerundet zurückkehrten, oder als Herkunftsland von Paketen. So erinnerte sich Hermann Greller dankbar an die regelmäßigen Pakete eines Schweizer Bahnbeamten. Auch die Quäker-Pakete sind nicht vergessen.

Bei der Kleidung wurde improvisiert. Franz Halmer, der seinen mit der Kleiderkarte 1939 erstandenen Anzug bei seiner Heimkehr aus der Gefangenschaft 1946 nicht mehr vorfand, teilte sich mit dem Vater dessen Sonntagsanzug. »Wenn einer fort war, musste der andere warten, bis der wieder daheim war. Dann hat man getauscht und der andere konnte in die Kirche gehen.« Zur Arbeit trug er sein Militärgewand mit dem »P.W.«, dem Prisoner-of-War-Zeichen, drauf. »Die aus dem Krieg Heimgekehrten hatten oft Trachtenjanker, von den Müttern mühsam aus Uniformröcken hergestellt«, erinnerte sich Waltraud Berger, die unter ihren Freundinnen als erste Nylonstrümpfe hatte.

Noch schwieriger war die Situation für die zahlreichen DPs und Flüchtlinge im Land wie Elisabeth Linshalm, die 1947 als eine von geschätzten 550.000 so genannten Volks- und Sudetendeutschen nach Österreich kam. In ihrem Text schrieb sie über den kargen Neubeginn in der Baracke zwischen den Schutthalden der Bombenruinen. Eveline Weiss zog mit ihrer Mutter in die 3½ -Zimmer-Wohnung der Tante, in der bereits neun Personen wohnten.

Die zwei Währungsreformen 1945 und 1947 hinterließen tiefe Spuren im Gedächtnis der Betroffenen, aber wenig in Geldbörsen und auf Sparkonten. Das Meer von Geld – während des Krieges war der Umlauf an Reichsmark von 8,7 Milliarden auf 73 Milliarden angewachsen – sollte wieder eingedämmt und der stark gesunkenen Wirtschaftsleistung angepasst werden.

Währungsreform 1947

Schwarzmarkt 1945

Aber vorerst dominierten ohnehin die »Ersatzwährungen«. Am berühmtesten Schwarzmarkt Wiens, dem Resselpark, galten beispielsweise Schokolade und Zigaretten, Schnaps und Konserven, Kaffee und Uhren, Saccharin und Penicillin, Dollars und Diamanten als Währungen. Franz Ginner differenzierte auf Basis seiner Erfahrungen nach Besatzungszonen: »Wichtiger als Geld waren damals die Lebensmittelmarken und dann die Schwarzmarktwährung. In der Russenzone waren dies Butter, Speck, Eier, Schmalz und Mehl. Für diese harte Währung bekam man alles. In der US-Zone zählten zur Währung: Zigaretten, Schokolade und Nylonstrümpfe. Auch Feuersteine waren ein begehrter Schwarzmarktartikel.« »Drei Glühbirnen (aus der Breitenseer Kaserne) = ein Zweikilolaib Brot!« lautete die Rechnung auf dem Naschmarkt oder im Resselpark, wusste Günther Doubek.

Neue globale Markennamen, die exklusiven Genuss oder auf den Schwarzmärkten höchsten Tauschwert repräsentierten, tauchen in den Texten auf, von Cadbury Schokolade und Chesterfield Zigaretten ist die Rede. Die amerikanischen Zigaretten gehören zu den ersten Konsumvorboten des *American way of life* wie Nylonstrümpfe, Coca-Cola oder Kaugummi.

Erst im Laufe des Jahres 1950 löste sich der schwarze Markt auf. Im Jahr 1953 stabilisierte sich die Nahrungsmittelversorgung endgültig. Am 1. Juli konnten die letzten Überreste der Bewirtschaftung und das Kartensystem abgeschafft werden. »Zu meiner Verwunderung begann meine Mutter 1951 wieder zu sparen, obwohl 1945 unser gespartes Geld auf einmal wertlos geworden war«, wunderte sich Günther Doubek.

Geschichten aus der Grauzone

»Am nächsten Tag marschierten die Russen in unseren Bezirk ein und es begann das große Plündern. Auch Großvater rannte davon, um irgendetwas Ess- oder Tauschbares zu ergattern«, erinnerte sich Gertrud Jagob. »Er kam mit zwei großen, schweren Papiersäcken zurück. Darin waren getrocknete Erdäpfelscheiben und im zweiten Sack Erdäpfelpulver. Davon lebten wir eine Weile und danach kamen die Wurmerbsen und die als ›Silverhakes‹ bekannt gewordenen Sardinen in Dosen inklusive Skelette, Gräten und Augen; die Notration der Besatzungsmächte.«

»Im Winter 1944/45 sah man sehnlichst einem Ende dieses grausamen Weltkrieges entgegen«, schrieb Hans Kasper. «In den ersten Maitagen war es dann endlich so weit, Deutschland kapitulierte und aus der Ostmark wurde wieder Österreich. Schon am 5. Mai marschierten die französischen Truppen im Montafon ein. Voller Hoffnung erwartete sich die Bevölkerung bessere Zeiten. Dem war jedoch nicht so, noch einige Jahre hielt die Notlage an. Noch im Jahr 1945 wurden Reichsmark und Pfennig durch Schilling und Groschen ersetzt. Es folgten die Geldentwertungen, die Lebensmittelkarten gab es bis zum Jahr 1952, dies war jedoch wichtig, denn sonst hätten wohlhabende Personen die Geschäfte leer gekauft. Gottlob, ab dieser Zeit ging es, wenn auch langsam, besseren Zeiten zu.«

»Im Krieg mussten wir sparen für den ›Endsieg‹. Nach dem Krieg war dann die Stunde null beim Geld.«, resümierte die Waldviertlerin Maria Medla. »Was uns die Russen nicht nahmen, stahlen die Partisanen, die über die Grenze kamen. Ich weiß nicht, ob wir Geld hatten. Zum Essen hatten wir, was die kleine Landwirtschaft hergab. Für den Schwarzhandel hatten wir zu wenig, um zu Geld zu kommen. Eine Kuh wurde vom Wirtschaftsamt beschlagnahmt und auch bezahlt. Nach der Geldentwertung bekamen wir eine ›Küchenwaage‹ für dieses Geld! Von einem Haushaltsgeld war keine Rede. Die Kleider wurden ›renoviert‹ so gut es ging.«

Für Josef Jedelsky begannen wieder Geschäftsalltag und aufwendige Markerl-Arbeit. »Nach der Heimkehr aus der Kriegsgefangenschaft Ende 1946 begann ich mich wieder in das Geschäft einzuarbeiten, weil es meine Eltern mit viel Einsatz über die Kriegswirren gerettet hatten und es ihr Lebensinhalt war. Es hatte zu dieser Zeit ja nur äußerlich den Rahmen eines ›Handels‹-Unternehmens. Die Kunden waren rayonniert, das heißt, sie hatten sich für den Bezug der Wochenrationen angemeldet. Die je nach Anlieferung verlautbarte Zuteilung, der ›Aufruf‹, umfasste Fett, Hülsenfrüchte, Mehl, Zucker usw. in Dekamengen, die auch noch nach Kleinkind, Kind, Normalverbraucher, Stillende, Schwer- und Schwerstarbeiter verschieden waren. Die einer Familie mit solcher Auffächerung zustehende Gesamtmenge war ein kompliziertes Rechenkunststück.

Wir beschleunigten die Abläufe, indem wir die Waren in verschiedenen Grundmengen verpackten, einer von uns die Abschnitte der Lebensmittelkarten abtrennte und ein anderer die dabei entstandenen Mengen, zum Beispiel ›3 Normalverbraucher, 1 Kind, 1 Schwerarbeiter‹ ausgab. Am Tag der Zuteilung wurde so fast die gesamte Wochenration von den Kunden – wir hatten knapp über sechshundert – abgeholt, und an den restlichen Tagen ging dann meist nur Frischware wie Brot und dergleichen über den Ladentisch, die ›Budel‹. Jeden Abend mussten die gesammelten Marken sortiert und auf große Bogen Zeitungspapier übersichtlich für die marktamtliche Behörde aufgeklebt werden, um dann dort eingereicht und in Bezugsscheine umgewandelt zu werden. Man saß also täglich bis in die Nacht hinein bei dieser Prozedur.

Die Nachfrage bewirkte auch, dass wir nun versuchten, unseren Kunden dringend notwendige Zusatzmengen zu bieten, und auf meine Initiative auch auf dem Schwarzmarkt tätig wurden. Jedoch nur, wenn es zu moderaten Preisen möglich war. Und 1947, nach der Währungsreform, war das doch schon der Fall. ›Unter der Budel‹ sagte man dazu. Reich konnte man damals mit dem ›grauen Markt‹, diesem Mittelding, allerdings nicht mehr werden. Nach der Währungsreform 1947 war endlich auch dieser dem Handel widernatürliche Zustand zu Ende. Nun konnte man daran denken, sich zu entwickeln.«

Annelies Gorizhan kehrte mit den Lehrer-Eltern, die 1944 in Altruppersdorf im Weinviertel, »wo keine Bomben fielen und es auch immer etwas zu essen gab«, eine Stellung angenommen hatten, zurück nach Wien. »In der Wohnung sah es fürchterlich aus. Alle Hausgenossen, die uns noch kannten, halfen, damit wir wenigstens wieder notdürftige Schlafgelegenheiten und ein paar andere Möbel bekamen, denn abgesehen von Klavier und Spiegel war die Wohnung ja leer. Leer bis auf eine ausgebombte Familie, die nach und nach auf sechs Personen anwuchs. Der Garten, noch mehr das Häuschen, sah wüst aus. Es war dort eine der unzähligen Bomben gefallen, der Trichter reichte bis weit in unseren Garten. Zaun, Stiege, Dach und alle Fenster waren kaputt. Meine

Eltern mussten also auch hier völlig von neuem beginnen wie die meisten Menschen hier (und beinahe in ganz Europa). Sie waren dazu auch bereit, nur: Woher sollten sie Dachpappe, Fensterglas oder Drahtgitter bekommen? Die ideale Lösung war, dass sie das Häuschen die nächsten zwei Sommer an einen gewissen Dr. L. vermieteten, wofür dieser nichts zahlte, sondern alles reparieren und sogar Strom einleiten ließ. Er hatte Arbeiter und Material zur Hand, da er in der Verwaltung des Finanzministeriums ›an der Quelle‹ saß. An Obst oder Gemüse war er nicht interessiert, wir konnten es uns jederzeit holen. Mutti pflanzte also Kartoffeln, Erbsen, Kohl und und und.«

»Wien!«, das sie 1946 erreichte, schrieb Eveline Weiss mit Ausrufungszeichen. »In der 3½-Zimmer-Wohnung meiner Tante wohnten bereits neun Personen. Mit Pappendeckel vermachte Fenster, spärlichstes Heizmaterial bei Minusgraden! Zusammengedrängt hielt man sich in der kleinen Küche auf, in der die so genannte ›Kanone‹, ein kleines rundes Eisenöfchen, versehen mit einem langen, durch ›Kniee‹ an die räumlichen Gegebenheiten der Küche angepassten Rohr zur Kaminöffnung, Wärme spendete. Geheizt wurde mit allem, dessen man zu diesem Zweck habhaft wurde. Meine Tante meldete sich immer wieder zum Schutträumen in der unmittelbaren Wohngegend, dem arg zerbombten Fasanviertel, denn der ›Lohn‹ für diese Tätigkeit bestand aus einem Anteil an den zu Kleinholz zerschmetterten Fenster- und Türrahmen, die sie aus den Ruinen buddelte. Heil gebliebene Rahmen oder ganze Türen waren tabu, die dienten dazu, noch reparaturfähige Häuser wieder bewohnbar zu machen. Auf dem Öfchen gekocht wurden Mahlzeiten in einer Abfolge, die sich aus den erhältlichen Lebensmitteln ergab.

Das rationierte Brot musste aus der Ankerbrotfiliale in der Fasangasse geholt werden. Da die Tante für einen 9-Personen-Haushalt zu sorgen hatte, bekam sie aufgrund der entsprechenden Lebensmittelmarken einen großen Wecken. Nicht nur einmal wurden sie und die Verkäuferin von Schlange stehenden Kunden verbal lautstark wegen vermeintlicher Bevorzugung attackiert. Daheim musste das Brot dann vorübergehend für elf Personen reichen, denn wir hatten keine Lebensmittelkarten. Der Hauseigentümer unterschrieb nämlich unsere Meldezettel nicht mehr – wegen der überbelegten Wohnung …«

Ella Gams, akademisch ausgebildete Grafikerin, sortierte die Nachkriegszeit in einzelne Punkte:

»1. 1945 begann dann die ›Russenzeit‹, ein richtiges Hungerjahr! Ach, waren da alle schlank … aber die Gedanken drehten sich fast nur ums Essen … z. B. ›Einmal in einer Konditorei essen, bis man nimmer kann!‹ Wir haben es nie getan! Denn als es – später – langsam besser wurde, war das Verlangen nimmer da.

2. Bald nach Kriegsende gingen wir einmal zu zweit an einer russischen Stelle vorbei (wo, weiß ich nicht mehr, die Russen waren ja überall). Da sahen wir ein kleines Plakat ›Geld für Blutspende‹. Wir hatten noch nie Blut gespendet, waren neugierig und gingen hinein. Ein sauberer Raum, ein Mann im weißen Mantel – wohl ein Arzt und Helfer. Das Blutspenden ging problemlos vor sich (gut gestochen!) und nachher bekamen wir unser Geld – aber … das war das Sonderbare … es war Geld, das wir (noch) nicht ausgeben konnten! Es waren glänzend druckfrische Hundertschilling-Scheine (je 2). Die Russen hatten unsere neue Währung schon mitgebracht! Wir hatten ja noch die Mark!
   Die Umstellung kam ja dann auch, doch haben wir beim Umtausch der Sparbuch-Konten draufgezahlt, der Kurs war schlecht! So war es ein Glück, wenn man nicht viel am Sparbuch hatte!
3. Gleich nach Kriegsende gab es eine gute Zeit für Maler und Grafiker: es gab schöne Aufträge von Verlagen etc. Schlimm wurde es nur im Winter, es gab ja fast nichts zum Heizen! So saß ich an meinem Arbeitstisch, dick vermummt wie ein Eskimo, aber die Hände mussten frei bleiben … mit Handschuhen konnte ich keine heiklen Zeichnungen machen! Die Folge: Alle Finger am Anfang der Mittelhandknochen ›offen‹, weil gefroren! Es hat sehr lange gedauert, bis das alles wieder verheilt war (es gab keine Salben etc.)! Und die Hände sind bis heute gegen Kälte sehr empfindlich geblieben …
4. Als die Amerikaner ›da‹ waren, hatten viele Mädchen Sehnsucht nach Schokolade und Nylonstrümpfen … sie erhielten sie auch leicht ›im Tausch‹! Nun, dazu war ich nicht bereit, aber ›einmal‹ gab es die Nylonstrümpfe (noch keine Strumpfhosen) auch zu kaufen. Sie waren teuer, aber von hervorragender Qualität! Ich konnte ja nur ein Paar erstehen, aber dieses hielt gut ein Jahr! Wenn man wo hängen blieb, gab es weder Loch noch Laufmasche (diese konnte man später sogar repassieren lassen … heute nicht mehr), nur einen ›gezogenen‹ Faden. Es wurden wohl immer mehr (als dunklere ›Striche‹ zu sehen), aber der Strumpf hielt! Heute wird diese Qualität (schon lange!) nicht mehr erzeugt, die Firmen wollen ja ›Geschäfte machen‹!
5. Um eine ›Aufbesserung‹ bemüht (Lebensmittel!) fuhren mein Mann und ich (noch nicht verheiratet) einmal (und nur ein Mal!) nach Niederösterreich, Hasendorf, und ›verdingten‹ uns für eine Woche bei je einem Bauern. Arbeit gab's gerade am Feld genug, auch genug zu essen, aber der ›Lohn‹ war ein bissl kärglich: 1 Rucksack voll Erdäpfel …, die ich mir aus den kleinen, die als Schweinefutter in einer Ecke lagen, herausklauben durfte. Aber auch kleine Erdäpfel schmecken gut.

Erika Schöffauer mit Sohn Peter 1946

6. Zur Hochzeit (1948) konnten wir nicht viele Gäste einladen, wir waren zusammen nur zwölf. Aber was auf den Tisch stellen? Mit der ›Marken-Ration‹ konnte kein Festessen hergestellt werden! Also wurden Briefe an die Verwandten am Land und meine nette Bäuerin im Waldviertel geschrieben und das Festessen war gerettet, alle haben geschickt, was sie konnten!«

»Im Jahr 1946 habe ich in Klagenfurt geheiratet und bekam mein erstes Kind«, berichtete Erika Schöffauer. »Das Allernotwendigste bekamen wir mit der Punktekarte, und die Familie sorgte für die Babyausstattung; so manches Leintuch wurde in Windeln verwandelt. Einmal erfuhr ich durch Mundpropaganda, dass an einem bestimmten Tag auf die Punktekarte Windeln gekauft werden können. Ich war noch vor der Geschäftsöffnung vor einem Textilgeschäft in der Klagenfurter Bahnhofstraße, stellte mich so wie viele andere werdende Mütter an und wartete längere Zeit in der Schlange. Auf einmal kamen mehrere Frauen bei der Hintertür heraus und dann hieß es: ›Es gibt keine Ware mehr.‹ Damals habe ich mir geschworen, dieses Geschäft nie wieder zu betreten, auch nicht, wenn die Zeiten wieder besser werden. Daran habe ich mich gehalten.«

Die Innsbruckerin Erika Payr nannte ihre Erinnerungen an diese Zeit »Währungsreformen und Aufbau seit 1945«. »Nach dem Krieg fehlte es zwar auch an Geld, aber viel mehr noch an ›Marken‹, die man ja für alle Lebensmittel zugeteilt bekam – eine knappe Anzahl an Kalorien. Mama ging um 5 Uhr früh zu Fuß in die eine halbe Stunde entfernte Markthalle und stellte sich um Pferdefleisch an, das um halbe Marken zu haben war. Die Treue der Gemüsestandlerin von damals brachte uns eine Sonderzuteilung von Grünzeug usw.

Als wir uns im September 1945 entschlossen, zu heiraten und eine Familie zu gründen, könnte man das mit Fug und Recht einen Leichtsinn oder sonst was nennen, aber es war uns klar, dass wir bei Null standen und im Vergleich zu Tausenden anderen, die noch viel radikaler, wirklich alles – Heimat, Dach überm Kopf, Arbeit – verloren hatten, waren wir ja eigentlich reich. Mein Mann fand eine Anstellung bei der Bundesbahn, fertig studieren wollte er auf keinen Fall – und musste sich fortab mit der Bezahlung eines Maturanten bescheiden. Diese Bezahlung war zu Beginn mehr als bescheiden und wir konnten kaum die nötigsten Ausgaben bestreiten. Wir wohnten jedenfalls weiterhin bei den Eltern. Als 1947 mein Bruder aus der amerikanischen Gefangenschaft heimkam und meine Tochter geboren wurde, fing es an, ein bisschen eng zu werden, aber nach Promotion und Gerichtsjahr ging mein Bruder nach Wien. Zum Zeitpunkt der ersten Währungsreform drückte mir mein Vater einen größeren Bargeldbetrag in die Hand, mit der Weisung, dafür noch schnell ›etwas Gescheites‹ zu kaufen. Ein utopisches Vorhaben! Jedenfalls konnte ich aus dem Angebot der ehemaligen Messerschmidtwerke einen Kindersportwagen, einen Fleischwolf und einen Heizstrahler erwerben sowie einige nichts sagende Textilien. Vater war ebenfalls mit meinen Einkäufen nicht zufrieden, also wird das eine oder andere größere Gerät nicht dabei gewesen sein. Nach einiger Zeit folgte die zweite und nun radikalere Währungsreform, und jeder hatte eines Morgens denselben Betrag (S 300.–?)[5] in der Hand, und das war's dann. Wie sich raffiniertere Leute zu helfen wussten, das weiß ich nicht – wir gehörten da jedenfalls nicht dazu und mussten sehen, wie wir mit unserem lumpigen Gehalt auskommen.«

Während des Krieges hatte die Mutter von Alice Werany, eine bekannt gute Köchin, immer noch gutes Essen »gezaubert«. Gegen Kriegsende »da nützte kein Zaubern mehr, die Reserven waren verbraucht, doch wir hatten Gott sei Dank den Garten und viele Ribiselstauden. Für Ribisel bekamen wir Getreidekörner. Auf der Kaffeemühle gemahlen, mit Ribisel aufgekocht, das war unser Essen in den nächs-

5 Pro Kopf wurden 150 Schilling eins zu eins umgetauscht, der Rest auf ein Drittel gekürzt.

ten Tagen. Dann kam Hilfe. Einige beherzte Männer hatten sich mit der russischen Besatzung geeinigt und durften als Hilfspolizisten die Geschäfte unserer Siedlung bewachen und alle Vorräte nach Lebensmittelkartenprinzip verteilen. Es war knapp bemessen, doch es half uns über die schwerste Zeit. Einige Siedler hatten noch Ziegen, deren Milch wurde an die Babys abgegeben. Damals war ein großer Zusammenhalt. Dann bekamen wir die russischen Erbsen. Abends in Wasser eingeweicht, schwammen am Morgen alle Würmer oben und wurden abgeseiht. Die Erbsen wurden mittags gekocht, mit Kräutern aus dem Garten verfeinert – es schmeckte uns auch das. Wenn man Hunger hat, schmeckt einem alles. Schließlich kam die Siedlung Friedensstadt doch wieder zu Wien-Hietzing und wir wurden englische Besatzungszone. Die Russen zogen sich in den Lainzer Tiergarten zurück, in die Hermesvilla. Die Zeit des Corned-Beef begann, dann kamen auch amerikanische Hilfslieferungen: Dosen mit Silverhake, das waren kleine Fischchen. Auch Dosen mit Rosinen in Schweinefleisch gab es, Mutter konnte aus allem etwas machen. Inzwischen war das Obst reif, man konnte tauschen. Vater fuhr hamstern. Für meine Taufohrringe bekamen wir Kartoffeln usw. Später gab es, dank der Hilfe der Besatzungsmächte und der anlaufenden Wirtschaft, wieder mehr Nahrungsmittel, da konnte Mutter wieder passable Mahlzeiten zaubern.«

Günther Doubek, der vom Krieg in die Schule zurückgekehrt war und in Wien Schutt wegräumte, würdigte ebenfalls die Überlebenskünste der Frauen: »Waren die Kochkünste der meisten Hausfrauen schon während des Krieges bewundernswert gewesen, erwiesen sich fast alle in den ersten Nachkriegsjahren als wahre Künstlerinnen mit großer Erfindungsgabe. Sie mussten schnellstens lernen, statt Milch mit Milchpulver, statt Eiern mit Eipulver, statt Gemüse mit Dörrgemüse und statt mit Fleisch mit versalzenen Heringen aus Dosen schmackhafte Gerichte zuzubereiten. Meine Mutter schaffte es, viermal verschiedene Speisen aus diesen Salzfischen zu zaubern, jedes Mal mit einer anderen Beilage. Wir hatten drei verschiedene Lebensmittelkarten: Meine Mutter hatte eine Normalverbraucherkarte, das war das Dürftigste, mein Vater eine Schwerarbeiterkarte, und ich erst eine Schwerstarbeiterkarte (als ich im Sommer 1945 beim ›Abbruch‹ arbeitete) und als Schüler die Angestelltenkarte, die sich im Angebot allerdings kaum von der meiner Mutter unterschied. Wer damals ›wohlgenährt‹ aussah, war entweder ein Schleichhändler oder ein korrupter Politiker. Ein normaler Mensch hatte mindestens zehn Kilo Untergewicht.

Zum Mangel an Lebensmitteln kam noch der Energiemangel. Gas wurde nur stundenweise geliefert: Morgens von 5 Uhr 30 bis 8 Uhr 30, mittags von 11 Uhr

Holz vom Wienerwald 1945

bis 14 Uhr und abends von 18 Uhr bis 23 Uhr. Ältere Leute ließen das Gas als Ersatzheizung brennen und vergaßen es abzudrehen. Da das ›Leuchtgas‹ giftig war, starben viele Menschen, wenn das Gas am Morgen unangezündet ausströmte. Die Wiener Stadtverwaltung warnte die Menschen mit Plakaten, sogar in den Straßenbahnen. Auf einem Bild reichte ein Fleischhauer Wurst über die Theke oder eine hübsche Serviererin trug auf einem Tablett Tortenstücke und Krapfen, dazu der Text: ›Wenn Sie das noch erleben wollen, vergessen Sie nicht, Ihren Gashahn zu schließen.‹ Knapp bevor das Gas vom Werk aus abgedreht wurde, begann es zu flackern und die Flammen wurden zusehends kleiner. Damals entstand ein Ausdruck, der sich auf dieses Erlöschen der Gasflamme bezog. Wenn ein Mensch trübsinnig und verzagt aussah, sagten die Wiener: »Der schaut drein wie die Gas um elfe.« Man erkennt den echten Wiener daran, dass er d i e statt d a s Gas sagt.

In weiten Teilen Wiens gab es noch viele Monate keine Gaslieferung und die Leute behalfen sich damals mit kleinen Blechöfen (oder besser ofenähnlichen Gebilden aus Blech), die man auf die Herde setzte, nachdem man die Ringe entfernt hatte. Diese Herde heizte man mit Holz und die rasche Wärme genügte zum Kochen. ›Hausfreund‹ nannte man diese kleinen Notöfen. Wer körperlich dazu imstande war, ging in den Wienerwald Holz sammeln, dazu gab es Genehmigungen. Ich fuhr deshalb jeden Herbst mit meinem Vater in den Wienerwald, obwohl er auch oft die Reste von Holzstöckeln heimbrachte, die wegen ihres Teergehaltes große Wärme verbreiteten. Mangel an Heizmaterial brachte es auch mit sich, dass noch im Februar 1947 alle Ämter und Schulen vier Wochen lang geschlossen blieben.

Die schlimmste Zeit des Fehlens von Lebensmitteln war sicher der Frühling 1946, als alle Vorräte aufgebraucht waren, auch die der meisten Plünderer. In dieser Zeit dominierten die ›Erzeuger‹ (Bauern, Gärtner usw.) den Schwarzmarkt, sie erzielten unvorstellbare Preise für alle ihre Lebensmittel. Mein Vater tauschte z.B. einen gebrauchten Anzug für ein Kilogramm Schmalz. Solche Geschäfte rissen zwischen Lohnempfängern und Bauern eine tiefe Kluft und es brauchte lange Zeit und eine neue Generation, um diese Zeit zu überwinden. Wobei man nicht vergessen darf, dass es auch vielen Bauern schlecht ging, weil ihnen russische Soldaten die Pferde oder Ochsen weggenommen hatten, die sie zum Bearbeiten der Felder gebraucht hätten.

Für meine Mutter und mich kam die schlimmste Zeit nach dem Tod meines Vaters im Winter 1946. Abgesehen von der finanziellen Not hatten wir plötzlich zu wenig Heizmaterial. Die einzige ›Verbesserung‹ war bei den Zigaretten, meine Mutter rauchte nicht und konnte auf dem Schwarzmarkt für die Zigaretten Lebensmittel eintauschen. Sie sagte mir nicht, was sie sonst noch an Wertsachen gab, um mich halbwegs gut zu ernähren. Obwohl sie sicher tat, was sie konnte, wog ich bei einer Größe von 1,80 Meter nur mehr 59 Kilo.

Erst im Herbst 1947 normalisierte sich das Leben nach und nach. Ich merkte es daran, dass wir vorher für unser Geld nicht genug Waren bekamen und nun auf einmal für die Waren nicht mehr genug Geld hatten.«

»Frühe Erfahrungen mit dem Geschäftsleben, Kriegsende und Nachkriegszeit« machte Elfriede Kellermann. Ihre Erzählung wurde von Barbara Keller niedergeschrieben. »Das Kriegsende – ich war zehn – habe ich in der Tigergasse erlebt. Da gab es in der Nähe, Ecke Lerchenfelder- und Kaiserstraße ein großes Geschirrgeschäft Warchalowsky. Der Besitzer war nicht mehr da, verschwunden, da sind viele Leute hin zum Plündern, wir auch, meine Mutter und ich. Sie hat mich mit einer großen Keramikbrotdose, die sie ergattert hatte, in den Kaiserpark gestellt. Da ist mir die Brotdose gestohlen worden. ›Für was habe ich dich da hingestellt?‹, hat meine Mutter geschimpft. Die Brotdose haben wir gar nicht gebraucht, mit solchen Dingen wurde gehandelt. Zusammen mit meiner Mutter bin ich in den Resselpark gegangen zum Schwarzmarkt. Wir waren folgendermaßen ausstaffiert: Meine Mutter trug alles, womit sie handeln wollte – das waren einmal Zigaretten, dann Saccharin, Florseidenstrümpfe oder z.B. zehn Feuersteine –, in der Hand. Ich aber hatte in mein Gewand Bänder eingenäht, an denen Dutzende dieser Feuersteine hingen. Ziemlich regelmäßig ist meine Mutter von den alliierten Streifen aufgegriffen und zur Kommandantur gebracht worden. Ich lief dann weinend hinterher. Der Mama haben sie alles, z.B.

die 10 Feuersteine abgenommen, mir natürlich nichts. Kinder haben sie nie mitgenommen. So sind wir wieder zurück, weiter handeln.

Ab 1950 habe ich fast täglich meine Mutter oft bis spätabends ins Kaffeehaus begleitet. Die hat dort Klavier gespielt – weil sie es zu Hause nicht aushielt und das Geld auch hinten und vorn gefehlt hat – und anschließend Karten. Das war bis nach 1955 das Café ›Hoffmann‹ in der Ungargasse. Sie hat z.B. die Serenade von Toselli gespielt, die alliierten Soldaten haben ihr Geld gegeben, die Einheimischen ›Ware‹, z.B. 40 Zentimeter hohe Ovomaltinedosen. Manchmal haben mir die Soldaten Mehlspeisen mitgebracht, aus der nur für sie zugänglichen Bäckerei in der Ungargasse. Die habe ich dann in die Schule für meine Schulfreundinnen mitgenommen, denn dort hat es nur Erbsensuppe mit Würmern gegeben. Natürlich haben wir die Ovomaltine nicht selber getrunken, die wurde im Schleichhandel eingetauscht.

Einmal habe ich mit meiner Puppe im Puppensportwagerl auf der Gasse gespielt. Da ist eine russische Soldatin vorbeigekommen, die wollte unbedingt die Puppe haben. Ich habe dann mit ihr verhandelt, wir haben uns mit Händen und Füßen verständigt, und die Russin hat für die Puppe Schmalz und Mehl versprochen. Im Gymnasium Albertgasse war die Kommandantur, dort waren das Schmalz und das Mehl. Die Russin ließ es aufladen auf einen alten Militärlastwagen, dann hat sie mich hinaufgehoben und wir sind ums Eck in die Tigergasse gefahren. Meine Mutter hat fast der Schlag getroffen, als sie mich auf dem offenen Lastwagen stehen gesehen hat. Viele Kinder sind damals ja verschleppt worden. Ich aber habe das Gefühl gehabt, der wichtigste Mensch auf der Welt zu sein, oder zumindest in der Tigergasse. Ich bin mit vier Ein-Kilo-Paketen – mehr habe ich nicht tragen können – im Haus von Tür zu Tür gegangen und habe Schmalz und Mehl verkauft für 250 Schilling das Kilo. Das war ein enormes Geld. Das Geld war in einem Sackerl auf der Brust, ich habe keinen Groschen zu wenig nach Hause gebracht. Von dem Schmalz haben wir alle eine Zeitlang gelebt.

Auch meine Kleidung wurde ›organisiert‹. Viele Leute haben, was sie besaßen, verkauft, oft auch noch den letzten Rest. So wurden mir und meiner Schwester aus

Falsche Fondants.

1½ Paket Puddingpulver 2 bis 4 Eßlöffel heiße, flüssige Marmelade, 2 dkg Butter 7 dkg Zucker Ales auf einen Teller gut durcharbeiten und Bonbons formen. Trocknen lassen.

Kochrezeptheft von Martha Willingers Mutter

den Seitenteilen eines Vorhangs Kleider genäht. Mein erster ›schöner‹ Mantel war aus einem Schottenplaid gemacht, mit schwarzen Knöpfen, den hat mir eine Frau im Haus genäht, da war ich dreizehn oder vierzehn. So haben wir uns durchgefrettet.«

Martha Willinger schmökerte im »Rezeptheft« mit »Mamas Kriegsrezepten zwischen 1940 und – noch mehr nach – 1945« und erfreute sich als bekennende Naschkatze an Rezepten für einen Spar-Gugelhupf, Dattelstangerln, Milchmalzzuckerln, Windbusserln, Haferflockentorte, Falsche Fondants usw. »Da es damals für uns Knirpse ja keinerlei gekaufte Naschsachen gab – Schokolade war ein Fremdwort –, trachteten unsere findigen Mütter, selbst ›Konfekt‹ herzustellen – weiß der Himmel (oder Teufel), wo sie diese ›Rezepte‹ herhatten!«

»Bekanntlich war Österreich nach 1945 in vier Lager geteilt, und jedes Lager wurde einer Besatzungsmacht (Engländern, Russen, Franzosen und Amerikanern) zugeteilt, die das zweifelhafte ›Vergnügen‹ hatten, die hungrigen Österreicher zu versorgen. Laut Fama sollen die, die den Amerikanern zugeteilt waren, am besten versorgt gewesen sein, gefolgt von den Engländern und Franzosen. Am schlechtesten beteilt waren die, die auf die russische Hilfe angewiesen waren. Aber dieses weite, große Volk war ja selbst nach der Revolution nicht mit Gütern gesegnet. Wir jenseits der Donau, also Floridsdorf etc., waren die ›Russenzone‹. Ich erinnere mich heute noch mit Schrecken an die Bohnen voller (zum Glück toter) Würmer, die wir Kinder zuvor mit Nadeln ›ausstechen‹ mussten, ehe die Mütter die Bohnen zum weiteren Verbrauch übernahmen. Die Hausfrauen waren damals die reinsten Erfinder, um für ihre Lieben Verschiedenes auf den Tisch zu bringen! Ich erinnere mich noch genau, dass Mama da eine Laibchenart kreierte, die Papa und mir am besten mundete – obwohl diese Laibchen in irgendeinem ›stinkenden‹ Öl herausgebacken worden waren. Dass es natürlich Bohnensuppe gab, eingebrannte Bohnen, ja sogar ›Bohnentorte‹, weiß ich gleichfalls noch genau. Dann erinnere ich mich noch an ›Hake-Sardinen‹; woher die kamen, weiß ich nicht. Nur, dass sie uns nicht mundeten. Aber was isst man nicht, wenn der Magen knurrt wie ein Hund? Später wurde es dann nach und nach besser. Als sich die CARE-Pakete einstellten, war auch für uns ›Süßholzraspler‹ – im wahrsten Sinn des Wortes! – etwas dabei: die herrliche Cadbury-Schokolade, ein lang entbehrter Hochgenuss!«, freuten sich Naschkater und -katze, Vater und Tochter.

»Die Zeit der Erbsen!«, rief Hans Rappensberger, Jahrgang 1922, aus. »Ja, sie war angebrochen – die Erbsenzeit! Der Krieg war aus, Gott sei Dank, keine Bomben mehr. Halb Wien lag in Trümmern. Besatzungsmächte zogen ins Land – und man hatte Hunger. Wie froh waren wir, dass uns die Russen mit Erbsen versorgten. Erbsen, die Bewohner enthielten, die uns Menschen aber keine Freude machten, nämlich Würmer!«

Verschiedene Episoden mit den »Russen in Wien« blieben Hans Rappensberger »mit einigem Schmunzeln« in Erinnerung:

»1. Eine Armbanduhr, die ich 1935 bei einem Preisausschreiben – Thema: ›Das tägliche Brot‹ – als Bester von der Schule gewonnen hatte, wollte ich gegen Lebensmittel bei den Russen eintauschen. Man wusste, dass ›Uhra‹ bei den Siegern sehr begehrt waren. So wagte ich mich auf die Schmelz, wo solche Tauschgeschäfte zwischen Wienern und Russen auf der Tagesordnung waren. Als ich einem Soldaten meine Uhr, die noch immer tadellos funktionierte, anbot, begutachtete er sie sehr eingehend. Nachdem er kurze Zeit daran horchte, reichte er sie mir mit den Worten ›A Dreck – Zylindra‹ zurück und fuhr mit einer Hand in die Manteltasche, aus der er mindestens 10 bis 15 Armbanduhren hervorzog. Mit einem verächtlichen Lächeln kehrte er mir den Rücken zu und stapfte davon.

2. Mein Schwiegervater, der einen kleineren Rüstungsbetrieb für U-Boot-Bestandteile besaß, bekam u.a. gegen Kriegsende einen jungen Franzosen als Zwangsarbeiter zugeteilt. Kurz nach Einmarsch der russischen Truppen stellte sich der Franzose in einer schönen, sportlichen Jacke vor das Haustor, um Freunde zu erwarten. Mein Schwiegervater warnte vor der Gefahr, diese Lederjacke an einen Russen zu verlieren. – ›Ich Franzose gehöre zu den Alliierten und bin deshalb immun. Keiner würde wagen, mir das Kleidungsstück wegzunehmen.‹ Eine Streife kam vorbei und ließ den Franzosen die Jacke ausziehen. Er wehrte sich mit Kräften und Worten, aber eine vorgehaltene Puschka machte seiner Abwehr ein jähes Ende.

3. Das Wort ›Britwu‹ (Rasiermesser) war besonders bei Offizieren sehr aktuell. Ich als Messerschmiedemeister hatte in meinem Geschäft genug Rasiermesser zur

Verfügung. Also, auf zur Schmelz. Ein Offizier, scheinbar ein Hauptmann, interessierte sich für ein von mir angebotenes Britwu und fragte, was ich dafür wolle. Ich meinte Lebensmittel, vor allem Zucker. Er rief seinen Diener, gab ihm einige Anweisungen, und der lief schnellstens zur nahe gelegenen Radetzkykaserne. Meiner Frau, die mit unserem Baby im tiefen Kinderwagen mit von der Partie war, gab er zu verstehen, dass sie das Kind auf den Arm nehmen sollte. Er hingegen wendete den im Kinderwagen als Unterlage dienenden Kautschuk und streifte ihn glatt. Die Ränder stellte er seitlich auf, sodass der Kautschuk eine Art Schüssel bildete. Da kam der Offiziersdiener mit einem Leinensack voll Zucker angelaufen. Der hohe Herr öffnete den Sack und leerte einen sehr großen Teil – ich schätze, es waren 5 bis 6 Kilo – in den Kinderwagen, nahm das Rasiermesser, salutierte und entfernte sich mit seinem Pfeifendeckel.«

Franz Ginner setzte seine schulische Laufbahn im Mostviertel, der Heimat seines Vaters, fort: »Nach dem Krieg konnte ich im Jahr 1946 meine in Wien begonnene Mittelschulausbildung in Scheibbs mit dem so genannten ›Kleinen Abitur‹ beenden. Im Scheibbser Gasthof ›Zum schwarzen Elefanten‹ konnten wir essen. Wir mussten nahezu alle unsere Lebensmittelmarken abgeben und bekamen dafür Kartonkärtchen mit unserem Namen und drei Rubriken für Fett, Brot und Fleisch. Nach jeder Mahlzeit trug die Kellnerin die Markenpunkte ein. Wir versuchten sie öfters abzulenken, damit sie das Eintragen vergaß oder weniger Punkte abhakte. Das Essen war spärlich und Fleisch gab es ganz selten. Einige Wochen lang bekamen wir täglich ›Petroleumerbsen‹ in verschiedenen Varianten. Die Russen hatten einen Waggon Erbsen nach Scheibbs geliefert, um die Bevölkerung nicht verhungern zu lassen. Dieser Waggon dürfte früher zum Petroleumtransport gedient haben. Die Erbsen hatten diesen Geruch angezogen. Dann gab es etliche Wochen hindurch Karotten in verschiedenen Zubereitungen.

Das Brot mussten wir zumeist mit dem Löffel essen, denn es war ganz bröselig, weil nur Hafermehl zur Verfügung stand, und die Zutaten waren ganz pappig. Zum Glück bekamen wir alle von daheim immer wieder etwas Schweineschmalz und Speck mit, sodass wir die Hungerrationen aufbessern konnten. Trotzdem blieb der nagende Hunger unser ständiger Begleiter.

In unserer Studentenbude hatten wir zwar einen Ofen, aber kein Brennmaterial. Bei der Stadtgemeinde hätten wir zwar Berechtigungsscheine zum Holzschlägern bekommen, jedoch hatten wir wegen des Schulbesuches keine Zeit dazu. Brennmaterial zu kaufen gab es nicht.

Eines Tages wurde vor unserer Schule Holz abgeladen. Es war ein langer Stapel an Meterscheitern von Buchen- und Weichholz. Nach dem Nachtmahlessen im *Elefanten* gingen wir an diesem Holzstapel vorbei und klemmten uns flugs zwei Meterscheite unter den Arm. Hurtig eilten wir in unsere Bude und verstauten das Holz unter den Betten und dem Klavier. Einige Scheite trugen wir in den Turm. Im Turm wohnte eine junge Kriegerwitwe mit zwei kleinen Kindern. Diese Blondine hatte ein Auge auf meinen Zimmerkollegen Tscharli geworfen. Deshalb konnten wir ihre Holzhütte zum Holzzerkleinern und Zwischenlagern benützen. Sie gab uns auch für den Notfall ein Alibi für die Herkunft des Holzes. Zum Glück blieb der Holzstoß einige Tage vor der Schule stehen, sodass wir genügend Holz für uns ›abzweigen‹ konnten, um über den Winter zu kommen. Nun waren wir gerettet!«

Elisabeth Linshalm, »in der Vojvodina als Deutsche 1931 geboren«, musste 1944 mit ihrer Familie die Heimat verlassen, kam nach Österreich und wurde im Juni 1945 in Viehwaggons wieder nach Jugoslawien zurückgeschickt und bis 1947 in einem Lager festgehalten.

»Am 31. März kamen wir über Ungarn, wo wir unseren Vater getroffen haben, illegal nach Wien. Als wir am Südbahnhof ankamen und ich die total zerbombte Stadt sah, war mir zum Weinen zumute. Ich hatte immer nur gehört, dass Wien eine wunderschöne Stadt der Träume sei. Jemand gab uns Fahrscheine, damit wir mit der Straßenbahn zu unseren Verwandten fahren konnten, wo wir in einer Baracke schliefen. Die Baracke wurde von einer Baufirma auf einem Grundstück aufgebaut, welches eine Bombenruine war. Der Schutt wurde nur so weit weggeräumt, dass die Baracke und ein Gehweg frei waren. Wir hatten zwei Eisenstockbetten von der Baustelle, zwei ungehobelte Bänke und einen Tisch bekommen. Unsere Verwandten beschafften uns einen Sparherd. Einen Kasten hatten wir nicht, aber der fehlte uns nicht, da wir nur das besaßen, was wir am Leibe trugen. Holz und auch das eine oder andere Geschirr konnte man sich teilweise aus den Schuttbergen ausgraben, auf die Gefahr hin, dass der Schuttberg ins Rutschen kam.

Da wir dann Lebensmittelkarten bekamen, war die ärgste Not vorbei. Es gab zwar nur wenig Lebensmittelkarten, aber verhungern musste man nicht mehr. Das erste Fleisch war wie ein Wunder für uns. Die paar Deka Rindfleisch wurden in der Suppe gekocht und gerecht untereinander aufgeteilt. Jeder bekam ein paar Bissen Fleisch, dazu Kartoffeln und Kren. Wir wohnten im 20. Bezirk, da war der Hannovermarkt gleich in der Nähe. Manchmal hat ein Standler vor dem Zusperren auch etwas zusätzlich in das Zeitungspapier gesteckt. Für uns Kinder war es immer sehr spannend, wenn unsere Mutter in der Früh vor dem Weggehen sagte, dass es heute Abend etwas Gutes zum Essen gab. Zum Beispiel faschierte Laibchen. Meistens waren nur wenige Deka Fleisch enthalten, dafür gab es Haferflocken, gekochten Mais oder Bohnen und natürlich Brot. Gut gewürzt schmeckte es wirklich gut. Auch gefüllte Paprika ließen sich mit 10 Deka Fleisch und einer Menge Reis zu einer guten Mahlzeit zubereiten. Das war meistens das Sonntags- oder Geburtstagsessen. Wochentags gab es Kaiserschmarren, Palatschinken, Bröselnudel, geröstete Kartoffeln, Buchteln, Gemüsesuppe und jede Art von Gemüse.

Die Mutter arbeitete zweimal in der Woche in einer Gärtnerei, wo sie statt Geld Gemüse bekam. Der Vater und die ältere Schwester haben am Bau Arbeit bekommen. (Obwohl der Vater Friseur und die Schwester Schneiderin waren.) Deswegen war es auch möglich, in der Baracke ein Zimmer zu bekommen.

Ich, inzwischen 16 Jahre alt, habe in einem Geschäftshaushalt eine Beschäftigung bekommen. Es war gar nicht leicht für mich, die Wohnung, das Geschäft, die Wäsche und alles, was dazu gehört, zu erledigen. Einmal in der Woche musste ich noch mit einem überfüllten Rucksack zu der Schwester der Chefin fahren, die Wohnung gründlich machen und die Hemden des Schwagers bügeln. Dafür gab es manchmal fünf Schilling oder eine Lebensmittelkarte für Brot. Das war ein Tageslohn?! Das Schlimmste für mich war, einmal in der Woche im Keller die Wäsche zu waschen. Den Kessel einheizen, das viele Wasser mit einer Pumpe in die Wanne und in den Kessel zu bringen. Dies war schon Schwerstarbeit, und dann händisch jedes Stück sauber bürsten dauerte einen ganzen Tag. Die Ratten kamen manchmal aus dem Schacht und ich fürchtete mich sehr. Der Lohn war 20 Schilling in der Woche. Ich musste von 7 bis 19 Uhr sechs Tage in der Woche arbeiten. Nach drei Jahren habe ich gekündigt und habe mir mit Näharbeiten ein wenig Geld verdient. Durch Hilfsorganisationen haben wir Bekleidung und Schuhe bekommen, sodass das Leben immer schöner wurde.«

Erika Pazdera beschreibt, wie sich das tägliche Leben nur durch Übertreten von Vorschriften bewerkstelligen ließ. »Nach Kriegsende ging meine Mutter und ich (12 ½ Jahre) jeden dritten Tag bis zum Exelberg, um etwas Holz zu sammeln. Als Proviant gab es ein Stück trockenes Brot. Die Äste wurden im Rucksack und in den Händen gebündelt nach Hause getragen. Manchmal wurden wir auch kontrolliert, da es verboten war. So leergefegt war der Wienerwald nie mehr. Streng verboten war es auch, Holz aus den Ruinen auszugraben. Womit hätten wir etwas wärmen oder kochen sollen? Um Lebensmittel, vor allem Brot, stellten wir uns einige Stunden an. Dies besserte sich, als mein Vater Ende Mai 1945 aus der Gefangenschaft nach Hause kam. Er suchte alle Habseligkeiten, die entbehrlich waren, zusammen und ging mit mir an der Hand zur Kaserne der russischen Besatzung, um diese nach und nach gegen Lebensmittel umzutauschen: seine Soldatenschuhe, meinen Regenmantel, eine Puppe, eine Armbanduhr, die nicht funktionierte, ein Seidenkleid meiner Mutter … Dann fuhr mein Vater in seiner Freizeit mit dem Rad bis nach Gansbach im Dunkelsteinerwald zu seiner Schwester, half ihr in der Bauernwirtschaft und kam mit Milch, Mehl und Eiern auf Schleichwegen oft erst in der Nacht am nächsten Tag zurück. ›Hamstern‹ war ebenfalls verboten. Wovon hätten wir leben sollen?

Mein Vater war Gemeindebediensteter in ›Lainz‹. Als solcher bewarb er sich um ein Stück ›Grabeland‹ innerhalb der Anstalt, an der Tiergartenmauer. Diese 40 Quadratmeter musste er erst roden. Aber das Holz der Baumstümpfe gehörte ihm – daher hatten wir genügend Holz für den Winter. Bereits im Frühjahr 1946 bauten meine Eltern Gemüse an. Später auch Ribisel, Erdbeeren und für meine Mutter Blumen. Von da an konnte meine Mutter einen Wintervorrat anlegen. Sie war perfekt im Einkochen, Krauteinlegen, Marmelademachen.

Neben der Schule konzentrierte sich meine ganze Energie auf alles Essbare. Ich hatte immer Appetit. Als der Schulbetrieb im Herbst 1945 wieder aufgenommen wurde, bekamen wir Schülerinnen vor Weihnachten eine Einladung einer amerikanischen Hilfsorganisation zu einer Jause mit ›Cake‹ und Kakao und einer Tafel Schokolade. Diese Schokolade und Kaugummi wurde uns Mädchen auch auf dem Schulweg von den Soldaten angeboten: ›Hi Baby, come on …‹, aber dafür war ich nicht zu haben. Ab dem Jahre 1946 ging es mit der Lebensmittelversorgung immer besser. In dieser Zeit fiel mir auf, dass die Nachbarschaftshilfe sehr nachließ, das Misstrauen und der Neid zunahmen. Für mich war es neu, dass ich fast alles sagen durfte, alles lesen, was ich fand. Musik hören ohne Zensur.«

Die Familie von Hermann Greller speiste sich mit Mühen aus verschiedenen Quellen: »Meine Eltern pachteten ein Grabeland am Rande des Hörndlwaldes. Es musste täglich gegossen werden. Da der Grund 150 Meter vom Wasseranschluss entfernt lag, war die ganze Familie von 18 Uhr bis 21 Uhr mit Wasserkübel-Schleppen und Gießen beschäftigt. Es wurden Erdäpfel, Karotten, Salate, Erdbeeren, Gurken, Paradeiser etc. gepflanzt. Aber die Ernte entschädigte uns für die Anstrengungen. Wir Kinder litten nie an Hunger. Viele Jahre später erzählten mir meine Eltern, dass sie meiner kleineren Schwester und mir heimlich beim Essen zuschauten und hofften, dass wir etwas übrig ließen. Was aber nicht der Fall war, da doch die Mutter uns andererseits immer dazu aufforderte, alles aufzuessen.« Die »kleinen Lebensmittelzuteilungen mittels Marken«, die der Greißler noch weiter schmälerte, indem er etwa »bei der Abwaage der paar Deka Butter ein starkes Pergamentpapier nahm und alles mit Schwung auf die Waage warf, sodass der Zeiger hinaufschwang«, wurden durch ein monatliches Essenspaket von einem Schweizer Bahnbeamten und Hamsterfahrten ins Burgenland aufgebessert. »Meine Eltern fuhren mit uns mit der Bahn bis Edlitz-Grimmenstein, dort war Endstation, den weiten Rest mussten wir zu Fuß bewältigen. Mehrmals wurde der Zug gestoppt, und russische Soldaten ›prüften‹ die Identitätsausweise. Von einem Bauern erwarb mein Vater ein Leiterwagerl, wo er den Koffer daraufstellte und auch meine Schwester hineinlegte. Am Rückweg ließen wir das Leiterwagerl wieder beim Bauern, der gab uns aber das Geld nicht mehr zurück. Auf dem Weg über die Berge mussten wir einmal übernachten. Es war schon spät, und wir Kinder raunzten schon vor Müdigkeit. Als wir in einem Dorf ankamen, wurden plötzlich alle Lichter der Bauernhöfe abgedreht, vermutlich weil man uns, das ›wandernde Gesindel aus der Großstadt‹ gesehen hatte. So müssen sich auch Zigeuner (Roma, Sinti) fühlen, als Geächtete, so genannte Zuagraste. Mein Vater beruhigte uns, und hartnäckig wie er war, fand er das versperrte Haus des Bürgermeisters, der sich auch anfangs auf sein Klopfen taub stellte, obwohl es erst 20 Uhr war. Er verweigerte die Aufnahme, was meinen Vater sehr zornig machte. Er wies ihn darauf hin, dass er als Schwerkriegsinvalide mit Ausweis eine Anzeige erstatten wird, wenn er nicht sofort hilfsbereit wäre. Daraufhin war dieser ›Menschenfreund‹ bereit, uns in einem Heuschober übernachten zu lassen. Weder gab er uns etwas zu essen, noch etwas zu trinken! Auch die Verwandten lernt man erst richtig in Notzeiten kennen. Sie nahmen von uns für etwas Mehl oder Schmalz, genauso wie von Fremden, Eintauschgegenstände entgegen (Bettwäsche, Uhren, Füllfedern usw.). Gemein fand ich damals schon als Kind, dass die Tante ihre Lebensmittelkarten zerschnitzelte und einheizte. Unterzündpapier war rar, und sie benötigte die Marken ja nicht, weil genug Eigenerzeugung da war. Trotzdem erhielt sie aber vom Staat welche, weil man ja die Landbevölkerung nicht ausschließen durfte. Es war sicherlich Gedankenlosigkeit und Dummheit. Warum meine Eltern sie allerdings nicht darauf aufmerksam machten, dass wir sie dringend brauchen könnten, ist mir unklar. Wahrscheinlich hinderte sie ihr Stolz, um etwas zu bitten. Bei späteren Besuchen – als es uns allen wieder gut ging – wurden wir immer überschwänglich bewirtet. War es das schlechte Gewissen oder spätere Einsicht?«

Lucia Jakob, 1928 in Zistersdorf im Weinviertel geboren, verdiente 1947 als Volksschullehrerin erstmals ihr eigenes Geld, was sie zu einem Gedicht inspirierte:

»Das erste selbstverdiente Geld

Zu Ende war der große Krieg,
die Mächtigen frönten dem Sieg.
Das Volk begann nun voll Vertrauen,
Österreich neu aufzubauen.

Die Jugend war voll Zuversicht,
gab's auch noch mancherlei Verzicht.
Wir konnten wiederum studieren,
in Zukunftsplänen uns verlieren.

Wir, das waren Kandidaten
aus verschiedenen Internaten,
die nach dem Krieg zurück nicht konnten
und jetzt in einer Schule wohnten.

Bei der Matura uns bewährt,
war'n wir als Lehrer sehr begehrt.
Und das Schönste war daran,
daß man dafür auch Geld bekam.

Das erste selbstverdiente Geld!
Wir fühlten: Uns gehört die Welt!
Doch keinen Leichtsinn! Wohl bedacht,
was man mit diesem Geld nun macht.

Ach, Schuhe wären dringend nötig,
Bekannte machten sich erbötig,
dort, wo des Mangels Löcher klafften,
im Schleichhandel es zu beschaffen.

Wir distanzierten uns davon,
man war ja schließlich Amtsperson.
Nun was? Wir zahlten vorerst Posten
wie Heimgebühr und Tramwaykosten.

Der Rest? Der Rest, er reicht doch nicht,
da es an vielem uns gebricht:
Der Hunger tat uns täglich plagen.
Die Kleidung war schon abgetragen.

Die Haare sollten neu gewellt,
dass man als Lehrer auch gefällt.
Wir planten viel in diesen Tagen –
es siegte schließlich doch der Magen!

Beim Greißler gab's schon, siehe da,
Konserven aus Amerika:
Silverhakes und horsemeat-tins,
Peas und honey, baconbeans.

Beim Anblick dieser Neuerscheinung
waren wir alle einer Meinung:
Wir woll'n uns abends daran laben,
wo doch das erste Geld wir haben.

Die Greißlerin, alt wie Granit,
kam mit der neuen Zeit nicht mit.
›Na, liebe Fräuleins, was darf's sein?‹
und packt uns schwarze Weckerln ein.

Die kauften wir sonst wider Willen,
um den Hunger uns zu stillen.
›O nein, Frau Witt, Moment, nein, nein!
Wir kaufen heut was anderes ein.

Und zwar drei von den Horsemeat-Dosen!‹
Da hat die Alte vorgestoßen:
›Das hab ich nicht! Schaun'S aufs Plakat;
heut' gibt es nur HORSE-MEAT.‹ (gelesen wie geschrieben)

Wir lachten damals uns fast krumm
und schmunzeln heute noch darum.
Und wir befolgten ihren Rat,
und kauften das HORSE-MEAT.

Um keine Schwierigkeit zu machen,
bestellten wir uns unter Lachen
zwei Dosen von den SILVERHAKES (gelesen wie geschrieben)
und eine Rolle AMI-CAKES. (gelesen wie geschrieben)

Für den Geschmack ein Kümmelsackerl
und noch ein Dörrgemüsepackerl.
So vollbepackt kamen wir drei
vorbei an der Konditorei.

Wir haben an Hunger oft gelitten!
Jetzt gab es Puddingcremeschnitten!
Wir kauften davon gleich drei Stück
und rannten in das Heim zurück.

Die Küche war schon zugesperrt,
so konnten wir nicht an den Herd.
Also begannen wir die Fete –
jeder saß auf seinem Bette
und löffelte das kalte Fleisch
mit Geschwätze und Gekreisch.

Als dann die Silberfische kamen,
die im faden Sude schwammen,
in dem das Dörrgemüse weichte,
da spürten wir: Das Essen reichte.

Jedoch die gute Puddingcrem'!
Wir aßen sie nach alledem.
Über die Folgen dieser Nacht
wird heute noch gar viel gelacht.«

Monika Moder wurde bereits in jungen Jahren zu den Hamsterfahrten von Linz auf das Land mitgenommen: »Alle zwei Wochen fuhren die Tante und ich mit der Steyrtalbahn nach Grünburg ›hamstern‹. Es war ziemlich demütigend, diese Wanderung von einem Bauern zum andern, aber wir hatten das Glück, dass wir die Sachen aus Amerika (Kaffee, Seife, Wäsche etc.) eintauschen konnten gegen Butter, Eier, Speck und Mehl. Es gab beim letzten Bauern oben auf dem Berg auch immer ein Essen, was für mich faszinierend war, weil alle aus einer großen Schüssel aßen. Meist Bohnen mit Speck oder Knödel, wenn Freitag war, meist eine Mehlspeis. Dieser Hamstertag dauerte einen ganzen Tag, am Abend kamen wir müde, aber satt nach Hause.«

Edith Farschtschian erlebte noch die Ausläufer der Nachkriegszeit: »Da ich erst 1942 geboren bin, kann ich mich an die Kriegs- und Notzeiten der Älteren nicht wirklich erinnern. Echten Hunger hat meine Familie nie erlebt, da mein Vater die Buchhaltung für Fleischhauer und Bäcker besorgte, vielleicht war auch ein bisschen Schwarzmarkt dabei. Die erste Banane irgendwann war allerdings ein Erlebnis und dass man sie schälen muss, eine neue Erfahrung. Der Besitz einer ganzen Stange Wurst, die mein Vater von einer Reise mitbrachte, schien fast unglaublich. Beim Impfen versprach mir die Kinderärztin fürs Bravsein ein Zuckerl, ich wollte lieber ein Stückchen Wurst, ›die hätte ich selber gern‹, war die Antwort. Ein Eis oder ein Kinobesuch (für kleine Kinder gab es ›Schoßkarten‹) waren eine Seltenheit in meinen Kinderjahren, genau so wie eine Bensdorp-Schokolade, die damals als Riegel verkauft wurde statt als Tafel (zumindest ist mir keine Tafel in Erinnerung).

Als ich zwischen acht und zehn Jahre alt war, sollte es als Taschengeld täglich einen ganzen (!) Schilling geben, was bei den Tageseinnahmen meines Vaters aber nicht allzu oft möglich war. Ich probierte meine Forderung am nächsten Tag eben wieder …

In die Schule musste ich mit hohen Schuhen, einer Schürze (was in den Fünfzigerjahren nicht mehr allgemein üblich war) und – wenn ich mich recht entsinne – auch eine Zeit lang mit Ärmelschonern gehen. Proteste nützten damals wenig. Zu dieser Zeit war bei den Kindern eher gehorchen angesagt als Protest.

Meine Mutter war eine gute Hausfrau und Köchin und so war der damals übliche fleischarme Speisezettel kein Verzicht, sondern ein – mit Mohnnudeln und Zwetschkenknödeln versüßter – Genuss. Später erst wurde mir bewusst, dass eine zeitweise Erwärmung meines Zimmers durch eine Heizlampe statt durch einen gefüllten Kohleofen wohl mit einem finanziellen väterlichen Engpass zusammenhing.«

»Dann begann für uns der große Aufschwung, als Erstes kauften wir ein Puch-Motorrad.«

Konsumgeschichten aus der Wirtschaftswunderzeit

Die Wende zum materiellen Wohlstand erfolgte in Österreich in den Jahren 1953/54. Für Wilhelmine Hinner, die »Finanzministerin« ihrer Wiener Familie, setzte er schon früher ein: »Ab 1948 begann für uns der große Aufschwung! Das Erste, was wir bekamen, war ein Puch-125er-Motorrad. Die Liebe ging so weit, dass wir diese Maschine vor unserem Bett aufstellten und sie bis zum Einschlafen betrachteten. Als Nächstes war der sehnlichste Wunsch meines Gatten – ein Auto! Vorerst aber wollten wir auch ein Kind.«

Langlebige Konsumgüter und Nachwuchs bildeten integrale Bestandteile der Hierarchie der Anschaffungen, die dem Leben vieler Österreicher/innen in den nächsten Jahrzehnten Struktur und Halt gaben. »Vieles haben wir sehr zielbewusst in Angriff genommen, aber wir konnten auch die Chancen nützen, die uns eine boomende Wirtschaft bot. Wir hatten nichts, bekamen auch von keiner Seite eine Unterstützung, aber wir waren sparsam und sahen unserer Zukunft überaus optimistisch entgegen«, beschrieb die Grazerin Hildegard Janderka den Zugang und die Rahmenbedingungen ihrer Generation. Tatsächlich verdoppelte sich das verfügbare persönliche Einkommen der Österreicher/innen zwischen 1955 und 1968. Erstmals in der Geschichte des Landes gab es beides: die Kaufkraft einer Mehrheit der Bevölkerung und Konsumgüter en masse, eine solide Basis für die »goldenen Jahre«. »Mein Anfangsgehalt betrug 750 Schilling, was für einen Jugendlichen damaliger Zeit außergewöhnlich hoch war. Vom ersten Gehalt – nach Abzug des Betrages, den ›man‹ üblicherweise den Eltern gab, – kaufte ich mir ein unvergessliches Paar bronzefarbener Schuhe, ein unvernünftiger, unnötiger aber herrlicher Kauf!«, erinnerte sich Edith Farschtschian noch viele Jahre später an diese erstandenen Objekte der Begierde.

Das Erklimmen der Wohlstandsleiter war dennoch, so legen es zahlreiche Texte nahe, keine leichte Übung. Von Verdrängung schreibt Erika Pazdera: »Mit dem allgemeinen Aufschwung vollzog sich der persönliche so schleichend, dass ich nicht sagen kann, ab wann er für mich begonnen hat. Dazu kommt, dass man die Notsituation, das Negative ganz verdrängt hat. Man wollte nichts mehr mit der Vergangenheit zu tun haben. Es ging ja aufwärts! Diese Einstellung meiner Familie habe ich sicher übernommen.« Sparen war noch an der Tagesordnung. Dies umso mehr, als viele Frauen (und ihre Männer für sie) das Hausfrauendasein präferierten. »Im Jahre 1960 wurde unser erster Sohn geboren. Selbstverständlich blieb ich zu Hause bei meinem Kind. Aber es fehlte nun ein Verdienst«, schrieb Hildegard Janderka, die schweren Herzens die Ratenkäufe bei Kastner & Öhler einstellte. »Erst in den 1970er-Jahren ging es bergauf, als Kreisky kam. Schulbücher und -fahrt waren gratis, der jüngere Sohn konnte studieren«, merkte Walfrieda Marchl an.

Günther Doubek skizzierte die Aufstiegsphasen im Rückblick so: »Die Normalisierung verlief für meine Begriffe in mehreren Stufen. Zuerst versuchten die Menschen die lebensnotwendigen Dinge zu erwerben, die sie im Krieg verloren hatten, also Haushaltsartikel, Kleidungsstücke und eventuell das eine oder andere kleine Möbel. (Viele suchten auch Ersatz für den im Krieg verlorenen Partner). Als Nächstes kam die ›Fresswelle‹. In der dritten Periode ergänzten und erneuerten die Menschen ihre Kleidung, in der vierten begannen sie mit Luxusartikeln zu kokettieren, wozu dann auch Fahrzeuge aller Art und damit verbunden weite Reisen zählten. Für mich war die Normalisierung in Österreich Tatsache geworden, als ein Fleischhauer zum ersten Mal wieder fragte: ›Derf's a bisserl mehr sein?‹ Das war 1950, aber nicht in Wien, sondern in Niederösterreich.« Als die Einkommen stiegen, gaben die Haushalte erst einmal mehr für bessere Ernährung und Bekleidung aus und steck-

ten dann ihr Geld in Haushalts- und Unterhaltungsgeräte, Bildung und Erholung, Sport und Reisen, Verkehr und Transport, hielten die Konsumstatistiken die Entwicklung fest. Wie der Anteil der Ausgaben für Ernährung an den gesamten Haushaltsausgaben mit steigendem Einkommen absinkt, so erwähnten auch die Schreiber/innen in ihren Erinnerungen an die guten Jahre das Essen weitaus weniger oft als im Rückblick auf die Jahrzehnte davor.

Die »Elektrifizierungsrevolution« der 1950er- und 60er-Jahre beschleunigte, befördert von rührigen Stromanbietern, die Anschaffungsspirale. So erwähnte Günter Antony, dessen Eltern im Waldviertel ein Friseurgeschäft erworben hatten, für das Jahr 1954 eine »Elektrogeräte-Mietaktion« des niederösterreichischen Stromversorgers NEWAG. »Die Gesellschaft kaufte eine größere Menge verschiedenster Geräte für Haushalt und Gewerbe ein, die von den Stromkunden kostengünstig gemietet werden konnten. So bekam meine Mutter einen Zwei-Platten-E-Herd, der auch ein kleines Backrohr hatte. Bisher hatte sie jeden Tag im Küchenherd einheizen müssen, was an manchen Tagen im Sommer wegen des schlechten Zuges gar nicht möglich war.« Die Zahl der Elektroherde in den österreichischen Haushalten stieg steil an, von 73.900 im Jahr 1950 auf über 428.000 ein Jahrzehnt später und über 1.023.000 bis 1970.

Weitaus mehr Erinnerungsspuren als der Kauf von E-Herden oder Gasherden hinterließ in den Texten aber der Kauf des ersten Fernsehers, der auch das Kommunikationsverhalten veränderte. Mit dem Fernsehapparat zog 1961 »ein Hauch von Luxus« ein, schrieb Erika Payr, der »bei den Olympischen Spielen 1964 Scharen von Zusehern ins Haus« lockte. Das soziale

NEWAG Elektrogeräteaktion 1954

Gefüge sei durch den Fernseher erst später zerstört worden, am Anfang sei das Gegenteil der Fall gewesen. »Die nächste Begehrlichkeit war ein Fernseher«, gestand Hildegard Janderka. Statt in verrauchten Gasthäusern oder vor Elektrogeschäften wie bei der Übertragung der Wiedereröffnung der Wiener Staatsoper wollte sie mit ihrem Mann zu Hause fernsehen. »Im Jahr 1963 hielt unser erster Schwarz-Weiß-Fernseher Einzug in unsere Wohnung. In unserem Stockwerk waren wir die ersten Besitzer einer solchen Kostbarkeit. Unsere Nachbarn besuchten uns daher sehr häufig und gemeinsam verfolgten wir das Gebotene. Sie brachten stets etwas mit, meist Soletti, oder ein Getränk und in der Vorweihnachtszeit Selbstgebackenes. Das ging über eine lange Zeit, bis, ja bis sich jeder ein eigenes Gerät leisten konnte.« Wie die beiden Erzählerinnen vollzog die Mehrheit der Österreicher/innen in den 1960er-Jahren den Einstieg in die – damals noch schwarz-weiße – TV-Ära. Hatten 1961 nicht ganz 13 von 100 Haushalten eine Fernsehbewilligung, waren es 1971 bereits fast 62. Ein Farbfernsehgerät fand sich bis Ende der 1970er-Jahre in 44 und bis Ende der 1980er-Jahre in 88 Prozent der Haushalte.

An der Spitze der Pyramide der materiellen Errungenschaften stehen in den Erinnerungstexten das Auto und der Urlaub, sie werden von den Erzähler/innen am häufigsten erwähnt. Bei den Automarken lag der VW Käfer vor dem Renault 4CV und Ford in verschiedenen Modellen. Erwähnt wurden auch Puch, Fiat, Peugeot, Lloyd und Audi. Ratenkauf, Gebrauchtauto oder Gehaltsvorschuss erleichterten den Zugang zur Mobilität auf vier Rädern.

Hildegard Janderkas Ausflug mit dem ersten Auto

Automobil

Die »Autowelle« setzte in Österreich in der zweiten Hälfte der 1950er-Jahre ein. 1951 kamen auf hundert Haushalte nur zwei PKW-Zulassungen, 1961 hatte ein Fünftel der Haushalte eine Zulassung, 1971 bereits mehr als der Hälfte. Nach einem leichten Erdölkrisen-Knick 1974 stieg die Zahl der PKW-Zulassungen pro hundert Haushalte 1981 auf über 84 und 1992 auf 107. Das Zeitalter des familiären Zweitautos hatte begonnen. Die Ausgaben der Haushalte für Anschaffung, Erhaltung und Betrieb des eigenen Fahrzeugs explodierten in den 1960er- und 1970er-Jahren.

Der VW-Käfer wurde zu einem der erfolgreichsten Automodelle der Nachkriegsjahre. Entwickelt wurde er auf Einladung des Reichsverbandes der deutschen Automobilindustrie vom österreichischen Ingenieur Ferdinand Porsche, der davor für Austro-Daimler und die Steyr-Werke A.G. Autos gebaut hatte. In Produktion ging der »Volkswagen für jedermann«, den Hitler 1934 angekündigt und für dessen Werk er 1938 den Grundstein gelegt hatte, erst nach Kriegsende 1945. Im August 1955 feierte das VW-Werk in Wolfsburg die erste Million des Käfers auf vier Rädern. Bis 1978 wurde der VW-Käfer in Deutschland in Serie produziert, später noch in Brasilien und Mexiko.

Auto und Urlaub gingen für Jahrzehnte eine innige Verbindung ein. Die Anschaffung eines PKWs inspirierte die neuen Eigentümer/innen meist umgehend zu dessen Nutzung als Reisegefährt. Wie für die Schreiber/innen der Texte wurde »Bella Italia« für die Österreicher/innen insgesamt zur Destination Nummer eins. »Nach dem furchtbaren Frieren im Krieg und nachher, im Luftschutzkeller, in ungeheizten Räumen – in der Sonne im warmen Sand liegen zu können, im Meer zu baden – welche Freude! Kein Wunder, dass die Adria für lange Zeit das begehrteste Ziel der Österreicher und Deutschen wurde«, erklärte die Psychologin Waltraud Berger in ihrem Text die Faszination. Häufig wurde in Zelten genächtigt und selbst gekocht, um Geld zu sparen.

Hildegard Janderkas erster Urlaub in Lignano 1962

Urlaub

Ab Mitte der 1950er-Jahre schlugen die Urlaubsausgaben immer stärker zu Haushaltsbuche. Anfang der 1960er-Jahre löste das Auto die Eisenbahn als wichtigstes Urlaubsverkehrsmittel ab. 1964 wurde der Mindesturlaub für Arbeitnehmer/innen durch Generalkollektivvertrag auf drei Wochen verlängert. Mit steigendem Einkommen und längerem Urlaubsanspruch leisteten sich immer mehr Österreicher/innen eine Auslandsreise. So fuhr von den 44 Prozent der Wiener Haushalte, deren Mitglieder 1972 auf Urlaub gingen, bereits ein Drittel ins Ausland. Der Nummer eins Italien folgten als Destinationen Jugoslawien und Deutschland bzw. die Schweiz. Für etwa 40 Prozent dauerten die Reisen an die zwei Wochen, mehr als ein Drittel leistete sich drei Wochen Urlaub. Aber nur etwas mehr als die Hälfte der Verreisten speiste in Lokalen, die anderen verköstigten sich in Eigenregie. Ab Mitte der 1970er-Jahre veränderten die Österreicher/innen ihr Reiseverhalten. Wenn es das Einkommen erlaubte, nutzten sie ihren nunmehr vierwöchigen Urlaubsanspruch und »verlängerte Wochenenden« für Mehrfach- und Kurzurlaube. Destinationen wie Griechenland, Spanien und die Türkei gewannen an Beliebtheit, immer häufiger bevorzugten die Reisenden das Flugzeug. In den 1990er-Jahren sank der Anteil der Autourlaubsreisen auf unter fünfzig Prozent.

Geschichten vom zunehmenden Wohlstand und der Hierarchie der Anschaffungen

Erika Payr datierte die ersten größeren Anschaffungen in ihren Erinnerungen für Anfang der 1950er-Jahre. »Die Werbung fing nun an, uns Ratengeschäfte schmackhaft zu machen. Der Elektrohändler (das gab's damals noch) hatte leichtes Spiel, meiner Mutter einen Kühlschrank aufzuschwätzen. Es war auch wirklich ein gutes Gerät und für unseren gemeinsamen Haushalt von drei Erwachsenen und zwei Kindern wirklich hilfreich. Also schlossen wir unser erstes Ratengeschäft auf 36 Monatsraten ab – es sollte nicht das letzte sein.« Eine Waschmaschine wurde nach der Geburt des dritten Kindes angeschafft. »Das kleine Mädchen strampelte vergnügt in den Windeln und diese mussten auch gewaschen werden. Der Wunsch nach einer Waschmaschine war nun berechtigt. Für 36 Monatsraten kam nun die erste Miele ins Haus. Sie kochte, wusch mittels Drehflügel und danach wurde die Wäsche zwischen zwei Gummirollen ausgepresst und von Hand gespült. Ein Riesenfortschritt!

Miele Automat 1968
Foto: Miele

Inzwischen hatten wir nun endlich die lang und heiß ersehnte Wohnung bekommen und sie hatte gewaltige Ausmaße. Fast gleichzeitig war mein Mann beim Bundesheer zum Major II. Klasse befördert worden, d.h. er hatte zwar den entsprechenden Aufschlag am Kragen, aber den gleichen Gehalt wie bisher. Die Schlafzimmereinrichtung war schon vorhanden, denn als ich dringend zwei weitere Schränke brauchte, hatte es sich gezeigt, dass ein komplettes Schlafzimmer auch nicht mehr kosten würde, und so hatten wir die übrigen Möbelteile eben zwischengelagert – erstes Zimmer. Mama schenkte uns die wunderbare geschnitzte Zirbenstube und wir mussten nur noch eine Eckbank dazu zimmern lassen – zweites Zimmer. Die beiden Kinderzimmer konnten wir mit Hilfe der mitgebrachten Möbel ganz nett einrichten, blieb noch die Frage der Küche. Mein Mann hatte natürlich einen Gehaltsvorschuss genommen und wir mussten genau überlegen, wofür wir ihn ausgeben wollten. Wir waren sehr gut beraten, nicht die damals en vogue befindlichen, in allen Pastellfarben lackierten Möbel zu wählen, sondern eine teurere, mit Resopal beschichtete Küche einbauen zu lassen, die heute noch fehlerfrei eine Küchenwand bedeckt. Alle die Kleinigkeiten wie Garderobe, Beleuchtung und Badezimmer-Accessoires bastelte mein Mann selber und arbeitete anfangs bis zur Erschöpfung. Wir waren aber unbeschreiblich glücklich mit unserer *eigenen* Wohnung und hätten uns nichts Besseres vorstellen können.

Mein Mann stand nur noch nachdenklich unter der Tür zum Wohnzimmer und meinte: ›Eine Nähmaschine muss her!‹ Es war ganz klar, dass ich mit meinem

Nähgeschick ganz entscheidend zum bescheidenen Wohlstand der Familie beitragen konnte. Man muss bedenken, dass es in diesen Jahren (1958) noch keine billige Konfektion gab, die Zeit der Jeans und T-Shirts war noch nicht angebrochen, bis Mitte der 1970er durften die Mädchen nicht in Hosen zur Schule kommen und mit den herrlichen Stoffresten, die mir meine schneidernden Tanten aus Wien und England zukommen ließen, habe ich meine beiden Mädchen zum Nulltarif bekleidet. Da stand sie also nun: die Rast und Gasser, mit Tretbetrieb und Geradstich. Recht bald hat mir mein lieber Mann einen Elektromotor angebaut, aber der einfache Geradstich blieb und ich habe die kompliziertesten Toiletten darauf genäht bis hin zum Spitzenbrautkleid meiner Tochter. So weit sind wir aber noch lange nicht, denn zunächst waren da die 24 Monatsraten für die Nähmaschine.

Inzwischen war meine Tochter in die Oberschule der Ursulinen eingetreten, eine Privatschule, die ein monatliches Schulgeld von 100 Schilling kostete. Auch Klavierstunden standen einige Zeit am Programm, aber meine Tochter sträubte sich heftig dagegen. So wie ich mich erinnere, sollte an der Erziehung und Schulung der Kinder auf keinen Fall gespart werden. Nun lag allerdings die Idee des Autos in der Luft und ich begann heimlich, einen Schilling auf den anderen zu legen, es wollte aber nicht so recht vorwärtsgehen. Eines Tages zeigte ich meinem Mann das sehr magere Sparbuch und gestehe ihm, dass es für ein Auto bescheidensten Ausmaßes gedacht wäre. Er schaut das Sparbuch kurz an, geht damit zur Tür hinaus und am selben Tag kommt er mit einem Volkswagen nach Hause. Offensichtlich war mein Sparbuch nun der letzte Tropfen und das gewünschte Placet für die Transaktion. Er hatte wieder einen Gehaltsvorschuss genommen und damit auch einen Vorschuss auf viele, viele glückliche Unternehmungen auf vier Rädern. 1961 flog er auf Einladung der USA mit einer Gruppe von Offizieren nach Amerika und bekam nach Abschluss dieser ›Schulung‹ (Kalter Krieg!) einen ansehnlichen Geldbetrag. Ich durfte mir davon einen hübschen Wintermantel kaufen und dann kam auch der erste Fernsehapparat ins Haus.«

Ab 1960 begann für die Familie eine »neue Ära«, die Zeit der Adria-Urlaube. Erst mit dem Zug, später mit dem Auto, »zuerst im Leihzelt, dann in einer Viletta direkt am Campingplatz. Solange alle drei Kinder mit uns waren, habe ich immer selber gekocht und alles trotzdem sehr genossen. Es war damals, dass die Lebensmittelgeschäfte Rabattmarken ausgaben, die man fleißig auf Karten klebte. So konnte ich stets vor Urlaubsantritt eine größere Zahl von Fleischkonserven erstehen und mit der guten italienischen Pasta ohne viel Gepatze sättigende Gerichte auf den Tisch bringen. Sonntags ein ›Pollo arrosto‹ – Herz, was begehrst du mehr. (Teilen *Sie* mal ein Huhn in *fünf* Teile!).« Ab 1967 verbrachte die Familie »dann viele Jahre lang herrliche und immer erschwingliche Urlaubswochen im damaligen Jugoslawien. Bis wir jedoch – so wie alle Welt – Flugreisen buchen und unseren Urlaub in aller Herren Länder verbringen würden, vergingen schon noch einige Jahre.

Wir haben laufend Bausparverträge gehabt und sie meistens für Verbesserungen im Wohnbereich eingesetzt. Nach der Heirat meiner Tochter kam auf ihre dringende Empfehlung erstmals eine Tiefkühltruhe ins Haus, dann ein Geschirrspüler. Diese Anschaffungen machten uns aber keine nennenswerten finanziellen Probleme, wir brauchten wohl nur die gut gemeinten Schubser unserer Ältesten. Nun erschien auch eine neue Nähmaschine auf dem Tisch, die alle Stückeln spielte und mir große Freude machte, denn zu meinen beiden Damen war nun eine Enkelin dazugekommen, die ich benähen und bestricken konnte. Das alles hat aber mit Sparen und Geldknappheit nichts mehr zu tun. Wir waren zwar nicht reich, aber zufrieden, und mit all den Kürzungen und Teuerungen, die mit der Pensionierung auf uns zukamen, sind wir gut zurechtgekommen.«

Ella Gams ließ sich durch die akute Wohnungsnot in der Bundeshauptstadt nicht entmutigen und gründete einen Hausstand. Wiederum gliedert sie die Jahre nach 1948 in einzelne Punkte:

»1) Das erste Möbelstück – ein Tisch

1948 habe ich geheiratet. Eine eigene Wohnung gab es natürlich nicht … wir blieben in der Wohnung meiner Mutter, wo auch meine verheiratete Schwester wohnte. Die Wohnung war wohl groß, sodass wir ein Zimmer und ein Kabinett für uns hatten. Küche, Bad, WC für alle gemeinsam. Mein Bett wurde verbreitert, indem wir ein Gestell aus Brettern bastelten (an der Wand gut befestigt), die Matratze wurde durch einen selbst genähten und gestopften Strohsack verbreitert. War wunderbar! Im Zimmer fehlte ein Tisch … also wurde gespart, bis wir das Geld beisammen hatten. In einem Möbelgeschäft wurde das ›Prachtstück‹ ausgesucht. Noch müsste es selbst geholt werden! Wie? Wir hatten doch kein Auto! Aber die nahe Wäscherei besaß ein kleines offenes Lastauto. Wir baten den Besitzer, unseren Tisch zu holen, er war gerne dazu bereit. Aber gerade an diesem Tag regnete es und der Tisch wurde nicht zugedeckt. Als er bei uns landete, hatte das schöne neue Stück bereits Wasserflecken und das Furnier hob sich an einigen Stellen! Das war ein rechter Schreck, aber nicht mehr zu ändern! Wo hätten wir ›reklamieren‹ wollen? So wurde eine nette Tischdecke darüber gelegt und er hat uns noch lange ›gedient‹. Zuletzt als Basteltisch.

2) Wohnproblem

Drei Haushalte in einer Wohnung: diese Schwierigkeit ließ uns ein Stellenangebot in der Schweiz annehmen, wo wir gut sechs Jahre blieben (1951–57). Wir haben zuerst nur in einem Zimmer gewohnt, später fanden wir eine günstige Wohnung in einem Bäckerhaus. Die erste große Anschaffung war ein kleines Auto (Renault 4CV) – die Sehnsucht des Mannes! Es war der erste und einzige ›Ratenkauf‹. Da wir beide verdienten, war dies möglich. Damit waren auch die Urlaubsfahrten einfach: Wir schliefen im Zelt und waren ›Selbstversorger‹. So konnten wir schöne Fahrten durch die Schweiz, Italien, Frankreich und Spanien – natürlich auch durch Österreich – machen.

1957 fand sich wieder eine Stelle in Österreich. Wir fanden (durch Bekannte) nur eine Zimmer-Küche-Wohnung (Wasser und WC außen!) … dazu kam noch unsere Tochter zur Welt … es war mühsam! Erst nach einem Jahr (1958) gab's die erste ›richtige‹ Wohnung (in einem Gemeindebau).

3) Wohnungseinrichtung

Als wir in die Gemeindewohnung einzogen, war diese natürlich leer, nur in der Küche gab's einen Gasherd und den Durchlauferhitzer. Für eine Kücheneinrichtung war kein Geld da, also sollte sie selbst ›gebastelt‹ werden. Ich zeichnete genau die benötigten Küchenmöbel (ich ›konnte‹ es aber auch!), alle Teile genau nach Maß! In einer bekannten Holzhandlung wurden die Bretter und Teile entsprechend zugeschnitten und wir konnten sie daheim zusammenbauen. Weil ich alles so entworfen hatte, wie es für mich am besten war, habe ich die Küche heute noch – ich möchte sie für keine neue und ›moderne‹ eintauschen!

4) Keine Kredite!

Ich habe nie etwas auf Kredit gekauft! Es gab wohl Sammelstücke, die ich gerne haben wollte und nicht sofort bar zahlen konnte: Ich hatte die Möglichkeit, sie zurücklegen zu lassen und brachte monatlich so viel Geld wie möglich. Erst nach Abzahlen des letzten Schillings nahm ich das Stück mit nach Hause: jetzt gehörte es ja mir! Ich mag nichts daheim haben, was mir nicht ganz gehört! ›Ich brauche nur, was ich mir leisten kann … und was ich mir nicht leisten kann, brauche ich nicht!‹ Mit diesem Motto lebe ich sehr gut!«

Ein friedliches Familienstillleben, mit den Attributen des vergangenen Krieges, beschrieb Silvia Zenta. »Für meine Eltern waren die frühen 1950er-Jahre Aufbaujahre, geprägt von Fleiß, Sparsamkeit und Optimismus, für mich war es eine Kindheit in Fürsorge und Geborgenheit.« »Das Steyr-Waffenrad« spielte eine tragende Rolle im Familienleben. »Ich war klein und hatte einen winzigen Sitz aus Drahtgeflecht vorne auf Papas schwarzem Steyr-Waffenrad. Mamas Rad war grün. Wenn es regnete, verschwand ich unter der großen dunkelgrauen, gummiartigen Regenpelerine, wobei ich aus der Kragenöffnung herauslugen konnte.

Mit diesem Waffenrad sind auch so manche Erinnerungen verbunden, die sich wie Fäden eines Netzes zwischen verschiedenen Zeiträumen und Orten spannen. Einerseits weiß ich aus Erzählungen, dass dieses Rad eines der wertvollsten Besitztümer meines Papas als Kind in Wien war, er hat es auch bis wenige Jahre vor seinem Tod besessen. Dieses Rad hat – wie Mamas Piano – alle Übersiedlungen miterlebt. Heute sehe ich noch, wie betroffen und untröstlich Papa war, als er bemerkte, dass sein Rad aus dem Keller seiner Wohnung – Papa und sein Rad waren wieder in Wien gelandet – gestohlen worden war.

In jenen Knittelfelder Jahren waren die Räder Mitglieder der Familie. Damals fuhr man Rad, es war Sport, meist aber das übliche Fortbewegungsmittel. Bockige, aber unverwüstliche Armeedecken, Alu-Proviantdose und eine mit gräulichem Filz überzogene Alu-Feldflasche, ebenfalls praktisches Relikt aus dem Krieg, waren unsere Ausflugsutensilien. Ein gewisses festes Schema dürfte den Radausflügen angehaftet sein: Ich schlief nie. Mama deshalb auch nicht. Das war dann der Zeitpunkt, Fantasie und Spieltrieb zu erwecken. Zwischen Baumwurzeln und Moos wurden aus Käfern und Ameisen sprechende Lebewesen, unsere zwanzig Finger bekamen Namen und fremde Gestalten. Höchstwahrscheinlich ist die Welt der Hobbits auf ähnliche Weise entstanden … Das Abschlussritual war das Ausbeuteln der Liegedecke, wobei mich meine Eltern zum nun wirklich endgültigen Abschluss des Picknicks in der Decke hin und herschaukelten und sanft zu Boden fallen ließen.«

Waltraud Berger, Doktorin der Psychologie, fokussierte in ihrem Text auf die Rückkehr der Mode, neue Erfindungen und Reisen nach »der Stunde null«. »1945: Zuerst zu der immer wieder gestellten Frage: ›Habt ihr an den Aufbau geglaubt?‹ Ja! Von der Stunde null an musste es ja wieder aufwärts gehen! Und es ging bergauf! Mühsam – einmal kein Wasser, einmal kein Strom, einmal kein Gas … das alles wurde schon so oft beschrieben; auch das Basteln, Holzsammeln, Tischlern, Stricken, Reparieren usw.

Aber eines Tages erschien wieder eine Zeitung mit Modebildern und es gab wieder ein Kleidungsstück zu kaufen. Meine Freundinnen – alle über 80 – necken mich noch heute damit, dass ich die ersten Nylonstrümpfe hatte! Ein Studienkollege verkaufte sie (natürlich im Schleich) und meine Mutter gab teures Geld für diese Freude! Ich hatte ja lauter viele Male Gestopfte.

1947 heiratete ich und von allen Hochzeitsgeschenken waren die nützlichen wie Handtücher, Geschirrtücher oder Polsterüberzüge die wichtigsten! Zum Teil stammten sie aus nun leider nicht mehr gebrauchten Ausstattungen.

Jeder Vorhang, jede Karniese, jeder Kochtopf war etwas Erfreuliches. Die beste Erfindung für die Hausfrau: die Waschmaschine! Und dann konnten wir einmal nach München fahren und dort erlebten wir etwas ganz Neues: ein Kaufhaus, in dem man die Kleider selbst aussuchen und allein probieren konnte!

1948 konnte man auch die österreichischen Seen und Sommerfrischenorte wieder besuchen, mit Lebensmittelkarten, aber immerhin. Sehr begehrt – aber teuer – der Roller.

Silvia Zenta mit ihren Eltern und dem Steyr-Waffenrad

Modegeschäft Wiener Kärntner Straße 1946

1949 wurde es mit der Mode besser: Es kam der ›New Look‹! Nach all den Jahren sparsamsten Stoffverbrauchs nun plötzlich lange, weite Röcke und Mäntel. 1949 nach der Promotion war ich nicht nur stolz auf die frische Doktorwürde, sondern auch auf den schönen neuen Mantel! (Natürlich von meinem Vater gekauft, mein Mann als Beamter hätte sich das nicht leisten können!)

Den manchmal kritisierten ›Konsumwahn‹ kann man mit der heutigen Einkaufslust nicht vergleichen! Wir hatten ja jahrelang nichts Neues, wir trugen Kleidungsstücke, die zum Teil noch aus der Schulzeit stammten, gewendete Mäntel mit einem Pelzkragerl, von einer alten Tante gestiftet, die einen Fuchs hatte (trug man viel früher umgehängt), die aus dem Krieg Heimgekehrten hatten oft Trachtenjanker, von den Müttern mühsam aus Uniformröcken hergestellt. Wären wir nicht so mager gewesen, nichts hätte uns gepasst!

Welche Freude hatte ich, als ich meinem Mann zu Weihnachten ein Blitzlichtgerät schenken konnte!

1951 gab es schon Reisebürowerbung und – tatsächlich – wir konnten nach Grado – natürlich mit der Bahn – fahren.

1958 wurde endlich im Familienverband ein Auto angeschafft – alle früheren hatte der Krieg verschlungen. Der schicke Fiat konnte nicht oft genug bewundert und fotografiert werden. Aber – es hieß schon aufpassen – es fuhren nun schon viele Autos!

Und dann kam eine großartige Idee: Weil die bombenzerstörten Häuser nicht schnell genug aufgebaut werden konnten, wurde die ›Eigentumswohnung‹ geboren: Man bekam einen Kredit und viele persönliche Opfer waren nötig, aber dann gehörte einem ein Stück von einem Haus. (Später musste vieles nachgebessert werden, aber der Besitz blieb eben doch.)

Alle hatten Arbeit und alle arbeiteten auch.

Die Ehen im gutbürgerlichen Mittelstande hielten, viele goldene Hochzeiten wurden gefeiert. Natürlich gab es auch Probleme, aber wenn man miteinander aufgebaut hatte, warf man nicht gleich alles hin …

Dann kamen die 1960er-Jahre und die Nachgeborenen, die das alles ›schon hundertmal‹ gehört hatten, und viele neue Erfindungen leiteten zu Veränderungen über.«

Ernestine Hauer listete die Gerät- und Errungenschaften fein säuberlich auf, klassisch mit dem Kühlschrank beginnend:

»Den ersten Kühlschrank kauften wir erst 1963.

Staubsauger: kam 1960 ins Haus, es war ein sehr guter leichter Schlittenstaubsauger, Marke ›Famulus‹, funktioniert noch, war mit in Oberösterreich und steht jetzt bei meiner Tochter im Keller.

Telefon: gab's (nach langer Vormerkung 1969 in Wiener Wohnung, ca. 1972 im Haus in Oberösterreich)

Fernseher: erst 1967 einen eigenen; ab 1964 waren meine Mutter und ihr zweiter Mann (unser ›Opa‹) von Mai bis September bei uns im Haus in Oberösterreich, und brachten ihren eigenen Fernseher mit.

Urlaube: Als Kinder verbrachten wir bis 1937 die ganzen Ferien bei Mutters Geschwistern, fallweise in Süd- oder Nordmähren (früher ČSR), das sind meine schönsten Erinnerungen. Ab 1949 mit meiner Tochter oft in Tirol, Steiermark, auch Niederösterreich.

Mit meinem zweiten Mann geschäftlich in Zagreb und in der Schweiz, einmal acht Tage im Mühlviertel. Ich war eigentlich immer vollauf zufrieden, keine Fernreisen wie die späteren Generationen. Hauptsache Natur und die findet man in Österreich überall. In meinem ersten Schullesebuch 1930 stand noch in Blockschrift: ›Hurra, wir haben Schulferien und fahren nach Purkersdorf!‹«

Bei Wilhelmine Hinner und ihrem Mann begann die Anschaffungsspirale, die mit Ratenzahlungen beschleunigt wurde, mit einem Motorrad. »Ab 1948 begann für uns der große Aufschwung! Das Erste, was wir bekamen, war ein Puch-125er-Motorrad. Die Liebe ging so weit, dass wir diese Maschine in die Wohnung schoben, sie vor unserem Bett aufstellten und sie bis zum Einschlafen betrachteten! Gekauft hatten wir sie auf Raten. Zuerst verkauften wir die Fahrräder, welche meine Eltern uns geschenkt hatten. Dieses Geld gaben wir als Anzahlung und den Rest holten wir uns von der Privatbank ›Ava‹. Das Haushaltsbudget hatte ich über. Ich war der Finanzminister. Gott sei Dank überließ mir mein Gatte die Wirtschaftsführung. Er gab mir sein Gehalt, mein Geld kam dazu und die Ausgaben wurden für das ganze Monat eingeteilt. Sogar zum Sparen blieb noch etwas übrig. Taschengeld gab es keines. Das wäre nur Verschwendung gewesen. Wenn wir etwas gebraucht haben, wurde es gemeinschaftlich besorgt. Und da bekam nicht nur einer etwas, was nötig war, sondern jeder bekam etwas. Gekocht habe ich auch, obwohl ich mich nie dafür interessiert hatte. Das Nächste, was wir uns besorgten, war ein neuer Gasherd. Den haben wir bar bezahlt. Es kamen schon sehr viele Artikel auf den Markt und alles wollten wir haben. Aber so schnell schossen die Preußen ja doch nicht. Wir mussten uns in Geduld fassen. Als Nächstes war der sehnlichste Wunsch meines Gatten ein Auto! Vorerst aber wollten wir auch ein Kind. So kam unser Sohn 1952 auf die Welt. Er war für uns die größte Freude. 1955 kauften wir einem uns bekannten Geschäftsmann einen alten Ford Eifel um bare 4.000 Schilling ab. An diesem Wagen funktionierte überhaupt nichts. Die

Bremsen zogen nicht, er verbrauchte mehr Öl als Benzin und hatte keine Heizung. Wir fuhren bergab ohne Benzin, und wenn wir standen, legte ich zu den Rädern einen Ziegelstein. Den hatten wir immer mit. Für alle Fälle. Der Verkehr war um diese Zeit noch sehr schwach.

Wir waren die glücklichsten Leute. Das ganze Leben lag vor uns und es gingen uns auch sehr viele Wünsche in Erfüllung. Wir waren sehr agil und hatten Energie! So war unsere nächste Anschaffung im Jahre 1957 der neue Puch 500.

Wilhelmine Hinner mit Ehemann vor dem neuen Puch 500

Damals waren wir die ersten Käufer von Wien, Herr Prof. Hübl war hier bei uns und interviewte meinen Gatten für die Zeitung.[6] Damals meinte noch Herr Hübl, die nächste Anschaffung werde ein Fernseher sein, der würde dann Benzin sparen helfen! Die Fernsehgeräte waren damals noch recht teuer. So viel Geld hatten wir nicht. Denn auch den Puch mussten wir abbezahlen. Das waren 60 Monatsraten. Anschließend blieben wir ein Jahr lang schuldenfrei. Aber die ganze Zeit über gingen wir zu den Auslagen von Elektrogeschäften schauen, in denen Fernsehgeräte eingeschaltet waren. Meist standen sehr viele Leute vor den Auslagen. Drei Jahre nach dem Puch 500 bekamen wir auch ein TV-Gerät. In der Zwischenzeit bekamen wir auch ein Tonbandgerät. Damit nahmen wir unseren Jungen auf, und wenn er seine Stimme hörte, lachte er jedes Mal so herzlich. Auch bekam ich einmal als Weihnachtsgeschenk eine Zentrifuge statt eines Pelzmantels, aber den bekam ich bald darauf. Er war grau, ein Langhaar vom Schaf. Man sah damit gut aus.

Wieder fünf Jahre später bekamen wir ein neues Auto. Die Firma war im Wiental. Als wir den Wagen abholten, mussten wir in Purkersdorf durch die Unterführung fahren. Es schien uns schwierig, denn der Anglia war bedeutend größer als der Puch. Und wieder war fünf Jahre lang ein Kredit zu bezahlen. Nach diesen Jahren waren wir wieder ein Jahr schuldenfrei. Immer zur Erholung. Dann bekamen wir den Cortina. Das war auch ein schönes großes Auto. Und wieder fünf Jahre Kredit. Auch die vergingen. Als unser Sohn heiratete und eingerückt war, bekam er von uns nicht nur einen Kleinwagen, sondern sogar eine Wohnung. Das letzte Auto war ein Audi 100. Dieses Auto war aus erster Hand, zwei Jahre alt, und wir bezahlten dafür 30.000 Schilling. Das war auch unser letzter Wagen.

Die Jahre, in denen wir so viel erworben haben, waren für uns die allerschönste Zeit. Wir machten Urlaube in Deutschland, Schweiz, Frankreich, Italien, Ungarn und in der CSSR. Auch Jugoslawien und Istrien besuchten wir. Am Beginn hatten wir ein Zelt mit, zuerst ein ausgeborgtes vom Sportverein der Wiener Verkehrsbetriebe, dann hatten wir ein eigenes Zelt. Schön waren Nächte, in denen es stürmte oder wie aus Kannen schüttete. Von Angst keine Spur. Freunde waren meist nebenan mit ihrem Zelt.

Unser Geld war immer gut eingeteilt und ausgegeben. Wir kauften, was wir brauchten, verschwendet haben wir nichts. Und so mach ich es genauso weiter. Zu meinem Sohn und seiner Familie bin ich sehr großzügig. Lebe so, wie andere klagen,

6 Reinald Hübl (1930–2010) war Redakteur der *Kronenzeitung*. Das Interview erschien am 23. November 1957.

es geht mir dabei gut und ich kann mir nebenher noch etwas ersparen. Es ist, als ob das Geld sich bei mir vermehrt. Im Nachhinein gesehen, es war eine ›schöne‹ Zeit. Alles war im Aufbau begriffen, wir hatten Energie, Lebenslust, liebten die Freiheit und hatten Freude am Leben!«

Luise Hanny, Jahrgang 1927, zeigt mit ihren, mit akkuraten Kostenaufstellungen unterstrichenen Erinnerungen »Unser Hausbau«, wie sie und ihr Mann Otto Hanny, trotz noch geringer Einkommen, in den 1960er-Jahren im niederösterreichischen Wolkersdorf ein Haus bauten. »Der Wunsch, unser Vorhaben, unser Entschluss kam in den Jahren 1958/59, ein eigenes Haus zu erwerben oder zu bauen.« In die »Terrain Siedlungsgenossenschaft« wurden monatlich 500 Schilling einbezahlt. »Unsere Beiträge betrugen schon 15.000 Schilling. Dann kam 1959 die große Überraschung und Enttäuschung. Besagte Terrain Genossenschaft ging pleite, hat uns betrogen und die beiden verantwortlichen Herren setzten sich mit dem gesamten Geld in die Schweiz ab. Wir waren damals 1.600 Geschädigte, die um ihr sauer erspartes Geld kamen.«

Vorerst wurde ein Auto angeschafft. »Mein Mann hatte einige Ersparnisse in die Ehe mitgebracht (Heirat 1956), da leisteten wir uns im Jahre 1959 unser erstes Auto, einen VW-Käfer. Wir wollten unbedingt mobil sein, ob auf der Suche nach einem Haus oder Grundstück oder für Fahrten zu meinen Eltern nach Wolkersdorf. Dieser VW machte uns viel Freude, er war ein qualitativ gutes Fahrzeug, mit dem wir 13 Jahre unfallfrei fuhren. Damals war die öffentliche Verbindung, ob mit Bus oder Bahn, noch sehr mangelhaft.« Die Wiener Mietwohnung begünstigte eine hohe Sparquote.

»Wir wohnten damals in Wien-Hernals in einer kleinen Zimmer-Küche-Wohnung, einem Altbau aus der Gründerzeit. Der Mietzins war niedrig, monatlich 60 Schilling. An Heizkosten verbrauchten wir wenig. Die Wohnung war warm, hatte ein dickes Gemäuer und es wurde rundherum brav von den anderen Mietern geheizt. Unser beider Einkommen betrug monatlich etwa 2.000 Schilling. Wir sparten eisern, ich stellte einen wöchentlichen Speiseplan auf, alles was billig war, wurde gekauft. Zum Beispiel bekam man beim nächstgelegenen Fleischerladen um einen Schilling ein Kilo Schweinshaxerln. Mein Mann ging fast jede Woche auf den Brunnenmarkt, da erstand er günstiges Obst und Gemüse. Das Brennholz ließen wir uns von Arbesthal (dem Heimatort meines Mannes) sehr günstig zustellen. Sparen war bei uns das geflügelte Wort, nur um zu einem Haus zu kommen, der Gedanke war ständig im Vordergrund, er schwebte förmlich in unserem Gedächtnis.«

Schließlich konnte in Wolkersdorf, im Wohnort der Eltern, ein Grundstück (16 mal 52 Meter) erworben werden. Im Jahre 1961 wurde der Kaufvertrag in der Notariatskanzlei des ÖVP-Politikers Dr. Withalm in Wolkersdorf unterzeichnet. »Wir waren nun stolze, glückliche Baugrundbesitzer. Das Grundstück war 869 m^2 groß, wir bezahlten auf dem Gemeindeamt einen Grundstückspreis von 25 Schilling per m^2, das waren 21.725 Schilling, unser gesamtes Barkapital. Ab diesen Zeitpunkt waren wir ohne Geld. Trotzdem ging es ans Planen. Wir holten Kostenvoranschläge ein, allein der Preis für den Rohbau war 92.000 Schilling. – Ob wir das jemals schaffen? Wir sparten wie bisher in hohem Maße. Nicht nur beim Haushaltsgeld und meiner Kocherei, besonders auch bei unserer Garderobe, aber wir sparten ja für ein Haus!«

Otto Hanny erlangte als Postbeamter »mit vielen Kursen die höchste Position (ohne Studium)« und eilte nach dem Postdienst zu einer Nebenbeschäftigung in einem Kleinbetrieb. Luise Hanny machte Überstunden in der Fabrik. »Auf diese Weise stieg unser Einkommen ein wenig. Das Haushaltsgeld war sehr knapp bemessen, aber wir waren glücklich, zuversichtlich und nie unzufrieden. Das war 1962. Die erste Ziegellieferung kam, der LKW leerte sie vor das Grundstück. Wir beide trugen sie dann händisch oder per Schubkarren auf die Anhöhe unseres Baugrundstückes. Wir hatten jeden Ziegelstein (es waren die gebrannten) in unseren Händen. Der Baumeister zog nun den Grundriss und wir beide hoben die Grundfestung aus, wir gruben händisch, der Bagger kam uns zu teuer. Für uns war es Schwerarbeit.« Bauherr und Baufrau konnten nur am Wochenende auf der Baustelle sein. »Leider mauerten unsere Maurer sehr nachlässig, die Mörtelfugen waren teilweise durchsichtig, mein Mann war enttäuscht, doch es war nichts mehr zu machen. Vielleicht, weil wir während der Arbeitszeit nicht Nachschau halten konnten. Mit dem Baumeister vereinbarten wir Ratenzahlungen. Wir nahmen einen Bankkredit von 50.000 Schilling bei der Raiffeisenkasse Wolkersdorf auf. An Wochenenden arbeitete mein Mann mit einem Bekannten sehr eifrig, denn was wir selbst tun konnten, kam am billigsten.

Inzwischen war es Herbst geworden, der Rohbau stand. In den Wintermonaten sparten wir etwas mehr, da erhielten wir ja unser Weihnachtsgeld. Unser bescheidenes Leben – keine Vergnügungen, Theater, Ball, Heurigen – war voller Entbehrungen und Verzichten, alles für unser Haus. Im Frühjahr 1963 ging dann die große Plage weiter. Dem Baumeister stotterten wir die Kosten monatlich ab. Eine Betonmischmaschine kauften wir, sie war unser Eigentum. Diese stand vor dem Haus und ratterte unaufhörlich, wenn der Estrich gemacht wurde. Ich schaufelte Zement, Sand und Kalk in die Mischmaschine, Otto fuhr mit der vollen Scheibtruhe über eine provisorische Treppe (Bretter) in das Obergeschoss. Sehr schwere Arbeiten. Manchmal kamen mir vor Müdigkeit die Tränen, Otto lächelte. Sand und Schotter brachten uns die Fuhrwerksunternehmer. Zementsäcke und Kalksäcke holte ich des Öfteren von der Baustoffhandlung. Da war uns der VW-Käfer sehr hilfreich. Den Beifahrersitz

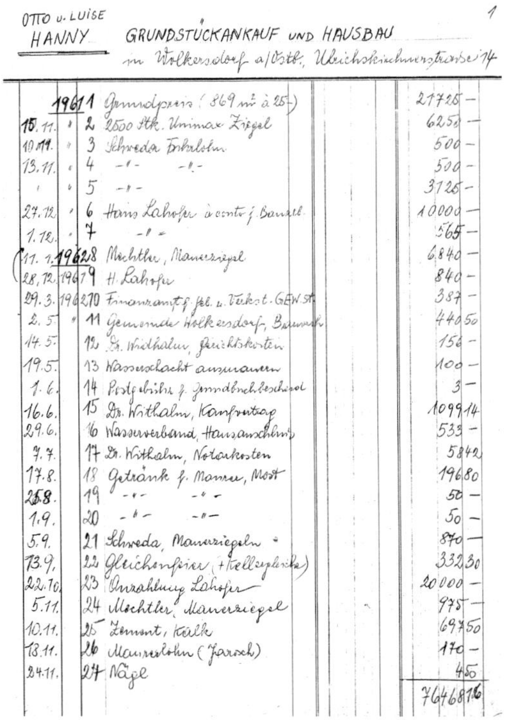

Kostenaufstellung Hausbau (Ausschnitt) von Luise Hanny

herausgenommen, und schon war Platz für zwei oder drei Säcke schweren Baumaterials.

Natürlich gab es Monate, wo wir kein Geld für Baumaterial zur Verfügung hatten, aber wir waren nicht untätig, wir arbeiteten in unserer Anlage, unserem späteren Garten, das war sehr nützlich.

Den Innenverputz machten wir mit zwei Schwarzarbeitern (›Pfuscher‹). Wir beide gaben den Handlanger ab. An Samstagen und Sonntagen haben wir intensiv mitgearbeitet. Gerüst aufstellen, umgerüsten, Mischmaschine betreuen, Mörtelkübel und Scheibtruhe voll mit Mörtel den beiden Maurern handgerecht zuführen. Es war üblich, diese ›Pfuscher‹ auch mit Kost und Getränk zu versorgen. Bier stand kistenweise bereit, Essen, gutes Fleisch, Geselchtes, Wurst, Käse, Butter, Brote usw. Ich tischte den beiden diese guten Esswaren auf, verschwand dann um die Ecke und aß heimlich mein billiges Schmalzbrot, auf diese Weise ersparte ich auch so manches Wirtschaftsgeld. Eine lustige Episode kommt mir in den Sinn, die ich unbedingt anbringen will: Die beiden Maurer standen vor dem Gerüst, mauerten und riefen: ›Der Mörtel ist trocken!‹ Ich verstand das nicht, wo ich doch genügend Wasser in den Betonmischer geschüttet hatte. Die beiden lachten, als sie mich erschreckt und verlegen sahen. Die Maurer wollten schon wieder trinken, Bier und wieder Bier. Mit der Zeit verstand ich die ›Maurersprache‹.«

Ab 1967 – so belegt es die Kostenaufstellung – wurden Einrichtungsgegenstände für das Haus angeschafft, 1968 ein Kühlschrank gekauft, 1969 das Badezimmer eingerichtet, 1970 als letzter großer Posten die Wigeno-Wohnzimmermöbel mit einem Betrag von 33.710 Schilling in die Kostenübersicht aufgenommen. Insgesamt beliefen sich die Gesamtausgaben für Haus und Grundstück bis Ende 1971 auf 495.086,09 Schilling, dazu kamen 100.665,35 Schilling für die Möbel.

Das fertige Haus von Luise und Otto Hanny 1970

Auch Walfrieda Marchl, Jahrgang 1930, und ihrem Mann gelang es, dank eifrigem Sparen ein Haus zu bauen. Die Steirerin war bei der Großmutter aufgewachsen, weil ihre Mutter als »Tagelöhnerin (Putzen, Waschen, Feldarbeit) alles machte«, um die Kinder ohne Vater »durchzubringen«. Frau Marchl und ihr Mann entschieden sich, nicht wie andere auszuwandern. »1949–50 kam die Auswanderung, auch von Obdach waren einige, die nach Kanada oder Amerika auswanderten, 1951 auch ein Cousin von meinem Mann. Mein Mann und ich schauten uns an und fragten, gehen wir auch fort? Beide schüttelten wir den Kopf, nein!

Nachher waren wir froh, in Österreich geblieben zu sein, wir sind beide heimatverbunden.

1952 bis 56 kamen drei Kinder. Ich erzog sie selber, worüber ich heute froh bin. Nebenher schneiderte ich, mein Mann arbeitete bei einer Wiener Rostschutzfirma, war immer auswärts, war Vorarbeiter und verdiente damals besser. Wir sparten, wo es ging, kauften einen Grund billig, nahmen einen Kredit auf und bauten.« 1963 zog die Familie in das Haus mit dem großen Garten ein. »Nur bei Schulanfang gab es immer Engpässe, Schulsachen kaufen, zum Anziehen, Schuhe, Schi usw. Ober uns ist gleich der Schilift, die beiden Buben wollten ja Schifahren, die Liftkarte kostete Geld. Wir mussten auf vieles verzichten. Erst in den 1970er-Jahren ging es bergauf, als Kreisky kam. Schulbücher und -fahrt waren gratis, der jüngere Sohn konnte studieren. Habe vier Enkelkinder, alle sind brav, lernen fleißig, drei gehen noch ins Gymnasium. Habe eine tüchtige Schwiegertochter, auch Magister und Hausfrau. Wir sind alle sehr zufrieden, weil wir die schlechte Zeit auch gespürt haben. Hoffen, dass es so bleibt.«

1946 war der »gute Opapa« von Getrud Jagob an Miliar-TBC, 1949 die Großmutter an Lungen-TBC verstorben. Sie selbst litt an Hauttuberkulose. Dank dem damals seit kurzem verfügbaren Penicillin und der Hilfe der Verwandten, die das lebensnotwendige Eiweiß ans Krankenbett brachten, überlebte sie und wurde ausgeheilt. Zudem stärkte sie ihr Freund und späterer Ehemann zweimal wöchentlich mit heißer Burenwurst, Senf und genug Brot.

»Unser gemeinsames weiteres Leben war von vielen Entbehrungen gekennzeichnet. So kaufte ich nach der Geburt meines ersten Kindes oft nur ein halbes Achtel (!) Butter beim Greißler ein, um für ihn das frisch zubereitete Gemüse machen zu können, und mein Mann bekam als Geldverdiener eine Buttersemmel; ich selbst aß wieder trockenes Brot.

Zu der Zeit, 1955, konnte ich einmal mit meinem Kind nicht an die frische Luft gehen, weil mein letztes Paar Strümpfe zu viele nicht reparable Löcher hatte und für ein Paar neue kein Geld vorhanden war. Es war nicht immer gleich triste im Geldbörsel, doch meistens.

Als wir 1960 als vierköpfige Familie eine schöne Gemeindewohnung zugeteilt bekamen, wollte ich diese wegen der hohen Miete ablehnen. Damals verdiente mein Mann bei der Straßenbahn monatlich 1.100 Schilling. Die Miete betrug 360 Schilling, dazu wieder sämtliche Nebenkosten und Heizung. Eine Dreizimmerwohnung einzurichten und vier Personen zu ernähren, das geht sich nie aus, so hatten wir berechnet. Man redete uns zu, es zu wagen, denn billiger wird es nicht mehr werden, was auch stimmte. Das war die Zeit des billigen Kochens, es musste sättigen und lange anhalten, Fleisch gab's nur zum Wochenende.

Einmal hatte ich ein Gespräch mit einem Mandatar über die Lebenshaltungskosten, wobei ich beklagte, nie auf Urlaub fahren zu können. Ich zählte die ständigen Kosten auf und bemerkte, dass der 13. Gehalt, das so genannte Urlaubsgeld, regelmäßig für Schuheinlagen der Kinder und die passenden Schuhe, für Brillen und Zahnregulierungen herhalten muss. Er meinte darauf, dass es ja auch ein Weihnachtsgeld, also den 14. Gehalt gäbe. Ja, das stimmt, antwortete ich ihm, damit zahle ich den Koks für die ganze Heizsaison, so haben wir auch zu Weihnachten ein warmes Zimmer. Darauf schwieg der gute Mann.

Ein einziges Mal mussten wir Schulden machen und einen Kredit aufnehmen, um Holz für die Einrichtung des Kinderzimmers kaufen zu können. Mein Mann bastelte unsere ganze Möblage in seiner Freizeit selbst, da er als gelernter Zimmermann gut mit Holz umgehen kann. Wie oft hatten wir den Kindern sagen müssen, ›ihr brauchts keinen Almdudler oder ein Fanta, Wasser ist gesünder.‹ Nun, inzwischen ging ich auch längst wieder ins Büro und lernte ständig dazu.

1964 waren wir mit dem kleinsten Auto, das es dazumal gab, auf Urlaub gefahren; mit Zelt und als Selbstverpfleger. Es waren unsere schönsten gemeinsamen Jahre, bescheiden, doch im Bewusstsein des geringen Wohlstandes. Letztendlich hatten wir es geschafft, beiden Kindern ein Studium zu ermöglichen, und darauf sind wir stolz. Wir haben nie aufgehört, Neues anzunehmen und uns weiterzubilden. Unsere Devise für die Kinder war immer: Nicht ihr müsst lernen, ihr *dürft* lernen! Wir sind dankbar für unser sorgenfreies Pensionistenleben und uns dessen wohl bewusst.«

Nach dem »Neubeginn« 1946 (»man nahm, wessen man habhaft werden konnte, vieles aus dem Dorotheum und aus den Tauschzentralen, alles zusammengestoppelt«) scheinen ab 1957 auf der sorgfältig zusammengestellten Liste von Annelies Gorizhan zahlreiche »Neue Errungenschaften« auf. Früh fand sich im Gorizhan'schen Haushalt ein Plattenspieler und Diaprojektor, um die mit dem Fotoapparat Retina 1b gemachten Bilder von den Reisen anzusehen, die ab 1957 auch ins Ausland, häufig in die ursprüngliche kroatische Heimat des Vaters, führten. Der erste Fernsehapparat wurde 1969 angeschafft, 1981 der erste Farbfernseher. Bereits 1981 scheint als elektronisches Gerät ein »Apple« Computer auf, »für Thomas, der die HTL für EDV besuchte«.

Die Wohnungsinfrastruktur wurde permanent verbessert, 1960 das Telefon eingeleitet, der Lift auf Kosten der Mieter repariert. Der 1965 erstandene Meller-Dauerbrandofen wurde durch Nachtspeicheröfen und Gasetagenheizung ersetzt. Die Gegensprechanlage, auch im Wohnzimmer, sorgte für zusätzlichen Komfort.

Großes Augenmerk widmeten die Haushaltsmitglieder der Einrichtung, wie u.a. Ausgabeposten für Vor-, Badezimmer und WC Mitte der 1960er-Jahre, einen »Bücherkasten nach eigenem Entwurf«, eine »neue ›amerikanische‹ Küche« (1975) oder eine neue Sitzgarnitur und Joka-Liege (1979) belegen. Was die zeitliche Abfolge der Anschaffung von Haushaltsgeräten betrifft, scheinen als Errungenschaften zuerst eine elektrische Bodenbürste (1965), dann Staubsauger (1966), Waschmaschine nebst Zentrifuge für Wäsche (1968), gefolgt von einer übertragenen Koffernähmaschine (1978) und einem Geschirrspüler (1979) auf.

Neue Errungenschaften – Wohnung

1957	Badezimmereinrichtung, Fön,	
	Annelies' Fotoapparat Retina 1b	
1958	Plattenspieler	
1960	Annelies' Diaprojektor	
	Telefon (wieder Kontakt mit Hugo und Familie)	
	Lift auf eigene Kosten der Mieter repariert	
1965	Elektrische Bodenbürste	3.102 Schilling
	Meller-Dauerbrandofen	3.857
1966	Staubsauger	2.925
	Badezimmer mit Eternit verfliesen usw.	11.000
	Vor-, Badezimmer und WC	12.430
	Bettbank und Tisch im Wohnzimmer	4.400
	Zimmerteppich	660
1967	drei Zimmer versiegeln lassen	8.000
1968	Schlafzimmer Eltern neu	9.767
	Waschmaschine	3.400
	Zentrifuge für Wäsche	5.137
	Einbaukästen im Vorzimmer	?
1969	Fernsehapparat	
	Nachtspeicherofen, erst 1, dann 2	
1973	Annelies' Bücherkasten nach eigenem Entwurf	
?	Zweitkamera	
1975	neue ›amerikanische‹ Küche	
	neuer Boden in der Küche (Prochaska!)	
1975	Fenster und Türen streichen	
	neuer Fernsehapparat	

ab hier alles von Annelies bezahlt

1978	Koffernähmaschine, übertragen
	Teppich
1979	für Thomas Teleplay s/w
	Geschirrspüler
	neue Sitzgarnitur, Joka-Liege

1980	Gegensprechanlage
1981	Farb-TV + Teleplay Computer »Apple« für Thomas, der die HTL für EDV besuchte
1983	Kästen und Peters Couch von Barbara elektronische Schreibmaschine
1985	Gasetagenheizung der Nebenräume
1986	Türglocke und Gegensprechanlage ins Wohnzimmer leiten lassen
1987	Etagenheizung Wohnzimmer und bei Thomas Thomas verdient nun und kauft TV, HiFi-Turm usw. für sein Zimmer
1988	neue Waschmaschine
1992	Bücherregal im Kabinett Vorhänge, Kleinbildkamera »Olympus« usw. selbstgeknüpfter Teppich, Polster, Eulenbild
1994	Notebook + Drucker
1995	Hometrainer Bild von Elisabeth
1998	Doppelcouch rot-blau Großer TV-Apparat
1999	Tausch PC gegen neues Notebook
2000	Haussanierung – Zins § 18 auf zehn Jahre TV-»Chefsessel«
2002	Thomas' Zimmer neuer Boden = Gästezimmer
2005	Bild von Erni neue Wohnzimmersessel neuer Plattenspieler im »Alt-Look« von Thomas

»Anfang der 1950er-Jahre wurde die Versorgung immer besser«, konstatierte Hildegard Janderka. Aber: »Für mich als junges Mädchen, waren zu dieser Zeit ganz andere Dinge wichtig. Man wollte sich so gerne neue Schuhe oder ein neues Kleid kaufen, aber mein Verdienst als Lehrling war sehr gering. Der Ausweg hieß daher: Einkauf auf Raten. Bei uns in Graz gibt es noch heute das Kaufhaus Kastner & Öhler. Hier konnte man seine Wünsche erfüllen, das sah dann so aus, dass man zweimal im Jahr einkaufte, nämlich im Frühjahr und im Herbst. Sechs Monate lang zahlte man brav seine Raten. Es wurde stets nur das Nötigste gekauft, zu mehr reichte es meistens nicht. Aber meinen Freundinnen ging es ganz ähnlich, wir wuchsen alle sehr bescheiden auf. Unsere Träume lebten wir im Kino aus. Hier wurde uns eine Welt des Luxus vorgegaukelt und zwei Stunden vergaßen wir den Alltag. Allerdings hätten wir nur zu gerne wie die Filmstars ausgesehen. Das modische Fräulein von damals legte besonderen Wert auf ihren stark gestärkten Unterrock, der sich ›Petticoat‹ nannte. Je weiter sich der darüber befindliche Rock bauschte, umso toller fühlte man sich. Außerdem war es sehr schick, im Sommer weiße Handschuhe zu tragen.

Und am Samstagabend, nach einer langen Arbeitswoche, ging es dann ins Pfarrheim, wo man nach den neuesten Platten tanzen konnte. Dafür brauchte man wenig Geld, nur gute Partner zum Tanzen und die fanden wir immer reichlich.

Im Jahre 1956 feierten mein Freund und ich Verlobung. Er besaß damals einen Puch-Roller und für uns gab es nichts Schöneres als eine Ausfahrt mit diesem Gefährt. Die Anzahlung für den Kauf hatte er sich mühsam erspart, der Rest wurde, wie üblich, auf Raten abgestottert. Unser Roller hatte so seine Tücken, kaum hatten wir einen kleineren Berg bezwungen, gab der Motor seinen Geist auf, und mein Verlobter musste die Kerzen putzen. Unter diesen Umständen brauchten wir für eine kurze Strecke schon eine beachtliche Zeit, aber die hatten wir ja. Diese Freiheit auf zwei Rädern bedeutete in der damaligen Zeit sehr viel.

Die Zeit des Wiederaufbaues schritt unaufhörlich voran. Ruinen wurden abgetragen und neue Häuser errichtet. Zum ersten Mal hörten wir von ›Eigentumswohnungen‹. Wir wussten auch, dass man für den Erwerb einer Eigentumswohnung einiges an Bargeld benötigte, das wir leider nicht hatten. Nun ergab es sich aber, dass ein ehemaliger Arbeitskollege uns eine solche in Aussicht stellte, vorausgesetzt, wir könnten einen ›Dringlichkeitsschein‹ der Gemeinde vorweisen. Das Haus wurde mit Mitteln des Wiederaufbaues errichtet und der Besitzer wollte alles in Eigentum vergeben. Wir waren zu jung, um zu erkennen, dass er dies überhaupt nicht durfte, da alle seinerzeit ausgebombten Mieter ein Recht auf eine Wohnung in diesem Haus hatten, ohne dafür etwas bezahlen zu müssen. Mit diesem ›Dringlichkeitsschein‹ wollte man die Behörde austricksen.

Wir wollten halt so gerne eigene vier Wände besitzen, glaubten alles, was man uns erzählte. Am 13. 4. 1957 heirateten wir, zogen in ein Zimmer bei meinen Eltern und beantragten den gewünschten Dringlichkeitsschein. Alles wurde vom zuständigen Beamten auf das Genaueste geprüft und endlich hatten wir das gewünschte Dokument.

Nun mussten wir die nächste und weit größere Hürde nehmen, nämlich die geforderte Summe von 21.000 Schilling für die Zweizimmerwohnung beschaffen.

Mein Mann und ich hatten eine kleinere Summe angespart, aber das reichte natürlich bei Weitem nicht. Meine Eltern hatten keine Ersparnisse und mein Schwiegervater fiel ebenfalls als Geldgeber aus. Nun war guter Rat teuer. Ein Bankkredit wäre für uns viel zu teuer gewesen und so kamen wir auf die Idee, den Chef meines Mannes um ein entsprechendes Darlehen zu bitten. Und er bekam es, zinsenlos noch dazu. Jeden Monat wurden von seinem Gehalt 500 Schilling abgezogen, aber wir wussten, wenn wir ordentlich sparen, wird auch diese Zeit der Rückzahlungen einmal vorbei sein.

Im Jahre 1958 war es so weit, wir bezogen unsere erste eigene Wohnung und waren überglücklich. Endlich allein, jetzt konnten wir tun und lassen, was wir wollten. Mit einem firmeneigenen LKW transportierten wir unsere paar Habseligkeiten und mit dem bisschen Ersparten kauften wir Vorhänge, eine Sitzbank für das Wohnzimmer und einen wunderschönen blauen Teppich. Für eine Kücheneinrichtung reichte es nicht mehr. Aber mein handwerklich sehr geschickter Ehemann nagelte ein paar Bretter zusammen, das war die Anrichte und ein darunter montierter Vorhang verbarg mein spärliches Kochgeschirr. Im Badezimmer gab es keine Wanne, keinen Boiler, nur ein Waschbecken. Die Wände waren nur mit Dispersionsfarbe gestrichen, an eine Verfliesung war gar nicht zu denken.

Über eine lange Zeit besuchten wir wöchentlich das Tröpferlbad am Hauptbahnhof. Erst im darauffolgenden Jahr hatten wir uns das Geld für die Wanne nebst Boiler zusammengespart.

Es ging also aufwärts, bescheiden zwar, aber immerhin hatten wir es zu einer Eigentumswohnung gebracht. Es würde zu weit führen, diese Wohnungsgeschichte im Detail weiter zu erzählen, aber nur so viel, wir hätten sie und das ganze Geld bald verloren, weil der Hausbesitzer zu einem Verkauf überhaupt nicht berechtigt war. Aber zum Glück ging alles noch gut aus.

Zu dieser Zeit war ich bei einer Versicherung als Bürokraft beschäftigt, wir hatten noch keine Kinder und konnten daher diese finanziellen Verpflichtungen eingehen. Jeden Monat legten wir unser beider Gehalt zusammen und nach Abzug aller Kosten, wurde das Restgeld sofort auf ein Konto gegeben und gespart. Das Wirtschaftsgeld kam in vier Sackerln, für jede Woche eines. So lernte ich das sparsame Wirtschaften und ich konnte immer der Versuchung widerstehen, wenn das Wochengeld sehr knapp wurde, etwas aus dem nächsten Sackerl zu nehmen. Der Ratenkauf bei Kastner & Öhler wurde auch eingestellt, denn mein Mann fand, dass, wenn die letzte Rate bezahlt war, man nicht mehr wusste, wofür man sechs Monate bezahlt hatte.

Für mich als junge Frau, die vor vollen Schaufenstern stand, war es sehr schwer, kein übriges Geld für den Kauf der vielen Begehrlichkeiten zu haben. Für meinen

Mann und mich war in unserem monatlichen Haushaltsplan nur ein Taschengeld vorgesehen. Kleidung wurde nur dann angeschafft, wenn es unbedingt notwendig war. Man behalf sich ganz einfach damit, dass man selber zu nähen begann und zwar nach Burda-Schnitten, die einfach und praktikabel waren. Natürlich kaufte ich am Anfang die billigsten Stoffe, damit, sollte es nicht gelingen, nicht zu viel verloren war. Anfangs gab es natürlich einige Schwierigkeiten zu meistern, aber nach und nach wurde es immer besser und voll Stolz präsentierte ich mein Modell Marke ›Eigenbau‹. Ganz neue Stoffe und Fasern kamen auf den Markt. Ich schneiderte Blusen aus Everglace, das war eine Art Noppenstoff, den man nicht mehr bügeln musste. Die Herrenhemden waren aus Nylon, ebenfalls bügelfrei. Man wusch das gute Stück am Abend aus, hängte es über einen Bügel und am nächsten Morgen hatte der Gemahl ein frisches Hemd. Allerdings war dieser Stoff luftundurchlässig, man schwitzte darunter sehr und mit der Zeit wurde das Material grau und unansehnlich.

Die Motorisierung nahm zu diesem Zeitpunkt sehr zu und neidvoll blickten wir den Autos Marke VW-Käfer nach, wenn sie an uns vorbeifuhren. Mein Mann besaß damals eine Maschine der Marke Java. Dieses Fahrzeug mochte ich überhaupt nicht, zu schnell, zu gefährlich und wenn uns unterwegs der Regen erwischte, kamen wir trotz Schutzkleidung pitschnass nach Hause. Als sich unser erstes Kind ankündigte, begann mein Mann mit dem Kauf eines Autos zu liebäugeln. Das erste Hindernis war, dass er seinerzeit aus Kostengründen nur den Führerschein für Motorräder gemacht hatte und nochmals in die Fahrschule gehen musste. Weiters hatten wir wieder einmal zu wenig Bares und mussten unseren hilfreichen Geldgeber um ein weiteres Darlehen bitten. Doch mein Mann wurde von seinem Chef sehr geschätzt und er bekam anstandslos die erforderlichen Mittel. Nach bestandener Prüfung und mit dem entsprechenden Geld in der Tasche, suchten wir den geeigneten Wagen und das war, wie konnte es anders sein, ein blauer VW-Käfer aus zweiter Hand. Endlich konnten wir wetterunabhängig unterwegs sein. Ich war natürlich nur Beifahrerin, für einen Führerschein für mich reichte das Geld nicht. Erst im Alter von 36 Jahren machte ich den Führerschein. Es war damals noch nicht selbstverständlich, dass auch Frauen ein Auto lenkten und die Meinung der Herren über autofahrende Frauen war dementsprechend negativ. Im Jahre 1960 wurde unser erster Sohn geboren. Selbstverständlich blieb ich zu Hause bei meinem Kind. Aber es fehlte nun ein Verdienst, ich bekam anfangs Arbeitslosengeld, das später in ein Karenzgeld umgewandelt wurde. Die Aussteuer für unser Kind war sehr bescheiden. Den Kinderwagen kauften wir aus zweiter Hand. Es gab nur Stoffwindeln, die in einem großen Topf am Küchenherd ausgekocht wurden. Jede Windel wurde gebügelt. Als Oberbekleidung gab es Strampelhosen aus Baumwolle und die Jäckchen und Häubchen strickte man selbst. Auch das Essen für das Kleinkind machte man selbst, erst viel später kamen die Hipp-Gläser auf den Markt. Da Sparen noch immer angesagt war, wurde nur in ganz seltenen Fällen ein Gläschen gekauft.

Zu dieser Zeit fuhren schon viele Leute auf Urlaub nach Italien. Auch wir wollten nur zu gerne ans Meer fahren. Unsere Freunde, die ebenfalls einen zweijährigen Sohn hatten, waren Mitglieder der *Naturfreunde.* Diese Organisation bot die Möglichkeit eines günstigen Aufenthaltes in Lignano. Also wurden wir auch Mitglieder dieses Vereins und buchten einen 14-tägigen Urlaub mit Vollpension. Abfahrt war abends um 21 Uhr, Ankunft frühmorgens in Lignano. Der Autobus war nicht sehr bequem, es gab keine Liegesitze, um sich etwas auszustrecken. Sehr müde und unausgeschlafen bezogen wir unser einfaches Quartier. Aber wir waren noch so jung, erholten uns rasch und der erste Weg führte zum Strand. Welch ein Vergnügen für die Kinder, sie konnten mit ihren Vätern riesige Sandburgen bauen. Abends saßen wir dann vor dem Haus, tranken einen Cinzano, sahen in kurzen Abständen nach unseren Kindern und waren mit der bescheidenen Unterkunft und der Verpflegung mehr als zufrieden.

Mein Mann und ich waren uns einig, dass mit dem nächsten angesparten Geld ein Fernseher gekauft wird. Im Jahr 1963 hielt unser erster Schwarz-Weiß-Fernseher Einzug in unsere Wohnung. In unserem Stockwerk waren wir die ersten Besitzer einer solchen Kostbarkeit. Unsere Nachbarn besuchten uns daher sehr häufig und gemeinsam verfolgten wir das Gebotene, vor allem Theaterübertragungen. Sie brachten stets etwas mit, meist Soletti, oder ein Getränk und in der Vorweihnachtszeit Selbstgebackenes. Das ging über eine lange Zeit, bis, ja bis sich jeder ein eigenes Gerät leisten konnte.

Im Zuge dieser guten wirtschaftlichen Entwicklung wollte sich mein Mann weiterbilden und die Baumeisterprüfung machen. Zwei Jahre musste er abends, wenn er von seiner Arbeit nach Hause kam, lernen. Außerdem musste er einen Vorbereitungskurs in Wien besuchen, sodass er jedes Wochenende von zu Hause weg war. Das war nicht nur für ihn, sondern auch für mich eine harte Zeit. Um seine Programme zu zeichnen, musste er sich einen Tisch unter dem Küchenfenster basteln. Unsere Wohnung war ja nicht sehr groß und nur das Wohnzimmer und die winzige Küche konnten beheizt werden. Im Wohnzimmer spielte sich unser tägliches Leben ab und er konnte dort daher keine Ruhe finden. Seine Skripten hatte er stets bei sich und wenn sich eine kurze Pause in einem Café bot, dann steckte er schnell seinen Kopf in die Unterlagen.

Im November 1964 kam unser zweiter Sohn zur Welt und drei Monate später bestand mein Mann seine Abschlussprüfung. Es war der schönste Tag in meinem Leben, eine lange Durststrecke war zu Ende gegangen und eine große Anstrengung wurde von Erfolg gekrönt.

Dieser Erfolg bedeutete eine große Veränderung in seinem Berufsleben. Er kontrollierte nur mehr seine Baustellen und war die übrige Zeit im Büro. Das Gehalt wurde entsprechend erhöht, sodass wir nun in der Lage waren, uns um eine größere Wohnung umzuschauen. Wir fanden am Stadtrand das Geeignete, drei Zimmer mit Balkon und Zentralheizung. Sie lag im 5. Stock und die Aussicht war grandios, die Stadt und die umliegenden Berge breiteten sich vor uns aus und die Kinder hatten endlich die Möglichkeit, im Freien ausgiebig Rad zu fahren und zu spielen, ohne dass ein Auto sie gefährdet hätte. Das erste Mal konnten wir den Kauf der Wohnung ohne Schulden abwickeln, finanziert aus dem Verkauf unserer ersten Bleibe.

Und zu guter Letzt bauten wir dann noch ein Haus, wie es sich ein Baumeister eben wünscht. Es wurde geplant und jedes Wochenende am Bau gearbeitet, denn ohne Eigenarbeit hätten wir uns die Errichtung nie leisten können. Und wieder gab es Schulden, aber es war ein langfristiges Darlehen durch die Landesregierung und bei Wüstenrot hatten wir einen Bausparvertrag, der fällig wurde. Fünf Jahre dauerte es, bis wir 1976 unser Haus beziehen konnten.«

Die Linzerin Monika Moder listete familiäre und individuelle Errungenschaften auf: »Mein erstes Fahrrad bekam ich 1950 mit elf Jahren, es war ein gebrauchtes Steyr-Waffenrad, für mich aber das schönste Weihnachtsgeschenk meines Lebens. Die ersten neuen Wohnzimmermöbel leisteten sich meine Eltern im Jahr 1956, den ersten Kühlschrank ein Jahr später, alles auf Raten. Mein Vater war Beamter der ÖBB, hatte ein gesichertes, wenn auch bescheidenes Einkommen. Meine Mutter war Hausfrau. Wir waren nicht arm, aber ich glaube, ich bekam wenig mit, wie sehr sie sparen mussten. Was Hygiene betraf, da gab's Seife, Zahnpasta, Zahnbürste, eventuell noch Badesalz, an mehr kann ich mich nicht erinnern. Und diese Dinge bekamen wir von den Amis! Ich hatte das Glück, dass der Bruder meines Vaters in New York lebte und uns regelmäßig Pakete schickte mit Kleidung und Lebensmitteln wie Packerlsuppe, Nesquik-Kakao, Bohnenkaffee, Kuchenmischungen, Schokolade, Kekse, Seife etc. Ich habe bis lange in die 1960er-Jahre die Kleidung meiner Cousine und Tante aufgetragen, sogar meine beiden älteren Söhne bekamen die Kleidung noch von Amerika. Als ich noch zur Schule ging, änderte meine Mutter, die gut schneidern konnte, die Kleider und Mäntel für uns um. Die ersten gekauften Klamotten bekam ich mit 15, da kaufte mir Mama im GÖC-Kaufhaus einen Teddymantel, einen Paletot, einen Faltenrock und einen rosa Pulli. Heut würde kein Teenager mehr so herumrennen. Es gab in der Klosterschule selten Neidereien, da keiner viel hatte. Wir hatten Mitschülerinnen, deren Eltern Geschäftsleute waren, denen ging es am Anfang aber auch nicht besser, da sie oft ausgebombt waren, und erst wieder aufbauen mussten. Auch gingen die Geschäfte nach dem Krieg schleppend, da die Leute kein Geld hatten für Unnötiges. Wir waren in der Hauptschule in einer Klasse 63 (!) Schülerinnen, wurden ziemlich streng gehalten, durften keine Hosen tragen, wenn, dann nur im Winter mit Rock oder Schürze darüber. Ärmellos gab's gar nicht, da mussten immer Jackerln drübergezogen werden.

Die Geschichte mit meiner ersten Jean passierte erst in der Fachschule für Grafik und Textil (HTL). Es war eine gebrauchte, eine neue war damals schwer zu bekommen. Meine war ziemlich abgetragen, so wollte mich Mutter nicht auf die Straße lassen, und so habe ich sie erst in der Schule anziehen können.

Den ersten Italienurlaub gönnten sich meine Eltern um 1955. Sie fuhren mit der Bahn in ein Hotel der ÖBB an der Adria. 1958 durfte ich zum ersten Mal mitfahren, es war für mich ein Erlebnis, am ›Hausmeisterstrand‹ in Igea Marina und ein Jahr später in Bellaria zu sein.

Um 1955 kamen auch die ersten Marken-Kosmetika auf den Markt, ich erinnere mich an die Marke Tokalon, die in meiner Familie verwendet wurde, Lux-Seife war auch so ein Produkt, diverse Duftnoten wie ›4711‹ oder ›Chat Noir‹ waren beliebt. Das erste Make-up wurde mit einem feuchten Schwämmchen aufgetragen, Helena Rubinstein und Elizabeth Arden wurden Begriffe. Die Nylonstrümpfe wurden billiger, und waren endlich ohne Naht. Ich kann mich an Strumpfbandleiberln und später -gürtel erinnern, scheußlich! Die ersten halbwegs eleganten Schuhe bekam ich zur Firmung 1952! Vorher ließ mein Vater mir feste Schuhe immer beim Schuster machen, Sommersandalen wurden gekauft.«

»Der Erwerb eines bestehenden Friseurgeschäftes in der Böhmgasse in Waidhofen im Jänner 1953 war für meine Eltern der erste Schritt in eine bessere Zeit«, erinnerte sich Günter Antony. »Der Betrieb florierte so gut, dass sie sich bereits im Jahr dar-

Vater und Sohn Antony zu Ostern 1955 am Gardasee

auf einen kleinen Gebrauchtwagen, es war ein Renault 4CV, leisten konnten. Für die erste Ausfahrt musste noch ein Chauffeur aufgenommen werden, denn mein Vater war bei der ersten Prüfung für den B-Führerschein wegen einer ›Fangfrage‹ durchgefallen, obwohl er im Krieg drei Jahre lang ein Fahrzeug gelenkt hatte. Im Frühjahr 1955 ging für meine Eltern ein lange gehegter Wunsch in Erfüllung. Sie machten zum ersten Mal Urlaub und wir fuhren mit dem Auto und einem kleinen Zelt nach Italien. An der Riviera erfuhren wir die erfreuliche Nachricht, dass Österreich einen Staatsvertrag und somit die Freiheit bekommen wird.«

Die Eltern von Karl Schmutz im Bezirk Gmünd konnten sich der besseren Zeiten nicht lange erfreuen: »Um die Mitte der 1950er-Jahre erhielten wir dann den Strom von der NEWAG. Einen Wasserleitungsanschluss an das öffentliche Netz bekam unsere Keusche erst Jahre später. In diesem Zeitraum erfreuten wir uns auch unseres ersten Radios, es war ein altersschwacher Volksempfänger (Deutscher Kleinempfänger). Dieses Gerät brachte einmal ein alter Wiener Bekannter meines Vaters mit, der sich ein neues Radio angeschafft hatte. Der Volksempfänger wurde dann höflichkeitshalber von den Eltern in Waldviertler Naturalien abgegolten. Ein Fernsehgerät kam erst viel später in unser Haus, kurz vor dem Jahre 1970.

Meinen Eltern ging es finanziell erst etwas besser, als sie – abgerackert und ausgemergelt, wie sie waren – krankheits- und altersbedingt die Kleinlandwirtschaft aufgeben mussten und in den Jahren 1960/61 zufällig eine gemeinsame Heimarbeiterbeschäftigung fanden. Da war es aber für beide schon zu spät, um noch große Sprünge – wie man so schön sagt – zu machen. Mein Vater wurde immer gebrechlicher und Mutter ging etliche Jahre später an einem Krebsleiden elendiglich zugrunde. Diese Aufzeichnung soll auch einen nachträglichen Dank an meine Eltern – für das, was sie für mich geleistet und sich für mich vom eigenen Leib abgespart haben – darstellen.«

Neben dem Quargelsturz lag die Mehlspeise, das Sauerkrautfass neben der Schmierseife.

Vom Greißler bis zum Supermarkt

Ein wichtiger Ort des Konsums, wenn auch keinesfalls der einzige, ist das Geschäft. Lange Jahre nach dem großen »Greißlersterben« dominieren in der Erinnerung nach wie vor die Greißler (im Osten Österreichs) und die Krämer. Als Orte der Kommunikation, der Zwischenfinanzierung dank dem »Aufschreiben«, der Kühlung dank ihrer Eiskästen sowie als Orte der Verwaltung und Verteilung in den langen Jahren der Warenrationierung wurden sie zu vorrangigen Erinnerungsorten.

Greißlerei Jedelsky vor 1956

Aber auch die älteren Erzähler/innen haben in ihren Erinnerungstexten den Wandel zum weitgehend von menschlicher Bedienung und Kommunikation freien Supermarkt mitvollzogen und blicken ob des bescheidenen früheren Warenangebotes und der aufwendigen Logistik des »Abfüllens bzw. Abzählens oder Einfüllens in Papiersäcke, recht oft in selbst mitgebrachte Leinensäckle oder Flaschen«, wie der Montafoner Hans Kasper einen von sechs Schritten am Weg zur Bezahlung an der Ladenkasse beschrieb, keinesfalls immer nostalgisch zurück. Dennoch halten einige dezidiert fest, dass sie keine »Shopper« geworden sind, das Einkaufen nicht als Freizeitbeschäftigung oder Mittel zur Selbstverwirklichung sehen. »Inzwischen bin über 90 Jahre alt geworden und geh noch immer selbst einkaufen, aber das ›Shoppen‹ habe ich nicht gelernt. Das ›Shoppen‹ scheint mir eine Art von ›Ich beschenke mich selbst, damit irgendwer nett zu mir ist‹ zu sein, eine Art von Konsumieren, das man eher bei jüngeren Menschen sehen kann, aber nicht nur. So ein unkritisches ›Sich-selbst-Beschenken‹ hatte für mich niemals Bedeutung. Es ist schön, dass ich habe, was ich brauche, und ich bin froh, dass ich das, was ich habe, auch verwende«, reflektierte die Kärntnerin Erika Schöffauer.

Am Land brachten manchmal auch die Männer mit dem Rucksack die »Monatsfassung« vom örtlichen Laden heim, wie bei der steirischen Familie von Herta Grillitsch, die dann ein seltenes Stück *Braunschweiger* bekam und manchmal »eine Rippe Schokolade zu fünf Groschen«. Oft gingen die Kinder einkaufen, wie der Tiroler Rupert Erharter, der nach der Schule beim Dorfkrämer das wenige, das gekauft wurde, besorgte und zum Bergbauernhof mitschleppte. Bar bezahlt wurden nur die Rauchwaren des Vaters. In der Stadt suchten die Hausfrauen und Kinder die omnipräsenten Läden der Milchfrau und der Greißler/innen, ebenfalls häufig Frauen, mit Milchkanne, geflochtenen Korbtaschen oder Einkaufsnetz täglich auf. »In homöopathisch kleinen Mengen« konnte die Hausfrau einkaufen, hielt Silvia Zenta fest. »Die Hausfrauen brachten auch oft ihr ›Sonntagsfleisch‹ zu ihrem Kaufmann, um es dort bis zum Sonntagvormittag aufzubewahren«, erzählte Ina Biechl von Serviceleistungen im Geschäft von Großmutter und Mutter. Das Dienstleistungsdenken, die zuvorkommende Bedienung, war ob der Dichte des Angebots und der Konkurrenz um die Ecke essenziell. Über 120.000 selbständige Händler/innen erfasste die gewerbliche Betriebszählung 1930 in Österreich, überwiegend kleine Handelsgeschäfte, die oft als Anker in der Krise dienen sollten.

Auch die Gasthäuser, in früheren Jahrzehnten in Stadt und Land weitaus präsenter, wurden vielfach als Orte des Einkaufs erinnert. Meist wurde der Nachwuchs mit dem Krügel oder der Kanne ins Wirtshaus geschickt, um das Familienoberhaupt am Tag des Herrn mit einem frisch gezapften Bier zu erfreuen.

Paul Holzapfel, Das kleine Beisl, 1990.

Vom Essen im Gasthaus oder Restaurant ist nicht die Rede. Beim »obligatorischen Spaziergang zur Gloriette, natürlich sonntäglich gekleidet (man traf ja Gott und die Welt)« gab es für Ilse Wolfbeisser von Zeit zu Zeit in der »Meierei« im Hetzendorfer Kasino »eines der seltenen Kracherl«, für die Eltern ein Bier, gegessen wurde nichts.

Auch mobile Formen des Einzelhandels werden erinnert. Hausierer wie der »Billige Jakob«, die in Tirol von Haus zu Haus gingen, oder der Waldviertler Bäcker, der mit Fahrrad und Buckelkorb seine Semmeln an die Frau bringen wollte. Oder der Radentheiner Radiohändler, der seine Radios in den Rucksack packte, auf die Höfe wanderte und die Bauern probehören ließ. Das Grazer Warenhaus Kastner & Öhler wird erwähnt, das im deutschen Sprachraum als erstes Handelsunternehmen Kataloge verschickte und das Versandgeschäft betrieb.

Franz Halmer erinnerte sich, dass zusätzlich zum Kaufmann in der Gemeinde »alle 14 Tage von St. Pölten ein Lastwagen (das war das einzige Auto, das gefahren ist) von Kientzel gekommen ist. Der hat das gebracht, was die Leute gebraucht haben.« Von Zustellservice, Bestellung im Modekatalog per Computer und Smartphone erzählte die Wienerin Otti Neumeier Mitte der 2010er Jahre, weil ihr Grätzel rund um die Burggasse im Gegensatz zu früher »jeglicher Nahversorgung« entbehrte.

Viele Texte lesen sich wie eine Chronik des Verschwindens von einstigen, dicht besetzten Geschäftslandschaften. Ilse Wolfbeisser nimmt uns auf einen »erzählerischen Einkaufsbummel« in Wien-Hetzendorf mit, der längst nicht mehr möglich wäre. Hans Kasper erwähnt das »Kon-

sumbüchle«, mit dem Konsum-Mitglieder zum Jahresende eine dreiprozentige Rückvergütung erhielten. Genossenschaftliche Konsum-Märkte als einstige Pioniere der Selbstbedienung und Kaufhäuser der GÖC, der »Großeinkaufsgesellschaft österreichischer Consumvereine«, erstehen als Orte des Einkaufs auf, lange nach der Insolvenz von Konsum Österreich im Jahr 1995. Hermann Greller listete die 21 Namen von Geschäften auf, die 1955 die Wiener Siedlung Friedensstadt versorgten. Fünfzig Jahre später waren es noch drei. Österreichweit verzeichnete das Marktforschungsunternehmen Nielsen für die Mitte der 2010er-Jahre 5508 Geschäfte des Lebensmitteleinzelhandels, davon 1128 Geschäfte mit einer Verkaufsfläche von weniger als 250 Quadratmeter. Diese »kleinen« Lebensmittelhändler erzielten aber nur 3,5 Prozent des gesamten Umsatzes der Branche.

Die Julius Meinl AG, die in den Texten des Öfteren erwähnt wird, war jahrzehntelang die bedeutendste Handelskette Österreichs.

»Womit kann ich dienen?« – die Julius Meinl AG als Handelskette

Der aus Nordböhmen kommende Julius Meinl eröffnete 1862 in Wien ein Geschäft. Die Verkaufsidee, den Kaffee in bereits geröstetem Zustand anzubieten, beschleunigte den Aufschwung ab 1879. Julius Meinl II. baute das »Haus Meinl« zum größten Handelskonzern der Monarchie aus. Nach dem Ersten Weltkrieg erweiterte Julius Meinl, seit 1919 in Form einer Aktiengesellschaft, Filialnetz und Spektrum der Eigenerzeugnisse in Österreich und gründete Tochterunternehmen in den Nachfolgestaaten. Die Julius Meinl AG war ein Pionier der Werbung. Das Meinl-Werbeatelier unter Otto Exinger arbeitete mit führenden Werbegrafikern wie Joseph Binder zusammen. Er schuf 1924 den »Meinl-Mohren«, der Exotismus transportieren sollte und ab den 1990er-Jahren in das Visier der Rassismus-Kritik geriet. Inserate, Plakate und ein Reklamewagen, der bei der Eröffnung der Großglocknerstraße oder einem Länderspiel des Fußball-Wunderteams Kaffee ausschenkte, garantierten mediale Präsenz. Ein frühes Konzept von Corporate Identity machte die Filialen ebenso wie die ausgewählte Höflichkeit der gut geschulten Beschäftigten (»Womit kann ich dienen?«) unverwechselbar.

1937 war die Meinl AG in acht Staaten tätig, verfügte über 493 Filialen und beschäftigte über 3000 Mitarbeiter/innen, etwa die Hälfte davon in Österreich. Nach dem März 1938 machte das Unternehmen den Leiter des Berliner Tochterunternehmens als NSDAP-Mitglied zum »Betriebsführer«. Julius Meinl III., Firmen-Vizepräsident, flüchtete 1939 mit seiner jüdischen Gattin in das englische Exil und engagierte sich dort für ein freies Österreich. Sein Vater, der pro forma einen Adoptivsohn zum Erben bestimmte, blieb Aufsichtsratspräsident der Julius Meinl AG, die während des Krieges gute Geschäfte machte. Julius Meinl III. kehrte 1948 zurück und blickte als sozialer Firmenpatriarch mit Stolz auf die hohe Zahl von Beschäftigten, die ihre gesamte Berufslaufbahn, beginnend mit der Lehre in der Meinl-Berufsschule mit Öffentlichkeitsrecht, im Unternehmen verbrachten. In Österreich blieb die Julius Meinl AG bis Ende der 1960er-Jahre die bedeutendste Handelskette. 1950 war das heutige Feinkost-Flaggschiff »Meinl am Graben« eröffnet worden, 1972 der »PamPam«-Markt als erster großer Meinl-Verbrauchermarkt. Sinkende Umsätze und Renditen führten 1998 zum Verkauf des Meinl-Filialnetzes an den Billa-Konzern, den seinerseits zwei Jahre davor das deutsche Handelsunternehmen Rewe von Firmengründer Karl Wlaschek erworben hatte. 2018 war die Julius Meinl Industrieholding GmbH in über 70 Ländern tätig und beschäftigte weltweit mehr als 650 Mitarbeiter. Sie hat sich auf das Geschäft mit Kaffee, Tee und Marmeladen spezialisiert, wobei Kaffee das Hauptgeschäft ausmacht.

Der viel beforschte POS, der Point of Sale, der Ort des Verkaufs, war meist auch ein Ort der Verführung. Begehrtes Ziel für die einkaufenden Kinder war, so die Erinnerungen, vor allem Schokolade. Erika Schöffauer war lange standhaft geblieben, bevor sie der Versuchung in der rosa Verpackung doch nachgab. »Nach dem Großeinkauf bekamen wir noch jeder eine Bensdorp-Schokolade«, erinnerte sich Wilhelmine Hinner. Manner und Bensdorp sind die von den Kindern von damals meist genannten süßen Marken. Firmengründer Joseph Manner hatte 1890 in Wien mit der Herstellung von Schokolade begonnen und 1898 die bis in die Gegenwart omnipräsente Neapolitanerschnitte in der rosa Zehnerpackung mit dem Stephansdom kreiert. Das holländische Unternehmen Bensdorp, dessen Name im 20. Jahrhundert wie nur wenige große Firmennamen zur Bezeichnung des Produktes selbst wurde, hatte 1907 in der Donaumonarchie eine Niederlassung gegründet.

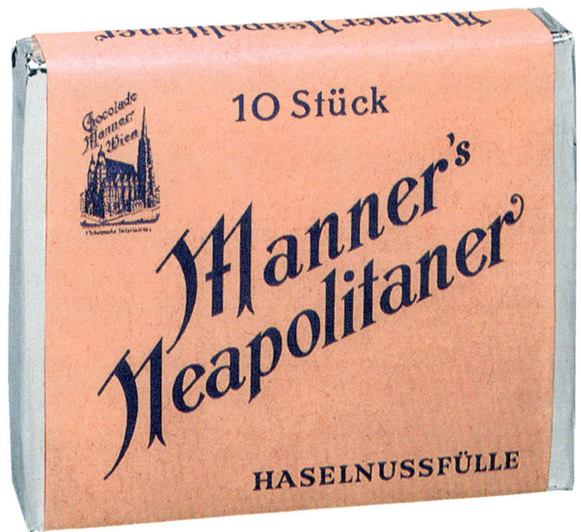

Manner Neapolitaner-Schnitte 1949
Foto: Manner

Geschichten von Geschäften und anderen Orten des Einkaufs

Ab Mitte der 1930er-Jahre lebte Erika Schöffauer bei ihrem Vater, dessen zweiter Frau und zwei Brüdern in Klagenfurt. Der Vater bestritt seinen Lebensunterhalt mit der Dressur von Hunden. »Nun waren wir plötzlich eine fünfköpfige Familie. Im Jahre 1936 bei der schlechten Wirtschaftslage war das keine Kleinigkeit, eher eine Katastrophe. Leider gab es zu dieser Zeit nicht mehr so viele Hunde zur Dressur, weil den Hundebesitzern das Geld fehlte und auch die staatlichen Stellen schränkten die Hundeausbildung ein. Dadurch hatten wir weniger Geld. Der Kampf ums tägliche Brot begann wieder. Süßigkeiten für uns Kinder gab es so gut wie nie. Es war daher kein Wunder, dass ich mir eines Tages unerlaubt eine kleine Tafel Schokolade kaufte. Eine Geschichte, die ich nie vergessen werde: Ich musste bei einem Fleischhauer in der Rosentalerstraße ein- oder zweimal wöchentlich Hundefutter holen. Dorthin ging ich ungefähr eine dreiviertel Stunde. Für das Hundefutter bekam ich 60 Groschen mit. Mein Weg führte mich an einem Lebensmittelgeschäft vorbei, in dessen Auslage unter anderen Waren auch Schokolade lag. Eine kleine Tafel in rosarotem Papier mit blauer Schrift ›Manner-Schokolade‹. Der Preis: 25 Groschen. Jedes Mal, wenn ich dort vorbeikam, stieg ich die zwei Stufen hinauf, schaute in die Auslage und jedes Mal rann mir bei diesem Anblick das Wasser im Mund zusammen, und doch ging ich immer wieder vorbei.

Eines Tages konnte ich aber nicht mehr widerstehen. Ich ging in das Geschäft und kaufte mir die Schokolade. Sie schmeckte wunderbar. Aber nun hatte ich nicht mehr das ganze Geld für das Hundefutter, daher bekam ich auch weniger. Als ich heimkam, log ich. Ich sagte, dass mir der Fleischhauer weniger Hundefutter gegeben hätte. Aber das glaubte mir mein Vater nicht. Also beichtete ich. An diesem Tag bekam ich von meinem Vater das erste und auch das letzte Mal Schläge, und zwar mit einer Rute. Mein Vater begründete dies so: Er habe mich nicht deshalb geschlagen, weil ich mir die Schokolade gekauft, sondern weil ich ihn angelogen hätte. Ihm war dabei sicher nicht wohl zumute, denn er war ein herzensguter Mensch, der mir gerne mehr Schokolade gekauft hätte, wenn es möglich gewesen wäre. In der damaligen schweren Zeit war jeder Groschen eingeteilt, und bei den Hunden durfte nicht gespart werden, sie bildeten unsere Existenzgrundlage.«

Erika Schöffauer erinnerte sich auch an den Mann ihrer Tante Marie, Angelo Tomasi, der eine »besondere Art von Handel« betrieb: »Er hatte in Radenthein ein kleines Geschäft, wo es vom Radioapparat über Fahrräder, Nähmaschinen, diverse Ersatzteile und dergleichen alles zu kaufen gab, was sonst nirgends zu haben war. Für den Verkauf von Radios hatte er folgende Methode entwickelt. An einem Samstag oder Sonntag, wenn sein Geschäft zugesperrt war, packte er ein Radio in seinen großen Rucksack und machte sich auf den Weg. Er besuchte die Bauern hoch oben am Berg rund um Radenthein, führte ihnen das Gerät vor und ließ es einige Zeit bei ihnen ›zum Ausprobieren‹. Nach einer Weile kam er wieder, in der Hoffnung, dass sein Radio gekauft würde. Wenn das nicht der Fall war, ging er damit vielleicht noch zu einem anderen Bauern oder trug den vollen Rucksack wieder zurück in sein Geschäft. Einmal, daran erinnere ich mich noch gut, kam er schlecht gelaunt nach Hause und erzählte, dass ein Bauer, der schon vor längerer Zeit ein Radio angezahlt hatte, das restliche Geld wieder nicht zahlen konnte, worüber er verärgert war. Die Bäuerin meinte darauf: ›Geduld, Herr Tomasi, Geduld bringt Rosen …‹, und er erwiderte: ›… aber mit der Zeit zerrissene Hosen, Frau Maier!‹«

An die Verkaufsbemühungen eines mobilen und findigen Waldviertler Bäckers Anfang der 1930er-Jahre erinnerte sich Maria Medla: »Mutter saß beim Fenster an der Strickmaschine und strickte. Da kam der Bäcker von Haugschlag, einen Buckelkorb am Rücken, mit dem Rad. Er wollte uns Semmeln verkaufen. Mutter sagte, sie habe kein Geld. Er ging und ging nicht. Fast bat er, sie soll ihm Semmeln abkaufen. ›Ich hole mir nächste Woche das Geld.‹ – ›Da soll ich dann wieder Semmeln kaufen.‹ Mit lauter Handeln nahm er Eier für die Semmeln. Meine Schwester und ich bekamen je eine halbe Semmel. ›Von der anderen muss ich eine Mahlzeit machen.‹ Eine Woche später verriegelte die Mutter die Haustür beizeiten, weil der Bäcker versprach, er schaue wieder vorbei. Das wollte Mutter nicht.«

Auch der Tiroler Sebastian Haselsberger erinnert sich neben dem dörflichen Krämerladen an mobile Händler. »Im Ort gab es einen Krämerladen – die Besitzerin wurde nur die Neukrämer-Lisl genannt. Bei der guten Frau wurde auch angeschrieben. Da sie mich gerne mochte, durfte ich auch. Gut kann ich mich an die ›Groschenguatl‹ erinnern. Diese Zuckerl, wohl aus Zucker, Farbstoff und Aromen, die wurden ins Papiersackerl gezählt, 10 Stück = 10 Groschen, ich bekam meist ein paar mehr. Beim Neukrämer gab es auch so steife Marmelade – rot, kaum streichfähig. Man schnitt sie mit dem Messer scheibchenweise (wie Leberkäs) sie hatte auch eine solche Form – wie ein Butterstollen oder Kuchen in Kastenform.

Nach dem Krieg kam etwa alle Halbjahr der ›Billige Jakob‹, ein einarmiger Händler, welcher mit großem Rucksack von Haus zu Haus ging. Außer Stoffe hatte er auch Kämme, Gummibänder, Kopftücher und vieles andere mehr. Auch bei uns Kleinhäuslern machte er Station. Mutter kaufte auch meist etwas.«

Hans Kasper, von klein auf für die Beschaffung zuständig, stellte einen Vergleich zwischen Einst und Jetzt an. »Einkaufen war zur damaligen Zeit gar nicht so einfach, und vor allem oft recht zeitraubend. Personen, welche unter Zeitdruck standen, brauchten manchmal gute Nerven. Schließlich waren bei jedem Produkt bis zur Bezahlung etwa sechs Arbeitsgänge erforderlich:

1. Abfüllen bzw. Abzählen oder Einfüllen in Papiersäcke, recht oft in selbst mitgebrachte Leinensäckle oder Flaschen,
2. zum Abwiegen auf die alte Waage am Ladentisch,
3. Nachfüllen oder Entnehmen, um die gewünschte Menge in etwa zu erreichen,
4. Gewicht bzw. Liter oder Stück sowie den Einzelpreis im ›Büchle‹ eintragen,
5. Menge mit dem Preis multiplizieren,
6. alle Positionen addieren und dann kassieren.

In großen und kleineren Truhen standen die Hauptnahrungsmittel wie Mehl, Zucker, Grieß, Mais oder Salz möglichst in der Nähe der Waage. Gegenüber der heutigen Zeit war die Entscheidung beim Brotkauf recht leicht. Weißbrot, Roggenbrot, Brötle und Semmel waren im Angebot. Verständlich, denn großteils wurde das Brot daheim im Kachelofen gebacken und das erforderliche Mehl etwas preisgünstiger in Säcken zu 50 Kilogramm gekauft. Durchschnittlich wurden etwa fünf bis acht Laibe gebacken, welche dann einige Wochen ausreichen mussten. Kartoffeln kaufte man nur in den seltensten Fällen, und zwar im späten Frühjahr, wenn das letzte Kilogramm der selbst eingelagerten Erdäpfel dringend für die neue Saat verwendet werden mussten. Bezahlt wurde bar, es gab jedoch auch die Möglichkeit monatlich abzurechnen. Diese Zahlungsart war besonders für Eltern angenehm, denn oft mussten eben die Kinder zum Einkaufen, und da hatten manche Erwachsene Angst, den Kleinen Geld mitzugeben.

Das ›Konsumbüchle‹ und später auch die Kassazettel der Registrierkassen wurden gut aufbewahrt, denn zum Jahresende erhielten Konsum-Mitglieder eine dreiprozentige Rückvergütung. Recht gefährlich war das langfristige Schuldenmachen. Es gab ja Geschäftsleute, da konnten vor allem Haus- und Grundbesitzer jahrelang auf ›Pump‹ einkaufen. Urplötzlich wurde von den Geschäftsleuten die angesammelte Schuldensumme zur Zahlung fällig, doch die Schuldner hatten kein Geld. So wurde schonungslos auf Wiesen oder Waldflächen zurückgegriffen, ja leider kamen oft Haus und Hof zur Versteigerung.«

Nach dem Krieg und dem Ende der Bewirtschaftung hielt Hans Kasper umfassende Veränderungen in den Geschäften fest: »Gottlob, ab dieser Zeit ging es, wenn auch langsam, besseren Zeiten zu. Das Warenangebot wurde laufend erweitert und so machte das Einkaufen doch wieder ein wenig Spaß. Auch die Geschäfte reagierten ab Mitte der Sechzigerjahre auf den immer stärker werdenden Bedarf der Kunden. So standen die wichtigsten Nahrungsmittel wie Mehl, Grieß, Zucker oder Kaffee bereits abgepackt und mit Gewicht versehen in den Regalen. Zum Teil konnte man sich schon selbst bedienen. Auch ein nachträgliches Abwiegen entfiel bei recht vielen Produkten.

Das altbewährte Konsumbüchle wurde in Etappen von den Registrierkassen abgelöst. Einige Jahre später folgte die Selbstbedienung. Man war mit dem Einkaufskorb, bald danach auch mit dem Einkaufswagen im jeweiligen Geschäft ›unterwegs‹ und konnte sich die gewünschten Artikel – welche inzwischen bereits einen Preisaufkleber hatten – selbst von den Regalen nehmen. Von den eingekauften Produkten wurden die Preise in die teilweise schon elektronischen Kassen eingetippt und in kürzester Zeit konnte man vom ausgedruckten Kassenzettel den zu zahlenden Betrag ablesen. Ab diesem Zeitpunkt erübrigte sich das altbewährte ›Büchle‹, jedoch mussten diese Kassenzettel für die Jahresrückvergütung gesammelt werden. Jeder Kunde freute sich am Jahresende auf dieses Geld und erfüllte sich damit recht oft einen besonderen Einkaufswunsch.« Dank Strichcodes und Scannerkassen gehörten die langen Wartezeiten großteils der Vergangenheit an. »Das Einkaufsverhalten hat sich in letzten 50 Jahren gewaltig verändert. So wurde damals vor einem Einkauf genau geprüft, was wirklich dringend benötigt wird. Heute verhält es sich teilweise beinahe umgekehrt. Shopping bzw. Shoppen heißt das Wort für den neuzeitlichen Einkauf. Man legt sich auf kein Produkt fest und kauft, wenn ein Artikel ins Auge sticht.«

Auch die Familie von Silvia Zenta freute sich auf die Rückvergütung am Jahresende in dem vom Krieg noch sehr gezeichneten Knittelfeld (»der Hauptplatz glich einem von Karies zerfressenen Gebiss«). »Große Kaufhausketten oder gar Einkaufszentren gab es nicht. Die Hausfrau ging eben je nach Einkaufsliste der Reihe nach ins Milchgeschäft, zum Bäcker, Fleischhauer, zur Gemüsehändlerin. Da diese tägliche zeitraubende Rennerei und Schlepperei nicht unbedingt nur Freude bereitete, war es eine große Erleichterung, als Konsum und GÖC ihre Filialen eröffneten. Nicht nur das nun ›überwältigende‹ Warenangebot lockte, sondern auch der in Aussicht gestellte Gewinn durch die Prozente-Abrechnung. So sammelte meine Mama eifrig während des ganzen Jahres jeden Kassabon und am Jahresende legte sie diese in ein eigens dafür zur Verfügung gestelltes Papiersackerl, trug den Rechnungsbetrag darauf ein, rechnete die elendslangen Zahlenkolonnen zusammen und gab das Ganze in ›ihrer‹ Filiale ab.«

Auch in der zweiten Nachkriegszeit wurden Fahrten mit öffentlichen Verkehrsmitteln in manchen Familien noch als Luxusgut eingespart, nicht zum ungeteilten Vergnügen von Agnes Grandjean aus Kaltenleutgeben. »Meine Kindheitserinnerungen an das Konsumieren der Dinge des täglichen Gebrauchs waren sehr mit ›Last‹, aber auch ein wenig mit ›Lust‹ verbunden. 1940 geboren, wuchs ich am elterlichen Bauernhof in Kaltenleutgeben auf. Wir waren zum größten Teil Selbstversorger, aber Zucker, Salz, Gewürze, Seife, Soda und Petroleum mussten beim Kaufmann im Ort besorgt werden. Petroleum deshalb, weil wir nicht an das öffentliche Stromnetz angeschlossen waren. Petroleumlampen sorgten im Haus und Karbidlampen im Stall bei Einbruch der Dunkelheit für Licht. Ab meinem achten Lebensjahr musste ich diese Einkäufe einmal in der Woche erledigen und zwar zu Fuß, das waren eine Stunde für den Hin- und eine Stunde für den Rückweg. Der Autobus hätte 50 Groschen gekostet, aber egal bei welchem Wetter, mein Vater erlaubte mir aus Spargründen nicht, ihn zu benützen, weder auf dem Schulweg noch für den Weg zum Lebensmittelhändler. Der Hinweg war ein Spaziergang für mich, aber der Rückweg mit der Last von zwei vollen Einkaufstaschen und manchmal noch zusätzlich mit einer Fünfliterkanne Petroleum war schon sehr beschwerlich. Diese Einkäufe notierte Herr Pich, unser Kaufmann, in einem Heft und einmal im Monat fuhr mein Vater mit der Pferdekutsche ins Dorf und bezahlte die Rechnungen. Diesem Zahltag sah ich immer mit Angst entgegen und das hatte mit meiner Einkaufslust zu tun. Ich bekam nie Süßigkeiten und so konnte ich bei meinen Einkaufstouren nicht widerstehen, etwas für mich zu kaufen. Das waren entweder eine Tafel Milka-Schokolade, ein Sackerl Krachmandeln oder ein Salzstangerl mit einer Salzgurke. Auf dem Heimweg setzte ich mich an den Wiesenrand und verspeiste diese ›verbotenen Früchte‹ mit Genuss. Kaum waren sie gegessen, begann die Furcht vor Bestrafung in mir zu nagen. Anscheinend hat mein Vater Herrn Pich vertraut und die Rechnungen nie kontrolliert, denn das erwartete Donnerwetter blieb aus.

1951 verkaufte mein Vater den Bauernhof und wir zogen nach Wien. Nun änderte sich unser Konsumverhalten, denn wir mussten alles, was wir benötigten, kaufen.« Die Lebenssituation der Familie verbesserte sich, als es der Mutter gelang, Filialleiterin eines Milchgeschäftes der MIAG, einer großen Wiener Molkerei, zu werden und dann selbst ein Milch- und Lebensmittelgeschäft in einer Gemeindebauanlage in Meidling zu eröffnen. Die Tochter trat 1957 als Lehrling ein. »Meine Lehrlingsentschädigung war auch nicht sehr hoch, 50 Schilling in der Woche. Ich sparte eisern und meine Freude war groß, als ich mir einen Rock, eine Bluse, ein Paar Schuhe und die dazu passende Handtasche kaufen konnte. Aber oft habe ich mein Gehalt wieder meiner Mutter gegeben, damit sie die Schulden zurückzahlen konnte.«

Die Schreiber/innen, die in der Stadt aufwuchsen, rekonstruieren urbane Topografien dichter Nahversorgung. »Wir hatten schon in der Zwischenkriegszeit eine ›Shopping City‹, wenn auch nicht alle Geschäfte in einem einzigen Gebäude zu finden waren, so konnte man trotzdem alle Bedürfnisse des täglichen Lebens in der nächsten Umgebung des Wohnortes befriedigen«, hielt Gustav Lackinger fest, der seine Kindheit in der Säulengasse 27 in Wien-Alsergrund verbracht hatte. Er erinnerte sich an den Fleischhauer Reimer, die Greißlerei der Schwestern Hrdlicka, das Gemüsegeschäft der Frau Fulba, das Gasthaus des Herrn Heinzelmaier, das Geschäft Haumann, das Sand und Teer verkaufte, die Kohlenhandlung der Wohnungsnachbarin Frau Riedel, das Milchgeschäft der Familie Mostböck und die Wasch- und Putzanstalt.

»Beim Fleischhauer war die Auswahl an Fleischsorten nicht sehr groß. Das lag vor allem an der Kundschaft. Teures Fleisch konnte sich niemand leisten, daher hatte der Fleischhauer auch kein solches vorrätig. Zur Auswahl standen Kochrindfleisch, Beinfleisch, Gulaschfleisch und natürlich Schweinernes in den verschiedensten Arten. In der Gentzgasse beim Pferdefleischhauer, auch Pepihacker genannt, war das Fleisch wesentlich billiger als das normale Rindfleisch. Es hatte nur einen Nachteil, es schmeckte etwas süßlich. Beim gemeinsamen Verzehr mit Gemüse fiel das nicht so auf. Mein Vater liebte das Rossfleisch nicht. Mutter war immer ängstlich darauf bedacht, dass Vater ja nicht merkt, wenn wieder Pferd am Teller lag. Mein Bruder Karl, das Miststück, konnte es sich nicht verkneifen, laut zu wiehern, was Mutter richtig in Rage brachte. Ich vermute, dass Vater wusste, was er aß, aber er hat geschwiegen, denn ein Stück Ross war allemal noch besser als gar kein Fleisch.

Im Lebensmittelgeschäft der Schwestern Hrdlicka gab es alles zu kaufen, was in eine richtige Greißlerei gehörte. Neben den normalen Lebensmitteln wie Zucker und Mehl wurden auch Petroleum und Waschmittel verkauft. All diese Produkte wurden meist Säcken entnommen und in Papiertüten verpackt verkauft. Jeder Haushalt verfügte über Petroleumlampen, um Licht in den Räumen zu haben. Daher gab es auch zum Transport des Petroleums Kannen, die dann bei Bedarf in der Greißlerei nachgefüllt wurden. Der Geruch im Geschäft war eine Mischung aus all den Düften und ich hab ihn heute noch in der Nase. Ebenso wurden alle Waschmittel, wie OMO, IMI und natürlich Schichtseife gelagert. Bei uns zu Hause gab es für die Körperreinigung nur Schichtseife. Zum Wäschewaschen wurde auch oft Schmierseife verwendet. Nur zum Waschen von ganz feiner Wäsche gab es Seifenflocken. Für mich war das Geschäft ganz besonders interessant. Es gab dort für 10 Groschen Manner-Schnitten. Eine Köstlichkeit, die es Gott sei Dank auch heute noch immer gibt. Mangel herrschte nur an den 10 Groschen. Zu meinem Glück wohnte bei uns im Haus Frau Trantina, die spätere Tante Jenny. Tante Jenny kaufte immer nur so viel ein wie unbedingt notwendig war. Daher kam es immer wieder vor, dass sie eine Kleinigkeit nicht vorrätig hatte. Nichts leichter, als diesem Mangel abzuhelfen. Sie brauchte nur vom 3. Stock in den 2. Stock kommen und schon startete der Laufbursche in meiner Person. Als Lohn für diese Tätigkeit gab es dann immer die begehrte Manner-Schnitte.

Bei der Milchfrau wurde die Milch in großen Kannen angeliefert. Jeder Kunde hatte eine Milchkanne, um die Milch abzuholen. Das Einschenken geschah mit Hilfe eines Messbechers, der dem Litermaß entsprach. Man musste nun beim Einschenken auf zwei Dinge achten. Erstens, dass die Milch umgerührt wurde, damit das an der Oberfläche schwimmende Obers gleichmäßig mit der Milch in der großen Kanne verteilt wurde, und zweitens, dass das Messgefäß beim Einschenken waagrecht gehalten wurde, sonst bekam man nicht die gewünschte Menge. Es war zum Beispiel sehr wichtig, beim Öffnen einer neuen Kanne im Geschäft zu sein. In diesem Fall konnte an der Milch nicht manipuliert werden. Wenn nämlich bereits ein Teil Milch aus der Kanne verkauft war, bot sich die Möglichkeit, die noch vorhandene Menge mit etwas Wasser zu strecken, was der Qualität der Milch sehr abträglich war. Die Proteste der Hausfrauen waren immer sehr groß, wenn die verkaufte Milch ein hellblaues Aussehen hatte. Marktamtskontrollen waren sehr spärlich. Nur wenn sich die Proteste bei einem Geschäft massiv häuften, dann geschah etwas.

Das Grünwarengeschäft im Haus war sehr klein und man bekam im besten Fall das Gemüse und Obst der Jahreszeit. Im Winter Kraut, Kohl und Rüben. Orangen oder ähnliche Genüsse waren unter dem Jahr unbekannt. Wenn man Glück hatte, gab es zu Feiertagen wie Weihnachten diese ausgefallenen Obstsorten. Die Grünzeughändlerin war sehr darauf bedacht, daß alle nur bei ihr den Einkauf tätigten.

Oft ging Mutter aber auf den Kutschkermarkt einkaufen, weil dort die Auswahl größer und der Preis niedriger war. In so einem Falle musste man dann immer vorsichtig am Geschäft vorbei ins Haus schleichen. Dies war auch notwendig, wenn die so genannten Pracker mit ihrem Obstwagen durch die Straßen fuhren. Auf dem Handwagen hatten sie Obst und oft auch Gemüse geladen. Der Preis für die Ware war meist billiger als im Geschäft. Wenn man dort Obst kaufte, musste man an der Frau Fulba vorbei ins Haus kommen. Sie hörte genauso wie ihre Kunden die Lockrufe der Handwagenhändler und postierte sich vorm Haustor, um die Abtrünnigen genau zu beobachten. Eine Möglichkeit des Obstkaufes gab es auch am Donaukanal im Herbst nach der Apfelernte in Oberösterreich. Dort legten immer die Flöße aus Oberösterreich an. Diese Flöße hatten zwei Aufgaben. Erstens waren sie voll mit Äpfeln beladen und zweitens wurde dann auch das Holz verkauft. Vater ging immer mit einem Rucksack im Herbst zum Donaukanal und kaufte dort die guten Winteräpfel. Die Äpfel wurden am Kasten im Zimmer zwischengelagert und sorgten für ein duftendes Klima im Raum. Es ist sehr schade, dass viele dieser Apfelsorten nicht mehr angebaut werden, weil der Ertrag nicht so hoch ist wie bei den in den Plantagen gezüchteten Sorten.«

Auch Ernestine Hauer gedachte beim Thema Einkauf vorrangig der Greißler in ihrer Umgebung. Bis zu einem Umzug 1934 kaufte die Familie »bei einer lieben alten Greißlerin im ›Kellergwölb‹ des Nebenhauses. Sie hatte alles, was man brauchte oder sich leisten konnte: vom Brot, der Milch, Wurst, über das im Holzbottich gelagerte Sauerkraut (mit Holzdeckel abgedeckt, mit Pflasterstein beschwert), Zucker, Mehl, Öl, Zünder, Kerzen, Petroleum, 5-Groschen-Bensdorp-Schokolade, Butter, die Mutter fünfdekaweise kaufte und die für uns Kinder ins Schuljausenbrot kam. Wir aßen aber lieber Schmalzbrot. Der Speckfilz hiefür wurde jede zweite Woche beim Fleischhauer gekauft und ›zerlassen‹, da gab's dann Grammelknödel mit Krautsalat, Fleisch nur für Sonntag.

Nach dem Umzug gab es alles gleich ums Eck: ein Milchgeschäft (Milch holte man mit der Aluminiumkanne täglich, eventuelle Gläser für Rahm mussten gereinigt retourniert werden), einen Greißler (er brachte, wenn eine Lieferung aus irgendwelchen Gründen nicht funktionierte, in der Aktenmappe Brot in die Wohnung. Als Hitler kam, ging er in den ›Untergrund‹. Er war Jude, seine Frau war sehr tüchtig, versorgte ihn und führte das Geschäft weiter); weiters gab es eine Trafik, eine Drogerie, alles praktisch nebeneinander. Einmal pro Woche ging Mutter auf den Markt.«

Auch Familie Doubek kaufte »bei einem kleinen Greißler, der außer Fleisch einfach alles im Angebot hatte, aber nur wenige Wurstsorten, da er nur einen kleinen

Eiskasten hatte und einmal zu meiner Mutter sagte: ›Bei mir darf nichts verderben, das trägt der Laden nicht‹. Der gesamte Laden war ein Raum von 36 m^2. Das weiß ich deswegen genau, weil ich danach fragte, als ich in der ersten Klasse war, und die Greißlerin Frau Trost mir erklärte: ›Das Geschäft ist 6 Meter lang und 6 Meter breit – kannst du schon 6 mal 6 ausrechnen?‹ Ich war ein bisschen beleidigt, das konnte ich natürlich, nur wusste ich nicht, was ein Quadratmeter ist – das erklärte mir mein Vater später mit einer Zeichnung. Käse aßen wir selten. Meine Eltern liebten die billigen und stinkenden Quargeln, mir waren sie ein Gräuel. Frisches Brot aßen wir praktisch nie. Es gab Einkilolaibe, die nach Bedarf von der netten Frau Trost in die Hälfte, manchmal sogar in Viertel geschnitten wurden. Die Pensionistenehepaare waren sparsame Esser. Fast immer blieb ein halber Laib über, der am nächsten Tag billiger verkauft wurde. Außer Öl und verschiedenen Gewürzen kauften wir in der Greißlerei der Frau Trost (natürlich stand auf dem Schild über der Tür ›Kaufhaus‹) das Petroleum für unsere Lampe; erst im Jahr 1937 wurde die gesamte Siedlung an das Stromnetz angeschlossen. Genau genommen lasen wir auch unsere Tageszeitung, das ›Kleine Blatt‹, immer einen Tag zu spät – es hatte dann keinen ›Kopf‹ mehr, dafür kostete es aber nur mehr einen Groschen statt fünf und selbst das stimmte nicht ganz. Wenn ich die Zeitung holte, etwa um ½ 7 Uhr, half ich Frau Trost immer beim Wegräumen verschiedener Waren und bekam dafür ein ›Stollwerck‹, ein eingewickeltes Karamellbonbon, der Preis war ein Groschen. Es schmeckte mir zwar, aber es klebte immer an den Zähnen. Als es später die so genannten Frit gab (›Kein Schritt ohne Frit!‹), ersuchte ich Frau Trost darum: Sie hatten verschiedene Farben, während es Stollwerck nur in eintönigem Karamellbraun gab.

Alle drei bis vier Wochen ging meine Mutter den sehr weiten Weg zum Fleischhauer in die Hütteldorfer Straße. Ich begleitete sie, sooft es mir möglich war, denn meist bekam ich dort eine Semmel mit Extrawurst, meiner Lieblingswurst.

Nach der Übersiedlung in die Hustergasse bemerkte ich erstmals, dass es Leute gab, die ein ›Büchel‹ beim Greißler hatten, in dem ihre Einkäufe notiert wurden. Die Frauen zahlten fast immer erst am Samstag. Die Geschäfte waren damals ziemlich spezialisiert: Es gab Milchgeschäfte, die außer Milch noch Brot, Semmeln und verschiedene Mehlspeisen verkauften. In unserer unmittelbaren Umgebung waren deren vier. Knapp vor der Hütteldorfer Straße gab es eine kleine Meierei. Dort war noch 1939 ein Kuhstall im Hof des Hauses. Die Kühe und der Laden gehörten dem Hausbesitzer, der ein NSDAP-Funktionär war – darum prallten alle Beschwerden der Hausbewohner über die Fliegenbelästigung im Sommer ab. Hier bekam man allerdings nur frische Milch, sonst nichts. Die Milchfrau war sehr freundlich zu allen Kindern, Gott sei Dank! An einem warmen Sommerabend schickte mich meine Mutter in die Meierei, meine sommerliche Bekleidung war ein Leibchen (heutzutage auf gut Deutsch T-Shirt genannt) und eine Turnhose. Um eine Hand frei zu haben, legte ich die Münzen in die Milchkanne. Im Geschäft war ich der Letzte hinter drei Frauen. Als ich an die Reihe kam, schenkte mir die Milchfrau einen Liter Milch ein – der tragische Moment kam dann, als ich nicht zahlen konnte, weil die Münzen am Boden der vollen Kanne lagen. Die Milchfrau war nicht aus der Ruhe zu bringen – sie kippte einfach mit einer Hand meine Kanne über dem großen Milchbehälter um und fing mit der anderen die herausrutschenden Münzen auf. Dass dabei die Milch über ihre Hand in den großen Behälter zurückfloss, störte sie nicht. Sie legte den Finger auf die Lippen und wir hatten unser Geheimnis. (Ich bewahrte es über 60 Jahre.) Ganz spezialisiert waren die Gemüsehandlungen und die selteneren Süßwarenläden, in denen die Kinder hauptsächlich eine Bensdorp-Schokolade kauften, um 5 Groschen oder um 10 Groschen – die dicke um 20 Groschen ließ man sich von Tanten schenken.

In der Hustergasse kam es auch öfter vor, dass meine Eltern zu irgendeiner Mahlzeit Bier tranken. Flaschenbier war anscheinend teurer als offenes, darum wurde ich vor manchen Mahlzeiten (meist Sonntagmittag) mit einem Krügelglas ins Gasthaus geschickt. Mir war klar, dass ich mich sehr beeilen musste, damit das Bier bei meiner Rückkehr noch frisch war. Ich war um die Zeit nicht der einzige Bub, der Bier holte, und war etwas verwundert, als mich ein Freund fragte: ›Gibst du auch Wasser dazu, wenn du was wegtrinkst?‹ Ich wäre gar nie auf die Idee gekommen, ›was wegzutrinken‹ – nicht aus Angst, sondern weil es mir nicht schmeckte. Wein wurde bei uns nie konsumiert, das einzige alkoholische Getränk in unserem Haushalt war

Eierlikör, den meine Mutter selbst fabrizierte und von dem sie sich hin und wieder ein Gläschen gönnte.«

An einem »erzählerischen Einkaufsbummel« lässt uns Ilse Wolfbeisser teilhaben: »Ich kann natürlich nur die Gepflogenheiten eines gutbürgerlichen Haushaltes in Wien schildern und springe gleich in die Dreißigerjahre – meine ersten Erinnerungen. Eingekauft wurde nur im Umkreis – die Lebensmittel mussten jeden Tag besorgt werden. Außer Milch, die uns durch die Milchfrau jeden Morgen gebracht wurde, und den Semmeln, die die Hausmeisterin besorgte. Dennoch ging meine Mutter jeden Tag zum Greißler in unserer Gasse in Hetzendorf. Er war ein ›besserer‹ Greißler, denn der zweite schräg gegenüber hatte ein Kellerlokal und die entsprechende Kundschaft. Der Greißler hatte – an heutigen Maßstäben gemessen – eine mehr als dürftige Auswahl. Die Grundnahrungsmittel wurden in Papiersackerln geschaufelt: Mehl, Zucker usw. Vorgepackt war so gut wie nichts. Auf der ›Budel‹ stand ein riesiges Gurkenglas mit Salzgurken; daneben ein kleineres mit Senf – abgefüllt wurde in mitgebrachte Gläser. Butter, Topfen – alles wurde im Stück angeboten. Aus Packpapier wurden Stanitzel gedreht für alles Mögliche, aber oft wurde Zeitungspapier verwendet. Die Wurstauswahl war minimal: Salami, Krakauer, Lyoner, Knacker.

Allein drei Fleischhauer gab es im Grätzel; jetzt findet man im ganzen Bezirk höchstens einen und der bietet noch alles Mögliche andere an. Jeder Fleischhauer hatte ein Gestell für den Beinschinken, wenn man sich zum Wochenende etwas Gutes leisten wollte. Und er konnte ihn hauchdünn heruntersäbeln. Er führte alle Fleischwaren; die hingen auf Haken hinter ihm an der Wand. Es wurden viele Innereien gekauft, denn die waren billiger: Herz, Lunge (für Beuschel), Nierndln, Leber, Hirn, Bries – wer macht das noch? Wenn geschlachtet wurde, gab es auch Leber- und Blutwürste. Jede Hausfrau hatte nicht nur einen ›Fleischwolf‹ (fertiges Faschiertes war verpönt), sondern auch eine Bröselreibe, die ebenso für Nüsse geeignet war. Und eine Kaffeemühle – das Prachtstück der Küche. Eingekauft wurde mit praktischen geflochtenen Korbtaschen oder vielfach nur mit einem Einkaufsnetz. Ein Netz war praktisch, man konnte es immer bei sich haben.

Kaffee, Tee oder dergleichen kaufte meine Mutter beim ›Meinl‹ in der Hetzendorfer Straße ein. Der war eine Institution, aber dementsprechend teuer. Auch eine Drogerie gab es dort, wo es immer eigenartig roch. Keine der Jüngeren denke an DM oder BIPA! Dergleichen gab es nicht. In der Drogerie wurden nur einschlägige Artikel verkauft – Parfüms und Lippenstifte gab es in Parfümerien. Außer Toiletteseife, Hirsch-Seife (für die Wäsche), Soda (zum Abwasch), Bohnerwachs und Schuhpasta fällt mir nicht viel mehr ein an Haushaltsartikeln.

Der Schreibladen, besonders in der Nähe von Schulen, war gut bestückt. Kein Wunder, gab es doch keine E-Mails, kein SMS und sonstigen Krimskrams – alles wurde mittels Papier und Post mitgeteilt. Die Postämter waren gut besucht, die Briefe wurden mehrmals täglich zugestellt, Telegramme wurden geschickt, wenn es eilig war, und Pakete versandt, für die Packpapier aus dem Papiergeschäft gebraucht wurde. Geschenkpapier war Luxus und nicht nötig. Bei Geburtstagen genügte ein farbiges Seidenpapier.

Es gab Fachgeschäfte: in Hetzendorf zwei Handarbeitsgeschäfte – es wurde viel gestrickt, gehäkelt und gestickt. In Meidling ein Stahlwarengeschäft (Messer und Scheren), mehr Stoffgeschäfte als Konfektion, denn früher wurde noch alles geschneidert, der Konfektionsgedanke schlummerte noch. Ja, es gab Schneider für die klassische Herren- und Damengarderobe. Merkt man schon, wie vieles, was ich so aufzähle, es nicht mehr gibt?

Die Zuckerlgeschäfte konnten sich noch am ehesten ihr Aussehen bewahren, sofern es sich um kleine Läden handelt. Ich mochte als Kind keine Schokolade, darum erinnere ich mich an keines in Hetzendorf. Die Ware wurde vielfach offen dargeboten, in diesen schönen Glasbehältern, die mir mehr gefielen als der Inhalt. Aber Seidenzuckerln mochte ich und zündholzdünne Zuckerstangerln, aus Zucker gesponnen, die in allen Farben leuchteten. (Ein solches Zuckerlgeschäft hielt sich lange in Speising bei der 60er-Haltestelle – Lieblingsladen meiner jüngsten Tochter, die mitunter ihr ganzes Taschengeld dort verbröselte.)

Fachgeschäfte für Miederwaren fand man in allen Einkaufsstraßen. Sie waren wichtig, denn die Bevölkerung lebte nicht gesundheitsbewusst. Daher gab es viele ›mollige‹ Frauen, die durchaus dem damaligen Schönheitsideal entsprachen. Und diese benötigten Büstenhalter, die in der heutigen Form erst 1947 erfunden wurden, und ebenso Strumpfbandhalter, weil die Strumpfhose eine Erfindung der 1960er-Jahre ist. Diese Strumpfbandhalter konnten panzerartige (!) Ausmaße zeigen, wenn die Trägerin entsprechend gerundet war, und wurden nach Maß angefertigt, ebenso die Büstenhalter (ich spreche aus eigener Anschauung!). Diese Geschäfte konnten sich noch etliche Jahre nach dem Krieg halten, verschwanden dann aber völlig. Ich frage mich, wo die betreffenden Damen jetzt hingehen.«

Franz Ginner beschrieb die »Einkaufslage im 9. Wiener Gemeindebezirk«. »Unsere große Einkaufsstraße war die Alserstraße. Ein Anziehungspunkt für mich war ein Zuckerlgeschäft. Zu manchen Leckereien gab es kleine Keramikfiguren als Beigabe. Auf diese war ich besonders scharf, weil ich damit sehr schön spielen konnte. Zu Ostern gab es hölzerne Osterhäschen, Lämmlein, gelbe Küken aus Plüsch und verschiedenes Hühnervolk. Ein großer Werbeschlager war das Plakat mit den Fruchtkaramellen und der Aufschrift: ›Kein Schritt ohne Frit!‹ Auch für die Bensdorp-Schokolade wurde auf Plakatwänden geworben.

Gleich nach dem Zuckerlgeschäft war unsere Drogerie. Auf der einen Seite waren Regale mit Laden, in der Mitte der lange Ladentisch und hinter der Budel offene Regale. In den Ecken standen Kübel mit Besen und Bürsten. Das Geschäft roch nach einer Mischung von Salmiak und Soda. Mutter kaufte dort Kernseife, Seifenflocken, Soda, Reibsand, Ata, Henko, Persil und Waschblau. Zur Körperpflege wurden Schichtseife, Odol-Zahnpasta und Odol-Mundwasser gekauft. Für sich selbst kaufte sie ab und zu einen dreieckigen kleinen Pappkarton ›Dostal's Toilette-Perlen‹. Für Vater wurden Rasierseife und Rasierklingen gekauft. Dort gab es auch kleine Papierrollen und Papierpäckchen, die als Toilettepapier bezeichnet wurden. Dieses Papier wurde von reichen und feinen Leuten für jenen Zweck benützt, für den wir kleine zurechtgeschnittene Zeitungen verwendeten.

Neben der Drogerie war ein kleines aber feines Käsegeschäft. Meine Eltern liebten beim Käse die Frische und die Vielfalt. So lernte ich schon sehr bald die verschiedensten Käsesorten kennen und schätzen. Besonders gern aß ich zum Nachtmahl einen dreieckigen Schmelzkäse mit viel Kümmel darin. In der Alserstraße war auch unsere Buchhandlung. Meine Mutter war dort eine Stammkundin und wir schmökerten gerne dort herum. Gleich anschließend gab es eine Herlango-Filiale. In diesem Geschäft kaufte Vater eine Box Tengor-Rollfilmkamera und gab die Filme dorthin zum Ausarbeiten. An der Ecke Spitalgasse Alserstraße war ein großes Schuhgeschäft der Firma Bata und später Del-Ka.

Dort kaufte sich Mutter ab und zu neue Schuhe. Mich beeindruckte damals der in allen Schuhgeschäften aufgestellte Röntgenapparat. Man musste sich mit den neuen Schuhen auf ein Brett stellen und durch eine Gucköffnung konnten die Verkäuferin und die Eltern sehen, ob die Schuhe passten. Es war für mich ein Wunderwerk, die Knochen der eigenen Füße betrachten zu können. An die gesundheitsschädliche Wirkung der Röntgenstrahlen dachte man damals ebenso wenig wie heute bei der Bestrahlung der Lebensmittel oder an die Gefahren des Mobilfunks und der Mikrowellen. Unsere Familie hatte zum Wandern echte, mit Tschernkn beschlagene ›Goiserer‹ vom Schuhmachermeister Stefflitsch aus Goisern.

An der Ecke Alserstraße-Lange Gasse gab es ein Zuckerlgeschäft, welches heute noch unverändert besteht. Auch dies war ein großer Anziehungspunkt für mich ›süßen Bruder‹.

In der Ankerbrotfiliale gab es eine Kundenzeitschrift mit einer Kinderseite. Die

Geschichten vom Zauberer Bananerich und dem lustigen Knappen Weckerl habe ich lange gesammelt. In den Vierzigerjahren brachten die Ankerbrotwerke ein neuartiges Gebäck, die ›Ankerspatzen‹ heraus, semmelgroße Weißbrotlaibchen, die ähnlich wie eine Pinze eingeschnitten waren.«

Erika Payr verglich die Innsbrucker Geschäftslandschaft im Ablauf der Zeiten. »Meine Mutter pflegte die Grundnahrungsmittel im Stadtviertel Mariahilf zu bestellen und diese wurden dann ins Haus zugestellt. Fisch kaufte sie in jenem Teil der Markthalle, der für Wild- und Fischhändler abgeteilt war, frisches Gemüse und Obst am Markt, der damals – bis zum Krieg auf offenem Platz – aus Ständen der Händler und jenen der Produzenten (Bauern und Gärtner) bestand. Man hatte da so seine bestimmten Vorlieben und war Stammkundschaft. Bei den Gärtnern gab es die interessante Gruppe der Bulgaren, die nach dem Ersten Weltkrieg aus welchen Gründen immer zugewandert waren und Gemüsesorten anbauten, die bis dahin bei uns nicht kultiviert worden waren, z.B. grüne Paprika und Paradeiser.

Otti Neumeier auf dem Wiener Kalvarienbergmarkt

In der Altstadt reihte sich Geschäft an Geschäft. Bei aller Freude am Einkaufen, achtete meine Mutter streng darauf, ihr Budget nicht zu überziehen, und warnte uns immer eindringlich vor dem Einkauf auf ›Büchl‹ als gefährlicher Schuldenfalle. Manche Leute ließen ›anschreiben‹ und mit einigem Glück konnten sie am nächsten Zahltag ihre Schulden zwar begleichen, standen dann aber eben wieder ohne Geld da. Auch so mancher kleine Geschäftsmann hat sein Entgegenkommen bitter gebüßt.

Als ich nach Pradl zog, war das Einkaufen noch ganz einfach: Auf einem Weg von knapp zehn Minuten hatte ich einen Metzger, eine Gemüsefrau, die Milchfrau, eine Drogerie, ein Sportgeschäft und daneben das erste Lebensmittelgeschäft. In der nördlichen Pradlerstraße gab es noch drei Fleischer, vier Lebensmittelhändler, einer davon groß und bestens geführt, zwei Elektrohändler mit Service, ein Schuhgeschäft, Kurz- und Bettwaren, Papier, mehrere Friseure, ein Handarbeitsgeschäft, ein Geschäft für Kleintierfutter, eine Bäckerei und eine weitere Drogerie. Nachdem sich der Supermarkt in der Nähe niedergelassen hatte und sich später zu einem riesigen Einkaufscenter mauserte, sind die Einzelgeschäfte der Reihe nach ausgestorben. Der entscheidende Schlag war die Schließung des großen Lebensmittelgeschäftes. Jetzt komme ich nur sonntags noch in die Pradlerstraße, denn dort steht unsere Pfarrkirche und gegenüber ein Café, aber fast alle Geschäfte haben zugesperrt.

Als ich das erste Mal durch den großen Spar-Markt ging, den Vorgänger des heutigen Centers, war ich ehrlich erschrocken. Fast zitterten mir die Knie, als ich in riesigen Kühltruhen zahllose Sorten von Fischen sah, das Überangebot an Wurst- und Fleischwaren und im Hinterkopf alle die Bilder von verhungernden Völkern – man war wohl noch sensibler damals. Heute nutze ich mit Vergnügen nicht nur das breite Angebot an Lebensmitteln, sondern all der anderen Geschäfte, allerdings meist wenig einkaufend – aus dem einfachen Grund, dass ich nichts heimschleppen will. In Innsbruck bzw. Tirol haben wir das Glück einer Lebensmittelkette, die fast an jedem Eck eine Filiale aufmacht, und so kann ich meinen alltäglichen Bedarf immer noch in nächster Nähe decken.«

Otti Neumeier, Jahrgang 1936, liebte von Kindheit an Märkte, unter anderen den Kalvarienbergmarkt vor Ostern in Wien-Hernals.

»In meinen ersten Kindheitsjahren wohnten wir bei einem Markt, unser Wohnhaus stand in einer der Brunnenmarkt-Ausläufergassen. Der Umstand, dass Krieg war, schränkte das Einkaufsvergnügen wesentlich ein. Ich verstand nie, wieso meine Eltern von der Zeit redeten, wo der Fleischhacker sagte: ›Derf's a bissl mehr sein?‹, denn krampfhaft versuchte zum Beispiel die Milchfrau, bei der Butter haarscharf die vorgeschriebenen Gramm auf der Waage zu erreichen. Ich holte mit fünf Jahren schon stolz, in einem blau-weiß emaillierten Milchkanderl, meinen Viertelliter Vollmilch von der Milchfrau, die einen Häuserblock von uns entfernt war. Dabei ging ich entlang der Geschäfte, die in den Häusern ihre feste Unterkunft hatten. Sie zählten zur Hautevolee des Brunnenmarktes – im Gegensatz zu den mobilen Standlern, die am Abend ihre Ware zusammenpackten.« Otti Neumeier erinnerte sich auch an die »Gesänge der Lavendelweiber: ›An Lavendl, an Lavendl haum ma do, kaufts uns an o!‹ oder an die Rufe des ›Hosenheidl-Fetzen-Baner‹-Mannes, der Hasenhäute, alte Kleider und Knochen sammelte, und an den nach ›An Aschn, an Aschen‹ Rufenden«, die sie »1941, vom Krieg noch relativ unbeschwert, am Morgen aus dem Schlaf weckten. Letzterer war als Einmannbetrieb mit Holzwagen eine frühe Form der MA 48 mit Mülltrennung.«

Hermann Greller erlebte diese mobilen Händler in der Siedlung Friedensstadt. »Manche Siedler hielten sich Haustiere wie z. B. Hasen (eigentlich: Kaninchen) und Hühner, die bei der Aufbesserung der Nahrung helfen sollten. Wöchentlich kam damals ein Händler mit Wagerl und rief: ›Hasenhäutl, der Häutlmann ist da‹ und kaufte die Kaninchenbälge auf, um sie dem Kürschner weiterzuverkaufen. Ein anderer Wanderhändler kam mit dem Ruf durch die Gassen: ›Altes Eisen, Lumpen, der Fetzenmann ist da.‹ Das war die damalige Entsorgung bzw. Wiederverwertung von Abfällen.« 21 Geschäfte hatten, so Hermann Greller im Rückblick, 1955 ihren fixen

Standort in Friedensstadt. »Mich wundert heute noch, dass diese große Zahl von kleinen Geschäftsleuten damals relativ gut leben konnte, bei einer Bevölkerungsdichte von nur rund 350 Siedlern.

Einkaufsmöglichkeiten in der Siedlung Friedensstadt, in der ich wohnte und noch wohne.
1955:
Greißler: Scholz, Frisch, Frieser, Sulzbacher, Stvan
Gemüsehändler: Bertasi
Fleischhauer: Mauritsch, Steininger, Steindl
Bäckerei: Stark
Zuckerlgeschäft Und Konditorei: Zangl
Wollgeschäft: Müller, Fuxa
Papiergeschäft: Phlasak
Milchgeschäft: Müller
Eisenwarenhandel/Siedlerbedarf: Lehner
Trafiken: Huber, Feistritzer
Tischlerei: Ulrich
Tapezierermeister: Ringhofer
Schustermeister: Wamser
2005 existierte nur mehr eine Trafik und die Eisenwarenhandlung Lehner.
Ersatz: Ein kleiner »Spar« für Lebensmittel. Jetzt muss alles andere mit dem Auto von Groß-Einkaufszentren beschafft werden (auch ein Grund für die Umweltbelastung).

Helmut Drechsler, Wiener des Jahrgangs 1947, widmete die Konsumerinnerungen den gemeinsamen Einkäufen mit seiner Mutter, die eine Schwäche für den Karmelitermarkt hatte. »Besonders in den Schulferien schleppte mich meine Mutter auf den Markt mit. Ich bitte schon, die Wortwahl zu entschuldigen, aber schleppen war eben ein gängiges Wort in unserer Familie: Man schleppte jemanden mit (in diesem Fall war es Frau M.), man schleppte etwas weg, man schleppte sich mit etwas ab, man schleppte sich zu etwas hin; in letzterem Zusammenhang sind alle drei Anwendungsformen angebracht. Also: Man (die Mutter) schleppte Frau M. auf den Markt mit, schleppte von diversen Standeln die günstigen Angebote weg, schleppte sich mit den-

Auf dem Weg zum Karmelitermarkt

selben ein paar Marktrunden lang ab und schleppte sie letztlich den weiten Weg nach Hause.«
Dem Standlermarkt selbst konnte Helmut Drechsler als Knabe doch einiges abgewinnen: »Wahre Berge von Obst, Gemüse und Kleintextilien. Und dazwischen die seltsamsten Typen an Käufern und Verkäufern. Natürlich ist da alles deutlich billiger als im entsprechenden Fachgeschäft. Die Zeiten des Schwarzmarktes waren ja doch schon längs vorbei. Und das Besondere am Markt war: Gemüse und Obst wurden, je mehr es auf elf Uhr (dem Marktschluss) ging, nochmals billiger – oder man bekam zum gleichen Preis deutlich mehr davon. Nicht selten wurde die Ware dann regelrecht verschleudert. Die Standler hatten keine Lust, ihr unverkauft gebliebenes Obst und Gemüse wieder nach Hause zu fahren, denn frischer und besser wurde es dadurch eher nicht (bei den kaum verderblichen Socken, Hosenträgern und Damen-Kombineschen lag der Sachverhalt natürlich anders). Andererseits war die Ware zu diesem Zeitpunkt natürlich schon sehr ausgesucht. Ein Viertel vor elf Uhr bis zum Sirenenton – das war die Stunde meiner Mutter. Und meine Mutter, die konnte wahrlich professionell aussuchen – ihre Spezialität übrigens. Die Standler kommentierten das auch zu Recht empört: ›Hean S', gnä' Frau, woin S' den Salod kaufn, oda woin S' eam nur z'druckn?!‹ Dasselbe beim Obst. Bekanntlich mögen es besonders Pfirsiche, wenn man sie prüfend drückt, denn sie zeigen dem nächsten Kunden, dass sie schon einmal gedrückt, also geprüft wurden. Oder, im nächsten Fall, wenn etwas fünf- oder zehnstückweise zusammengepackt war, versuchte sie – meine Mutter – zumindest, den Körper als Deckung ausnützend, die weniger schönen Exemplare davon auszutauschen. Sonst hat man ja das Gefühl, fürs gleiche Geld benachteiligt zu werden. Ich genierte mich und hielt mich abseits, gehörte nicht zu ihr.

Bestimmte Standler kannte meine Mutter schon, einige kannten sie schon und rüsteten sich verbal zum Gegenangriff, sobald sie sich – immer in letzter Minute im Kampf gegen die Marktuhr in der Platzmitte – anschickte, ihre Prüfprozeduren

Elektroladen des Großvaters von Helmut Drechsler in der Wiener Kalvarienberggasse

zu beginnen. Denn die Magistratsbeamten vom Marktamt waren unerbittlich: Wer nach elf Uhr noch etwas verkaufte, und wäre es nur ein einziger Paprika gewesen, der zahlte eine saftige Strafe. Wenn sich die Mutter also ihren Zickzackkurs durch die Standeln schlecht einteilte, oder die Auswahlprozedur zu sehr übertrieb (man kann sich vorstellen, wie lange es dauert, unter etwa dreihundert Paradeisern die fünf schönsten herauszusuchen), bekam sie dort nichts mehr.

Es blieben ihr dann nur mehr die etwas teureren ortsfesten Läden, bei denen sie ohnehin bestimmte Waren – wie Käse oder Fisch – immer kaufen musste.«

Dem Vater oblag die Beschaffung von Fleisch- und Wurstwaren. »Er hatte dafür seine günstige Einkaufsquelle gefunden. Dort wurde, wegen der Begleitumstände, auch gleich für die ganze Woche eingekauft, nur damit es sich auszahlt. Fleischvorrat für eine ganze Woche daheim zu haben, bedeutet auch, dass man ihn kühlen muss. Ein Kühlschrank muss also her. Preisgünstig natürlich. Über das Elektrogeschäft vom Großvater bekommen wir bei einem Elektrogroßhändler in der Innenstadt die damals bereits allgemein bekannten und begehrten ›Prozente‹. Es wunderte mich eigentlich schon sehr, dass eine gewisse Zeitlang überhaupt jemand den Listenpreis für eine Ware des gehobenen Bedarfes gezahlt hat.«

Helmut Drechsler schreibt auch über die Geschäfte der USIA (Uprawlenje Sowjetskim Imuschestwom w Awstrij, Verwaltung des sowjetischen Vermögens in Österreich). »Die russischen Besatzer eröffneten in ihrem ausschließlichen Einflussbereich Geschäfts-

USIA-Verkaufsraum 1955

lokale, die man mit etwas gutem Willen doch schon als Vorläufer der heutigen Supermärkte bezeichnen könnte: die USIA-Läden.

Was sie charakterisierte, war ein ödes Ambiente, primitivste Einrichtung und eine Warenqualität basierend auf kommunistischem Standard. Da im Eigentum einer Besatzungsmacht befindlich, waren die USIA-Läden von so ziemlich allen Abgaben befreit und es gab die Waren (teils unbekannter Herkunft) daher vergleichsweise preisgünstig. Für etliche Österreicher war es allerdings eine Frage der Gesinnung, ob sie mit diesen besonders ungeliebten Besatzern, die die Waren möglicherweise weiß Gott wo geklaut (›sapralisiert‹)[7] haben könnten, auch noch Geschäfte machen sollten. Was damals allerdings für meine Familie beim Einkauf in erster Linie zählte, war der Preis und nicht die Moral – und der konnte sich tatsächlich sehen lassen. Daher war freitags konsequent der Pilgergang über die Augartenbrücke angesagt (leichtfüßig hin, schwer beladen retour), am ausgebrannten Bezirksgericht vorbei. Der USIA-Laden war gewöhnlich gedrängt voll mit Menschen. Bei vielen Waren handelte es sich um einmalige Gelegenheiten, die eine Woche später sicher nicht mehr angeboten wurden.«

Einige Erzähler/innen sind selbst hinter der »Budel« gestanden. Ina Biechl, Tochter und Enkelin von Geschäftsfrauen, erzählt von ihren eigenen Erfahrungen und den Erinnerungen ihrer Mutter Elly Weißinger, Jahrgang 1919, die erst in der Greißlerei mitgearbeitet und das von ihrer Mama geführte Geschäft in der Brünnlbadgasse im neunten Wiener Gemeindebezirk 1960 übernommen hatte:

Drei Generationen von Kauffrauen in der Familie Weißinger-Zitzmann

»Die Greißlerei am Alsergrund

Das Lebensmittelgeschäft meiner Großmama war schon als kleines Kind für mich faszinierend. Die roten Regale aus Holz. Ganz oben waren die Spirituosen; es gab Dosen und Pakete in allen Farben, große Säcke, in denen Reis, Mehl oder Rosinen waren. Gurken, die aus einem großen Glas mit einer hölzernen Gurkenzange herausgeholt und einzeln in spezielles Papier verpackt wurden. Zwei Kaffeebehälter, wo aus einer Öffnung die Kaffeebohnen in kleine Säckchen gefüllt wurden. Duftendes Brot und knusp-

7 Umgangssprachlicher Nachkriegsausdruck, angelehnt an das russische Wort für *wegnehmen*.

Greißlerei am Wiener Alsergrund 1926

rige Handsemmeln, vom Bäcker frisch geliefert. Alle paar Wochen kam die ›Zitronenfee‹; das war eine Frau, die in ihrem Rucksack nur Zitronen hatte, die sie meiner Großmama verkaufte. Damals gab es auch schon Schwedenbomben. Mein Großpapa hat davon gerne genascht, wenn er gedacht hat, es sieht ihn niemand. Würfelzucker wurde in großen Kartons geliefert und ich durfte als Kind die Zuckerstücke in kleine Säcke füllen. Auch Hühnereier wurden stückweise verkauft. Jedes Ei wurde vorher in einer speziellen Apparatur durchleuchtet, um festzustellen, ob es nicht verdorben ist. Erst dann wurde es verpackt. Die Verpackung bestand aus Zeitungspapier, das zu einem Stanitzel gerollt wurde.

Nicht nur die vielen unterschiedlichen Waren und der besondere Geruch, auch das Kommen und Gehen der Menschen waren interessant für mich. Jede Person war anders und hatte andere Bedürfnisse.

Bis in die 1950er-Jahre wurde auch ein halbes Achtel Butter verkauft. Kühlschränke gab es nicht. Daher mussten die Leute täglich die leicht verderblichen Waren einkaufen. Den Eiskasten – so hieß das damals – gab es nur für wenige. In einem Lebensmittelgeschäft war er notwendig.

Meine Mutter berichtet das so:

›Damals gab es noch keine elektrischen Kühlschränke, nur Eiskästen. Ein Pferdewagen brachte große Eisblöcke, die der Fahrer auf einem Sack über der Schulter ins Geschäft brachte. Die Eisblöcke wurden dann etwas zerkleinert und in ein Schaff in einem größeren Behälter geschlichtet, in dem sich die Milch befand. Die Kunden kamen mit ihren Milchkannen und mittels eines Messbechers wurde die Milch hineingeleert. Flaschenmilch gab es noch nicht. Die Hausfrauen brachten auch oft ihr ›Sonntagsfleisch‹ zu ihrem Kaufmann, um es dort bis zum Sonntagvormittag aufzubewahren.‹

Nachdem mein Großpapa 1960 gestorben war, ging es meiner Großmama sehr schlecht und sie konnte das Geschäft nicht mehr betreiben. Meine Mutter entschloss sich, das Geschäft zu übernehmen. Die Überlegung unserer Eltern war, dass für eines der Kinder (in diesem Fall für meine Schwester oder mich) dieses Geschäft eine berufliche Möglichkeit wäre. Schon am Beginn stand für meine Schwester fest:

ganz sicher nicht; für mich war es noch nicht entschieden. Das änderte sich bald. Nicht für meine Schwester, aber für mich.

Da meine Großmama durch den Verlust ihres Partners nicht mehr so arbeitsfähig war wie früher, gab es bei der Übernahme auch nicht mehr viele Kundinnen.

Meine Mutter schildert das in ihren Erinnerungen so:

›Wir mussten ganz von vorne beginnen. Wir führten wieder Milch ein, um die Kundschaft anzulocken. Die Molkerei, die ganz in der Nähe eine Filiale hatte, machte uns große Schwierigkeiten und verpflichtete uns zu einer täglichen – ziemlich großen – Milchabnahme. Unser Greißler in der Nordrandsiedlung (wo wir wohnten), Herr Huber, nahm uns die Milch ab. Wir machten auch allerlei Reklame; so verschenkten wir beim Einkauf von 20 Schilling einen halben Liter Milch.‹

Die ganze Familie half mit: Mein Vater kaufte in der Früh am Brunnenmarkt ein. Meine Mutter und meine Schwester Ilse bedienten vormittags im Geschäft. Für meine Schwester war das ganz schrecklich. Sie hatte gerade die Handelsschule beendet und eine für sie interessante Aufgabe in einer Steuerberatung erhalten. Dieser Arbeit durfte sie nur am Nachmittag nachgehen. Sie war keine begeisterte Verkäuferin.

Zitat meiner Mutter:

›Verkäuferin zu sein, freute sie nicht sehr, aber wir haben ihre Hilfe gebraucht.‹

Ich durfte am Samstag und in den Ferien mithelfen und tat dies mit großer Begeisterung. Zusätzlich habe ich aus den Wurstresten Wurstsalat für den Verkauf produziert, oder auch zu Ostern hunderte von Eiern bunt gefärbt, die wir dann verkauft haben.

Zitat meiner Mutter:

›Samstag war auch Ina zur Hilfe da. Die war besonders tüchtig und bei den Kunden sehr beliebt.‹

Um Stammkunden zu gewinnen, gab es für die regelmäßigen Einkäufe Rezeptblätter zu wöchentlichen Angeboten mit Anregungen für die Speisenzubereitung. Zum Jahresende erhielten die Kundinnen entsprechende Rezeptmappen.

Mutter:

›Inzwischen ging das Geschäft sehr gut. Hanna verstand es, die Auslage gut zu dekorieren, und so hatten wir außer unseren Stammkunden auch Laufkundschaften, und zwar Leute, die in nahe liegende Spitäler gingen. Es war sogar Prominenz darunter wie die Schauspieler Nikowitz und Weck. Wir besorgten alles, was die Kunden wünschten, und stellten die Waren in ganz Wien zu.‹

Trotz meines Verkaufstalents und auch Spaß an der Arbeit, wurde mir klar, dass Verkaufen in einem Lebensmittelgeschäft nicht nur sehr arbeitsintensiv und körperlich anstrengend ist, sondern auch mit relativ wenig Einkommen belohnt wird. Ein Lebensmittelgeschäft wollte ich nicht betreiben.

Zitat meiner Mutter:

›Unser Geschäft ging immer besser. Trotz des manchmal großen Ansturms hatte ich immer Zeit zu Ratschlägen, sei es beim Kochen oder in der Kindererziehung. Auch unser vortreffliches Service fand Anerkennung. Wir konnten die Arbeit kaum mehr bewältigen und standen nun vor der Wahl: Umbau auf Selbstbedienung oder Verkauf des Geschäfts. Da keine unserer beiden Töchter Interesse für das Geschäft zeigte, entschlossen wir uns zum Verkauf. Alle bedauerten unseren Abgang sehr, und es gab auch viele Tränen.‹«

Josef Jedelsky (»Budelhupfer und G'schichtldrucker«) baute das von den Eltern übernommene Geschäft weiter aus. 1956 wurde das benachbarte Ecklokal mit Wohnung durch den Tod einer Mieterin frei. »Nun setzten umfangreiche Umbauten ein. Nach Umlegen der Trennmauer entstand ein fast doppelt so großer Geschäftsraum wie unser bisheriger. Mit der Wohnung im ersten Stock durch eine Wendeltreppe verbunden, war es ein Quantensprung in der beruflichen und wohnlichen Entwicklung, der natürlich immenser finanzieller Anstrengung bedurfte. Aber an Urlaub wagte man damals sowieso noch nicht zu denken. Sommerfrischen für unsere vier Kinder unter Großmütteraufsicht in Gars am Kamp waren bereits ausgesprochener Luxus. Fünf Jahre später nahmen wir ein anschließendes kleines Lokal dazu und hatten damit die Grenzen des Wachstums erreicht.

Spar-Feinkostgeschäft Josef Jedelsky nach dem Umbau von 1956

Josef Jedelsky beim SPAR-Kabarett

Nun begann aber eine neue Entwicklung den Greißler zu bedrohen. Die Diskonter, die Selbstbedienung und die Großraumläden. Deren geballte Einkaufsmacht ermöglichte diese Verkaufspreise, die fast unter den Einstandspreisen des kleinen Einzelhandels lagen. Und so schlossen sich Gruppen von jenen zu Handelsketten zusammen, um ebenfalls eine Einkaufsmacht zu bilden. Aus Holland kam 1954 diese Idee unter dem Namen SPAR, was ›Redlichkeit‹ bedeutete, über Tirol nach Ostösterreich. Es schlossen sich zwölf Großhändler zusammen und warben Einzelhändler, um so eine Kette zu bilden. Diese waren angehalten, möglichst ihren gesamten Bedarf beim regionalen SPAR-Großhändler zu decken und eine gemeinsame Werbung zu finanzieren. Diese Werbung bestand zunächst aus in den Wohnhäusern verteilten Flugblättern, wofür wir zu sorgen hatten.« 1969 entstand mit den SPAR-Vertriebsexperten die Idee, das ›SPAR-Magazin‹ in eine 14-tägige Zeitschrift zu verwandeln, und Josef Jedelsky schrieb »für eine halbe Million Leser« eine Kolumne mit dem Titel »Unterm Apfelbaum«, in der er »heiter und spielerisch gesellschaftliche Themen aus der Sicht eines Kaufmanns beleuchten sollte, ohne dabei allzu deutlich oder gar penetrant Zeigefinger und Absicht ruchbar werden zu lassen.«

Ein wesentliches Anliegen waren ihm auch die Auslagen des Geschäftes. »Heute haben die großen Läden kaum mehr Auslagen, die den Käufer in die Geschäftsräume locken sollen. Ich fand aber in der Gestaltung derselben eine kreative Herausforderung, um mich von der Konkurrenz abzuheben, und gewann einige von der Industrie geförderte Wettbewerbe.

Ich bezog mich zum Beispiel einmal auf den gerade aktuellen Slogan des Waschmittelherstellers Persil: ›1000 Schilling in Ihrem Waschkessel‹, welcher suggerierte, dass so ein hoher Wert der persönlichen Kleidung auch durch ein Spitzenprodukt erhalten werden müsste. Ich platzierte einen glänzenden Kessel in die Auslage und klebte eine 1000-Schilling-Note an den Rand. Nun standen des Öfteren Passanten davor und diskutierten, ob es sich um einen echten Geldschein oder ein Faksimile handelte. Er war natürlich echt, aber ich nahm ihn jeden Abend vorsichtshalber heraus.

Auslage des SPAR-Feinkostgeschäfts Josef Jedelsky

Als auch wir uns im Jahr 1958 zur Einführung des Selbstbedienungssystems entschlossen, das wir zuerst verschämt als ›Freiwahl‹ bzw. ›Freiwahl-Laden‹ bezeichneten, war ein Problem auch die Erleichterung des Ladendiebstahls. Bei uns kleinen Händlern konnte dieser im Verhältnis existenzbedrohende Dimensionen erreichen. Und wenn man dann noch eine gute Kunde in flagranti ertappte, war die Aufregung für das eigene Herz bedrohlicher als für jenes von Täterin oder Täter.

Dass auch Humor im Umgang mit Kunden manchmal zum Tragen kam, war wohl nur im alten Greißler-System möglich, wo man einander recht gut kannte – so leider auch die schlechten Eigenschaften des Gegenübers. Wir hatten zum Beispiel eine Kunde, die man nicht und nicht zufriedenstellen konnte. Die Wurst war zu dick geschnitten, der Käse zu dünn. Das Obst unansehnlich, das Bier zu kalt, das Brot zu resch. Meine Verkäuferinnen zogen sich ins Magazin zurück, wenn sie kam, wichen aus, soweit es ging. Eines Tages, als sie wieder in Hochform war, beschloss ich, es sie merken zu lassen, dass wir auf ihren spärlichen Einkauf lieber verzichten wollten. Ich kassierte an der Kasse stumm und unwirsch und ließ sie ohne Dank und Gruß den Laden verlassen. Doch sie war der Situation gewachsen: Sie verließ den Laden durch die Ausgangstür, ging um die Ecke zum Eingang, stieß ihn auf und rief mir ein dröhnendes ›Muh‹ ins Gesicht. Unfreiwillig war auch der Lacherfolg meines burgenländischen Lehrmädchens, als sie von einer Kundin befragt wurde, was denn die rosa Würmchen in dem Glas mit der Aufschrift ›Shrimps‹ seien. Nach kurzem Zögern gab sie das Geheimnis preis und verkündete: ›Fischhaxn‹.«

In seinem beruflichen Resümee hielt Josef Jedelsky fest: »Ich hab's überlebt und verdrängt und blicke insgesamt gesehen zufrieden und dankbar auf fast vier Jahrzehnte als Lebensmittelkaufmann zurück.«

Welche Faszination die alten Geschäfte und Gasthäuser auch auf spätere Generationen ausgeübt haben, belegen die Erinnerungen des Wieners Paul Holzapfel, Jahrgang 1958, der sie zudem als »größter Portalmaler Österreichs« auch bildlich für die Nachwelt bewahrt. Er berichtet vom »täglichen Einkauf« in den 1960er-Jahren. »Bereits zu Beginn meiner Volksschulzeit kaufte ich bei unserem Greißler in der Oberen Augartenstraße ein. Das Ehepaar Keller und ihr Geschäft waren ein Kuriosum. Beides (!) war schon etwas betagt, vielleicht 60 Jahre oder älter. Deshalb investierten sie auch nichts mehr in das Geschäft. Herr Keller war eher klein und dicklich. Stets trug er eine graue Pullmankappe am Kopf und einen weißen Arbeitsmantel, der aber meist mit irgendwelchen Lebensmittelresten bekleckert war.«

Der junge Einkäufer fühlte sich im Geschäft »um Jahre zurückversetzt. Da war einmal ein geölter Schiffboden, der knarrte« und ein »großer hölzerner Krautbottich neben der Budel. Der Deckel des Bottichs war stets mit einem Leinentuch bedeckt und mit einem großen Pflasterstein beschwert. Und wollte eine Kundin etwas von dem Sauerkraut, dann musste Herr Keller erst den großen Stein mit Mühe vom Bottich heben. Das Kurioseste war aber die Kühlung. Im Geschäft gab es nämlich noch keinerlei elektrische Kühlschränke. Die Kühlung von Milch oder Bier sowie von leicht verderblichen Waren wie Käse und Wurst erfolgte durch Eisblöcke, die zweimal wöchentlich mittels Lastwagen von den Wiener Eisfabriken aus dem 20. Bezirk angeliefert wurden. Diese Eisblöcke brachten Männer mit ihren dunklen Lederschürzen auf ihren Schultern ins Geschäft und schoben sie in große Laden, die sich in den großen Holzschränken befanden.« Im Sommer schreckten Hitze und »die vielen Fliegenfänger, die mit vielen fetten Fliegen bestückt, von der Decke der Greißlerei Keller herabhingen« die Käufer ab. »So kauften wir im Sommer Wurst oder Käse lieber beim Julius Meinl auf der Taborstraße, der natürlich schon seit Jahren die modernsten Kühlgeräte besaß und bei dem, wie in allen anderen Filialen zu damaliger Zeit, das Portrait vom ›3er-Meinl‹, dem ›Präsidenten‹, an der Wand hing.

Damals gab es aber noch keine Selbstbedienung. Persönliche Bedienung war noch gang und gäbe. Kaffee und Tee wurden noch offen verkauft, und auch wenn man nur 5 Dekagramm von einer Sorte kaufen wollte, man bekam es. Persönliche Kontakte waren damals noch üblich, und so hatte meine Oma ein gutes Einvernehmen zum Filialleiter und zu einer Verkäuferin, von denen sie immer zufriedenstellend bedient wurde. Beim Meinl durfte ich mir immer einen Gabelbissen aussuchen. Ich entschied mich vorwiegend für einen mit Wurst oder Fischeinlage. Damals kam mir aber dieser Gabelbissen weit größer vor als heute. War es, weil ich so klein war, oder waren die Gabelbissen einfach noch größer als heute. Ich weiß es nicht.

Anfang Dezember bestellte meine Oma beim Meinl immer einen großen, schweren Truthahn. Das war schon zur Tradition geworden. Sie meinte es dabei immer zu gut mit uns. Bestellte sie doch immer den größten und schwersten, den es irgendwie aufzutreiben gab. Und zu den Weihnachtsfeiertagen hieß es dann für uns alle Truthahn essen.

Am ersten Tag super, herrlich knusprig – am zweiten auch noch gut, am dritten Tag, na ja. Dieser Truthahn wurde anscheinend nicht kleiner und so hieß es weiter Truthahn essen, bis es uns bei den Ohren rausstaubte. Am fünften Tag dieses Irrsinns war das Vieh dann schon allmählich trocken und unansehnlich geworden. Wir alle waren vom Genuss weit entfernt. Meist landeten die Reste dieses geliebten Vogels dann im Ofen oder im Koloniakübel.

Zu den Festtagen vergönnte sich Oma immer einen Striezel, den sie beim Anker auf der Taborstraße erstand. Auch die Semmelwürfel für Knödel kaufte sie dort. Semmelwürfel wurden zu damaliger Zeit vom Verkaufspersonal aus alten, nicht verkauften Semmeln selbst fabriziert und verkauft. Ein Entsorgen der wertvollen Lebensmittel war damals kein Thema. Es gab keine Bedenken wegen der Hygiene; sämtliche Bäckereien waren noch gänzlich unverpackt. Anker lieferte damals seine Backwaren noch mit Pferdefuhrwerken aus und schön frühmorgens um 5 Uhr wurde man im Sommer bei geöffneten Fenstern vom Geklapper der Pferdehufe geweckt.

Ankerbrot-Lieferwagen

Gerne ging ich mit meiner Oma zum Fleischhauer einkaufen. Denn jedes Mal kaufte mir meine Oma ein paar Deka frischen Beinschinken oder einen Paprikaspeck. Wenn ich an den herrlichen, nicht allzu fetten, mit viel Paprika bestreuten Speck denke, läuft mir heute noch das Wasser im Mund zusammen. Beides liebte ich ganz besonders. Der Fleischhauer hieß Grätzl, befand sich an der Ecke Taborstraße/Rotensterngasse und war wegen seines herrlich saftigen Beinschinkens im ganzen Bezirk bekannt. Das Geschäftsportal ist heute fast noch im Original erhalten. Oftmals begleitete ich meine Oma auch auf den Karmelitermarkt, der nur einige Minuten von unserer Wohnung entfernt ist. Dort wiederum liebte ich den Besuch beim Krauthändler. Meine Oma kaufte da immer entweder Sauerkraut oder Gemüsekonserven. Und dabei gab mir der freundliche Krauttandler jedes Mal eine Kostprobe vom köstlichen Sauerkraut oder eine Salzgurke. Auch den Besuch bei der Milchfrau in der Oberen Augartenstraße liebte ich ganz besonders. Nachdem meine Oma bezahlt hatte, schenkte mir die Milchfrau meist ein kleines Schokoherz. Gefüllt war dieses Herz mit wohlschmeckender Erdbeercreme und kostete 50 Groschen. Es war eines von Manner. Das konnte man an der Aufschrift am Herzerl erkennen. Übrigens, Ende der 1960er-Jahre sperrte die Milchfrau dann zu. Kein Wunder, Milch und Milchprodukte konnte man damals schon in jedem Lebensmittelgeschäft und dabei meist sogar billiger erstehen.

Damals dominierten noch viele Einzelhandelsgeschäfte die Taborstraße. So erinnere ich mich noch etwa an ein Knopfgeschäft auf Höhe Taborstraße 50, an ein Wollgeschäft in der Taborstraße 28, dessen Besitzerin eine alte Dame namens Kokona war, oder aber an das bis etwa 2015 existierende Eisenwarengeschäft ›Blasser‹, in dem man Schrauben und Muttern genau nach benötigter Stückzahl zu kaufen bekam.

Paul Holzapfel, Eisenwaren, 2003.

Schuhe kauften wir beim Humanic, an der Ecke Taborstraße/Karmeliterplatz, im Haus Zum Goldenen Hirschen. Im so genannten Hirschenhaus wohnten Ende des 19. Jahrhunderts verschiedene Mitglieder der Familie Strauß (so auch Walzerkönig Johann Strauß Sohn und sein Bruder Josef).

Mitte der 1960er-Jahre etablierten sich die ersten Supermärkte. Ende der 1960er kauften auch wir in einem kleinen Supermarkt namens ›Supersol‹ in der Glockengasse Ecke Stadtgutgasse, vorwiegend nicht leicht verderbliche Waren wie Reis oder Konserven, die es billiger und in einer größeren Auswahl als beim Greißler zu erstehen gab. Dieses Geschäft war allerdings mit denen von heute nicht vergleichbar und hatte nur eine kleine Verkaufsfläche. Es gab noch keine Einkaufswagerln, sondern nur Einkaufskörbe und nur eine Kassa, bei der der Betrag noch händisch eingetippt werden musste.

Mitte der 1960er-Jahre entstand auf einem Teilgelände des ehemaligen Nordwestbahnhofs auf der Nordwestbahnstraße der ›Plus-Kauf‹, ein Supermarkt mit einer Verkaufsfläche vergleichbar mit der eines Interspar oder eines Merkur-Markts von heute. Abgesehen vom reichhaltigen Angebot an Lebensmitteln gab es die vielfältigsten Haushalts- und Freizeitartikel zu kaufen, für die damalige Zeit eine Sensation.

Da wir – wie viele andere – auch noch einen Kohlenofen zum Heizen im Winter besaßen, benötigten wir Koks oder Briketts, die wir uns vom nahen Kohlenhändler Hörmannseder in der Haidgasse nahe der Pfarrkirche St. Leopold meist im Sommer liefern ließen.

Paul Holzapfel, Heizbetriebe, 1992.

Meistens kam dabei der junge Sohn mit seinem dreirädrigen, von einem Zweitaktmotor angetriebenen Gefährt angefahren und lieferte die 500 Kilo Kohle in braunschwarzen Jutesäcken, die er auf dem Rücken, gebückt durchs Stiegenhaus und in den finsteren Keller ohne Strom hinuntertransportieren musste. Eine schweißtreibende Arbeit in den damals auch schon heißen Sommern bei 31 Grad im Schatten.

Bei meinem täglichen Weg zur Volksschule kam ich immer bei einem kleinen Zuckerlgeschäft vorbei, das sich in der Leopoldsgasse zwischen Malzgasse und Miesbachgasse befand. Unweit daneben gab es die Bäckerei Pabst, die bekannt war für ihre herrlichen Faschingskrapfen. Besonders zur Faschingszeit strich der betörende Duft der Krapfen durch die umliegenden Gassen, so dass man kaum widerstehen konnte, sich einen zu gönnen.

Toiletteartikel kauften meine Eltern beim Gerstenberger auf der Taborstraße.

Klopapier (4 Rollen ›Kakadu‹, rosafarben) hingegen kauften wir in einem Papierwarengeschäft in der Nähe des Karmelitermarkts, bei dem ich mir auch gleich die notwendigen Utensilien wie Hefte oder Bleistifte für die Schule besorgte. Beim Eintreten in das Geschäft betätigte man mit der Türe ein kleines Glöckchen und ein krächzendes ›s'Gott‹ von einem in einem Messingkäfig befindlichen Graupapagei ertönte.

Wenn man das so betrachtet, muss ich feststellen, dass früher für den täglichen Einkauf einiges mehr an Zeit aufgewendet wurde als heute, wo man im nahen Supermarkt so ziemlich alles für den täglichen Bedarf bekommt.«

Paul Holzapfel, Kerzen, Seifen, Mäusetod, 2006

Kurzbiografien

Günter Antony wurde 1942 als einziger Sohn eines Friseurmeisters und einer Schneiderin, die später im Friseursalon ihres Mannes mitarbeitete, in Waidhofen an der Thaya geboren. Nach dem Besuch der Handelsschule trat er in die Fußstapfen des Vaters, wurde Friseurmeister und übernahm das Geschäft. Günter Antony, dessen Gattin ebenfalls vom Fach ist, lebt in Waidhofen an der Thaya und ist aktives Mitglied im Waidhofner Tourismus- und Museumsverein sowie in einem Fotoclub. Er schrieb nicht nur die lebensgeschichtlichen Erzählungen seines Vaters Paul Antony auf, sondern auch Erlebnisse und Anekdoten aus dem Leben einer Kleinstadt *(Waidhofner Stadtgeschichten, Waldviertler Wetterkapriolen und Wintersportarten 1900–2014).*

Wilhelmine Bauer* wurde 1927 als älteste von drei Töchtern einer Weberin und eines Gärtners in Niederösterreich geboren. Nach dem Besuch einer Fachschule für Krankenpflege wurde sie Krankenschwester, heiratete, zog als Hausfrau drei Kinder auf und kümmerte sich um den 2000 m^2 großen Garten und die Haustiere. Seit Jänner 2017 ist sie Witwe.

Waltraud Berger* (1922–2014) wurde als eines von zwei Kindern in eine Wiener Offiziersfamilie geboren. Sie studierte Psychologie an der Universität Wien und promovierte Ende der 1940er-Jahre. Sie heiratete und bekam ein Kind. Dr. Waltraud Berger arbeitete als Psychologin mit dem Fokus auf Jugendarbeit und zusätzlich als Journalistin.

Günther Doubek (1928–2016) wuchs als Einzelkind in einer sozialdemokratischen Wiener Arbeiterfamilie auf. Nach dem Besuch des »Montessori-Kindergartens in einem Gemeindebau« erlebte er ab 1934 »ständestaatlich-autoritäre Erziehungspraktiken« und in seiner Gymnasialzeit das nationalsozialistische Regime, das »mit Erfolg versuchte, Kinder und Jugendliche in seinem Sinne zu formen«. Im April 1944 wurde er als Luftwaffenhelfer zum Kriegshilfsdienst eingezogen. Sein Studium (Mathematik und Sport) finanzierte er durch Fußballspielen. Nach einem schweren

Sportunfall absolvierte er den Maturantenlehrgang einer Lehrerbildungsanstalt. Er unterrichtete mit Begeisterung an allen Pflichtschulsparten und wurde in späteren Jahren Direktor eines Polytechnischen Lehrganges. Er war Vater von fünf Kindern. Auf Anregung seiner Ehefrau Annemarie brachte er ab den 1990er-Jahren sehr detailreich seine Lebenserinnerungen zu Papier. Daraus entstanden zwei Bücher *»Du wirst das später verstehen …«. Eine Vorstadtkindheit im Wien der dreißiger Jahre*, Reihe *Damit es nicht verlorengeht …*, Bd. 47, und *Bleib über! Erinnerungen an das letzte Kriegsjahr.*

Helmut Drechsler wurde 1947 in Wien als Sohn einer Hausfrau und passionierten Einkäuferin sowie eines Technikers geboren. Er absolvierte eine HTL für Nachrichtentechnik und arbeitete u.a. als Schulungsleiter für »Grundlagen der Elektronik und Schaltungstechnik«. Neben der beruflichen Tätigkeit studierte er später »aus Neugierde am Erleben« Politikwissenschaft und Publizistik. Ing. Helmut Drechsler ist Vater einer Tochter, lebt in Wien und widmet sich verstärkt dem Schreiben autobiografischer Erlebnisse aus dem Schul- und Berufsalltag sowie dem Fotografieren.

Rupert Erharter wurde 1926 in Hopfgarten-Kelchsau in den Kitzbüheler Alpen als eines von elf Kindern einer Bergbauernfamilie geboren. Nach seiner Rückkehr aus der französischen Kriegsgefangenschaft Anfang 1946 arbeitete er als Bauernknecht, Senn, Holzknecht sowie über zwanzig Jahre als Hausmeister bzw. Schulwart. Rupert Erharter, Vater einer Tochter, lebt in Münster in Tirol. 2016 erschien sein Erinnerungsbuch *Leben ohne Plan: Wieviel Freude man erleben darf und wieviel Leid man zu tragen hat.*

Gertrude Erlacher wurde 1928 im steirischen Seckau als eines von vier Kindern in eine Bauern- und Müllerfamilie geboren. Nach der Matura an einem Realgymnasium besuchte sie die Landwirtschaftliche Fachschule und führte gemeinsam mit ihrem Mann, den sie 1953 geheiratet hatte, einen Bauernhof in Wieting, Kärnten. Der Ehe entstammen fünf Söhne. Neben ihrer Tätigkeit als Bäuerin schrieb sie zahlreiche Artikel für Zeitungen und Zeitschriften über Themen des alltäglichen Lebens auf dem Land.

Edith Farschtschian wurde 1942 in Wien in eine Kaufmannsfamilie geboren und wuchs mit zwei Geschwistern auf. Nach dem Besuch der Handelsschule begann sie ihre berufliche Laufbahn 1957 in einer Notariatskanzlei, heiratete 1966 und setzte ihre Karriere als Direktions- und Vorstandssekretärin fort. Edith Farschtschian lebt in Wien.

Margarethe Felder wurde 1927 als eines von zwei Kindern einer Schneiderin und eines Kaufmanns im ehemals österreichisch-oberschlesischen Bielitz-Biala im heutigen Polen geboren und besuchte eine hauswirtschaftliche Frauenoberschule. 1948 heiratete sie in Wien einen gelernten Goldschmied und bekam vier Kinder. Beruflich trug sie u.a. als Arbeiterin, Raumpflegerin und Schaffnerin zum Familieneinkommen bei.

Ella Gams* (1921–2011) wurde als eines von drei Kindern in Wien geboren. Die Mutter war bis zu ihrer Heirat Krankenschwester, der Vater höherer Ministerialbeamter. Nach der Mittelschule absolvierte sie ein Studium an der Hochschule für Angewandte Kunst in Wien. Mag. Ella Gams heiratete 1948, wurde Mutter einer Tochter und arbeitete – von 1951 bis 1957 in der Schweiz, später in Wien – als Malerin und Grafikerin für Verlage und Unternehmen, zudem übte sie an Gymnasien eine Lehrtätigkeit aus.

Franz Ginner (1930–2018) wurde als Sohn »zuagroaster« Eltern in Wien geboren. Die Mutter war »Ischlerin mit Leib und Seele«, der Vater, Portier im Wiener Allgemeinen Krankenhaus, stammte aus dem Mostviertel. Franz Ginner übte nach der Mittelschule »viele Berufe« aus. Nach Erfahrungen als Ross- und Holzknecht erlernte er das Drechslerhandwerk und trat dann in die Bundesgendarmerie ein, wo er als Alpingendarm und »Weiße Maus« fungierte, bevor er ab 1959 an der Gendarmeriezentralschule Mödling u.a. als Lehrer für Kriminalfotografie, Kriminologie und Kriminalistik und Leiter der Lichtbildstelle wirkte. Franz Ginner, seit 1958 verheiratet und Vater eines Sohnes, lebte mit seiner Gattin Margaretha in Mödling. Neben autobiografischen Schriften über seine Tätigkeit im Gendarmerie- und Polizeidienst veröffentlichte er u.a. auch ein Lehrbuch über »Kriminalistische Fotografie«.

Annelies Gorizhan wurde 1931 als Tochter eines Lehrerehepaares in Wien geboren. Nach der Beamtenmatura arbeitete Annelies Gorizhan, Mutter eines Sohnes, u.a. als Statistikerin am Landesarbeitsamt Wien. »Kleine und große Reisen« führten sie oft auch zu den väterlichen Wurzeln in Kroatien und den mütterlichen Verwandten in Altruppersdorf im Weinviertel. Annelies Gorizhan arbeitete nach ihrer Pensionierung über viele Jahre ehrenamtlich in der *Dokumentation lebensgeschichtlicher Aufzeichnungen* mit.

Agnes Grandjean wurde 1940 als eine von zwei Töchtern geboren und wuchs am elterlichen Bauernhof in Kaltenleutgeben auf. Nach dem Verkauf des Bauernhofes zog die Familie nach Wien. 1957 trat Agnes Grandjean als Lehrling in das Milch- und Lebensmittelgeschäft ihrer Mutter ein und half mit, es auszubauen. 1971 ging die Mutter in Pension und Agnes Grandjean bewarb sich mit Erfolg bei der *Wiener Gebietskrankenkasse,* wo sie bis zu ihrer eigenen Pensionierung arbeitete. Die Mutter eines Sohnes lebt in Baden und erfreut sich an zwei Enkelkindern.

Hermann Greller wurde 1937 im burgenländischen Großpetersdorf geboren und wuchs mit einer jüngeren Schwester in Wien auf. Nach seiner Ausbildung zum akademisch geprüften Export-Import-Einkäufer arbeitete er für einen internationalen Konzern in diesem Bereich sowie im Inventory Controlling. Seiner 1961 geschlossenen Ehe entstammt ein Sohn.

Herta Grillitsch* (1928–2009) wurde in St. Martin am Wöllmißberg als zweite Tochter in eine steirische Familie geboren. Die Mutter bewirtschaftete ein kleines Stück Land, der Vater hatte im Ort eine fixe Stelle als Straßenwärter angenommen. Herta Grillitsch besuchte die fünfjährige Lehrerbildungsanstalt (LBA) und unterrichtete als Volksschullehrerin. 1951 heiratete sie, wurde Mutter eines Sohnes und übernahm später die Direktion einer Volksschule in Graz.

Johanna Hacker wurde 1928 im steirischen Edelsbach bei Feldbach als Kind einer Landarbeiterin und eines Bauernsohns geboren und wuchs in einer Pflegefamilie auf. Sie besuchte die Hauptschule und wurde 1943 der Post als Kriegsaushilfe zugewiesen. Johanna Hacker wurde Postbedienstete, heiratete 1954 und wurde Mutter eines Kindes. Sie lebt in Feldbach. Seit Jahrzehnten ist das Verfassen von Gedichten in südoststeirischer Mundart eines ihrer liebsten Hobbys.

Franz Halmer wurde 1923 im niederösterreichischen St. Leonhard am Forst geboren und wuchs mit zwei Geschwistern auf einem Bauernhof in Gerolding auf. Nach der Volksschule arbeitete er u. a. als Holzknecht für das Stift Melk, bevor er im Dezember 1941 erst zum Arbeitsdienst und dann zum Militär einberufen wurde. 1950 heiratete Franz Halmer und führte gemeinsam mit seiner Frau einen Bauernhof. Er ist Vater einer Tochter, hat zwei Enkel und zwei Urenkel und lebt in Zelking.

Luise Hanny (1927–2011) wurde im tschechoslowakischen Brünn als älteres von zwei Kindern einer gelernten Weißnäherin und eines Schmiedemeisters geboren. Nach dem Besuch einer Handelsschule arbeitete sie als Justizangestellte, flüchtete im Frühjahr

1945 nach Niederbayern, wurde von ihrer Familie getrennt und fand diese erst später in Niederösterreich wieder. 1956 heiratete sie Otto Hanny, war in einem Lebensmittelgeschäft, einer Strumpffabrik und einer Weinkellerei angestellt und sparte jeden Groschen für den Bau eines eigenen Hauses in Wolkersdorf im Weinviertel.

Sebastian Haselsberger wurde 1939 als eines von fünf Kindern auf einem Bergbauernhof im Tiroler Scheffau am Wilden Kaiser geboren. 1946 zog die Familie nach Going. Mit zehn Jahren musste er bereits sein eigenes Brot verdienen, vom Volksschulbesuch »befreiten« ihn wegen der Feldarbeit häufig der Vater oder die Bauern und nach sieben Jahren – trotz achtjähriger Schulpflicht – »aus Platzgründen« auch die Schulbehörde. Er wurde u.a. Senn, Mitarbeiter in einer Weinhandlung und Arbeiter in einer Schultafelfabrik. Seit seiner Heirat 1970 lebt Sebastian Haselsberger in der Nähe von Würzburg in Deutschland. In seiner Pension widmet er sich dem Schreiben. Seine Lebenserinnerungen wurden in zwei autobiographischen Büchern *(Der Kleinhäusler, Neue Heimat)* veröffentlicht; außerdem verfasste er eine Romantrilogie *(Die Herrenberger)*, schreibt Mundartgedichte und ist Herausgeber eines Tiroler Dialektwörterbuchs.

Ernestine Hauer* (1924–2009) wurde als jüngere von zwei Töchtern in Wien geboren. Ihre Mutter, die als Kindermädchen und Köchin aus Nordmähren nach Wien gekommen war, ernährte die Familie während der Zeit der großen Arbeitslosigkeit u.a. als Fabrikarbeiterin und Schaffnerin bei der Straßenbahn. Ernestine Hauer absolvierte nach der Hauptschule eine Bürokaufmannslehre, arbeitete u.a. als Korrespondentin, Stenotypistin sowie Sekretärin und wurde Mutter einer Tochter. 1970 zog sich Ernestine Hauer aus dem Berufsleben zurück und versorgte »Mann, Haus und Garten«.

Wilhelmine Hinner wurde 1923 als erstes von zwei Kindern in Wien geboren. Die Mutter arbeitete nach dem Umzug in einem Gemeindebau als Hausmeisterin, der Vater war Bauleiter. Nach der Hauptschule machte Wilhelmine Hinner »auf besonderen Wunsch« der Mutter eine Schneiderlehre. 1948 heiratete sie, 1952 kam ihr Sohn auf die Welt. Wilhelmine Hinner arbeitete bis zu ihrer Pensionierung – zeitweise in Heimarbeit – als Näherin für dieselbe Firma.

Paul Holzapfel wurde 1958 in Wien geboren, maturierte an der HTL Schellinggasse und begann nach dem Militärdienst seine Laufbahn als Techniker und Stadtplaner.

Begleitet wurde die Karriere stets von der Malerei, die im Lauf der Jahre einen immer höheren Stellenwert einnahm. Für seine Bilder, die auf zahlreichen Ausstellungen im In- und Ausland gezeigt werden, verwendet Paul Holzapfel vor allem die Airbrush-Mischtechnik. Er setzt sich aber auch mit den Maltechniken Aquarell, Acryl und Linolschnitt auseinander. Er produziert Kunstkalender, ist Buchautor und Kursleiter.

Rosa Imhof wurde 1931 in Ybbsitz als drittes von zehn Kindern geboren. Die Mutter führte eine kleine Landwirtschaft, der Vater war Holzknecht. Im Alter von neun Jahren wurde Rosa Imhof einem Bauern als Arbeitskraft überlassen, der Schulbesuch trat in den Hintergrund. Mit 22 Jahren ging sie in die Schweiz, heiratete mit 25 einen Schweizer. Sie führte unter anderem den Haushalt eines bekannten Schriftstellers und betreute die Musikfestwochen in Luzern kulinarisch. In der Pension kehrte sie nach mehr als 40 Jahren nach Österreich zurück, baute das Ferienhaus aus und lebt nun wieder in den niederösterreichischen Voralpen.

Gertrud Jagob wurde 1930 in Wien geboren und wuchs als Einzelkind in Ottakring auf, wo ihre Eltern einen Hausmeisterposten innehatten. Nach der Hauptschule begann sie eine einjährige Ausbildung in einer Haushaltungsschule, arbeitete als Kindergartenhelferin und verdiente sich mit Fabrikarbeit selbst das Schulgeld für eine private Handelsschule. Ab 1949 arbeitete sie als Sekretärin, unterbrochen von Erziehungszeiten für Sohn und Tochter nach ihrer Heirat 1953. Gertrud Jagobs Erinnerungen ans Berufsleben wurden in dem Sammelband *Arbeit ist das halbe Leben …* veröffentlicht. In der Pension konnte sie endlich ihrem Hobby, dem *Schreiben,* nachgehen. Sie entwickelte sich zur Mundartdichterin und verfasste bisher sechs Bände Mundartgedichte mit meist zeitgeschichtlichen Inhalten. Im Wiener Pensionistenheim Liebhartstal gründete sie eine Lesegruppe.

Lucia Jakob wurde 1928 in Zistersdorf im Weinviertel als Tochter einer Hausfrau und eines Sparkassenbeamten als eines von zwei Kindern geboren. 1947 legte sie die Matura an der Lehrerbildungsanstalt ab und unterrichtete als Volksschullehrerin in Wien. 1952 heiratete sie und wurde Mutter von drei Töchtern. Sie schreibt Geschichten, Märchen und Gedichte in Schriftsprache und Mundart und ist Mitglied der »Döblinger Autoren«.

Hildegard Janderka wurde 1936 in Graz-Eggenberg als eines von drei Kindern in eine steirische Beamtenfamilie geboren. Nach der Hauptschule und einem einjährigen Bürokurs absolvierte sie eine Lehre als Bürokauffrau und arbeitete bei einer Versicherung. Sie heiratete 1957 und widmete sich nach der Geburt von zwei Kindern ganz der Familie. Hildegard Janderka lebt in Graz.

Josef Jedelsky wurde 1924 in Wien-Fünfhaus als Sohn eines Kaufmannsehepaares geboren, das eine kleine Lebensmittelhandlung betrieb. Da sich der ältere Bruder nur für das Theater interessierte, trat der jüngere nach der Unterstufe des Realgymnasiums 1939 die Kaufmannslehre beim Vater an. Kurz nach Lehrabschluss begann im Dezember 1942 für den 18-Jährigen der Kriegsdienst. Nach der Heimkehr aus der Kriegsgefangenschaft Ende 1946 engagierte er sich im Geschäft, verdoppelte dessen Fläche und stellte es bereits 1958 auf das Selbstbedienungssystem um. Als Mitglied der SPAR-Kette schrieb er ab 1969 eine Kolumne im *SPAR-Magazin* unter dem Titel *Unter dem Apfelbaum.* Nach fast vier Jahrzehnten als Lebensmittelkaufmann zog sich der Vater von vier Kindern aus dem Geschäft zurück und lebt mit Gattin Brigitte in Wien.

Elisabeth Jilka wurde 1949 in eine »typisch altösterreichische« Familie in Wien geboren. Die väterlichen Vorfahren kamen aus dem heutigen Tschechien und Ungarn nach Wien, die mütterlichen Verwandten aus dem heutigen Slowenien. Elisabeth Jilka maturierte 1968 an einer Handelsakademie. 1969 heiratete sie, 1970 kam ihr Sohn zur Welt. Sie arbeitete u.a. als Produktmanagerin für einen italienischen Autokonzern, als Einzelhandelskauffrau im Textilhandel und für ein Institut für psychologische Studien im Bereich von Mediation, Markt- und Konsumverhaltensforschung. Elisabeth Jilka lebt in Wien.

Hans Kasper, Jahrgang 1931, wuchs bei Großeltern, Onkeln und Tanten »auf einem kleinen Landwirtschaftbetrieb im Montafon in recht bescheidenen Verhältnissen« auf. Nach der Volksschule besuchte er eine Landwirtschaftliche Berufsschule. Über die Jahrzehnte war er als Hüterbub, Knecht, Hilfsarbeiter, Bauarbeiter, Textilarbeiter, Kassier und Vertreter tätig. Hans Kasper, der bereits 1979 eine der ersten Solaranlagen auf seinem Hausdach installiert hatte und dann auch in Beratung und Verkauf von Solar-Energie-Technik aktiv war, wurde zu einem Pionier der Alternativenergie. Der Vater von sieben Kindern lebt mit seiner Gattin, mit der er seit 1954 verheiratet ist, in Vandans.

Alfred Katzenbeisser wurde 1933 als eines von fünf Kindern in eine Waldviertler Familie geboren. Seine berufliche Karriere begann er als Buchhalter, sattelte um und unterrichtete später als Religionslehrer in Waidhofen an der Thaya. Alfred Katzenbeisser ist seit 1959 verheiratet und Vater von drei Töchtern.

Elfriede Kellermann wurde 1935 in Wien als eines von drei Kindern einer Bedienerin und eines Chauffeurs geboren. Ihre kindlichen Handelserfahrungen im Wien der Nachkriegszeit konnte sie später als Kauffrau beim Verkauf von Schuhen und Büchern nutzen. Elfriede Kellermann ist Mutter einer Tochter und eines Sohnes und lebt in Wien.

Christiana Körbler wurde 1939 als Tochter einer Hausfrau und eines Bilanzbuchhalters geboren und wuchs mit zwei Geschwistern in Wien auf. Sie war als kaufmännische Angestellte in Buchhaltung und Verkauf sowie als Sekretärin tätig. Christiana Körbler ist Mutter von drei Kindern und lebt in Wien.

Gustav Lackinger wurde 1920 in eine Wiener Straßenbahnerfamilie geboren und wuchs mit den Eltern und einem um zehn Jahre älteren Bruder in einer Zimmer-Küche-Wohnung am Alsergrund auf. Nach der Mittelschule wurde er 1938 zum Wehrdienst einberufen, 1946 kehrte er aus der Gefangenschaft nach Wien zurück. Er begann eine Ausbildung zum Baumeister und wurde Bauleiter im Hochbau. Gustav Lackinger ist Vater eines Sohnes und lebt in Wien.

Karl Lackner wurde 1946 in Thomasberg in der Buckligen Welt, Niederösterreich, als eines von drei Kindern einer Kleinbauernfamilie geboren. Er erlernte den Beruf des Malers und Anstreichers und war später im niederösterreichischen Landesdienst bei einer Brückenmeisterei tätig. Karl Lackner ist verheiratet, hat drei Kinder und lebt in Hochneukirchen. 2014 erschien sein Buch *Bleamal aus'n Mühlental* mit Gedichten in Hochsprache und gegendüblichem Dialekt sowie Geschichten und Anekdoten mit realem Hintergrund.

Elisabeth Linshalm wurde 1931 in Werbass/Vrbas in der Vojvodina im damaligen Königreich Jugoslawien in eine deutschsprachige Familie geboren. 1944 flüchtete die Familie mit ihren drei Kindern nach Österreich und wurde im Juni 1945 wieder nach Jugoslawien zurückgeschickt, wo sie in einem Lager festgehalten wurde. Ende März 1947 gelangte die Familie illegal nach Wien und konnte bleiben. Elisabeth Linshalm trug als Haushaltshilfe zum Familieneinkommen bei. 1951 heiratete sie und wurde Mutter von vier Kindern.

Walfrieda Marchl* wurde 1930 in der Obersteiermark in eine Arbeiterfamilie geboren und wuchs mit zwölf Geschwistern auf. Ab 1945 absolvierte sie eine Schneiderlehre und arbeitete in einer Schneiderei. 1951 heiratete sie, baute mit ihrem Mann ein Haus und zog drei Kinder auf.

Maria Medla (1927–2015) wurde als zweite Tochter einer Heimstrickerin und eines gelernten Maurers, Strickers und Holzarbeiters auf einem kleinen Hof in Türnau im nördlichen Waldviertel geboren. 1941 bestand sie die Aufnahmsprüfung in die Lehrerbildungsanstalt Krems, konnte aber wegen Geldmangels die Schule nicht besuchen. 1950 heiratete sie, wurde Mutter von einer Tochter und zwei Söhnen, die sie nach dem Unfalltod ihres Gatten 1964 allein aufzog. Als Heimstrickerin produzierte sie Handschuhe auf einer Flachstrickmaschine, betrieb die kleine Landwirtschaft und betreute die örtliche Kapelle. Ihre große Leidenschaft galt dem Schreiben und der Mundartdichtung.

Monika Moder wurde 1939 in Linz als Tochter einer Hausfrau und eines ÖBB-Beamten geboren. In den Kriegsjahren zwischen 1943 und 1945 lebte sie bei den Großeltern in Haag in Niederösterreich. Im Alter von sieben Jahren verbrachte sie als unterernährtes Kind vier Monate bei Pflegeeltern im »Schlaraffenland« Schweiz. Nach der Hauptschule besuchte sie die Fachschule für Grafik und Textil (HTL). Sie heiratete, zog drei Söhne auf und war dann bis zu ihrer Pensionierung in der Werbeabteilung der Firma Quelle tätig. Monika Moder hat sieben Enkelkinder, lebt in Linz und arbeitet – »weil's mir Spaß macht« – noch immer im Musiktheater.

Kurt Motlik (1926–2015) wurde zehn Jahre nach seinem Bruder in eine Schneiderfamilie in einer Wiener »Zinskaserne« geboren. Seine Mutter verstarb 1938. 1944 wurde Kurt Motlik als 17-Jähriger zum Militär eingezogen und an der Ostfront eingesetzt. Nach seiner Rückkehr absolvierte er eine vierjährige Ingenieurschule, heiratete 1947, wurde Vater eines Kindes und arbeitete als Versuchs- und Messtechniker in der Generaldirektion der Österreichischen Bundesbahnen. Nach seiner Pensionierung bemühte er sich als Zeitzeuge in Schulen um die Aufklärung über die historisch-politische Entwicklung in Österreich.

Erika Neuberger wurde 1925 in Wien geboren. Ihr Vater war Beamter der Wiener Verkehrsbetriebe und für die Sozialdemokratie aktiv, ihre Mutter führte den Haushalt mit zwei Kindern. Erika Neuberger absolvierte eine Handelsschule und war als Beamtin der Wiener Stadtwerke und als technische Zeichnerin berufstätig. Die Mutter von zwei Kindern lebt, das Zeitgeschehen intensiv beobachtend, in Wien.

Otti Neumeier (1936–2017) wurde als einzige Tochter einer Krankenschwester und Hausfrau sowie eines Tischlers in Wien geboren. Nach der Hauptschule absolvierte sie eine kaufmännische Lehre, arbeitete als Sekretärin u.a. für einen Wiener Lokalpolitiker und setzte sich als Redakteurin für Frauenthemen ein. In ihrer Freizeit spielte sie in einer Amateurtheatertruppe, nach der Pensionierung war sie Mitarbeiterin des Wiener Volksliedwerks. In diesem Zusammenhang entstanden zahlreiche kleinere Publikationen über Wienerliedersänger/innen. Außerdem veröffentlichte sie alltagsbezogene Erinnerungen und Kurzgeschichten in den Büchern *Zwischen Calafati und Pompfuneberer* und *Wir vom Jahrgang 1936.*

Eva Novotny wurde 1944 in Bad Hall geboren, lebte mit ihren Eltern – der Vater war Richter, die Mutter Hausfrau – und einem jüngeren Bruder bis 1949 im steirischen Liezen, bevor die Familie zu den Großeltern nach Linz zog. Nach dem Studium der Kunst- und Werkerziehung unterrichtete sie als AHS-Lehrerin Zeichnen in Linz, Wien und Pressbaum und half ihrem Mann beim Aufbau seines technischen Büros. Mag. Eva Novotny ist Mutter dreier Töchter und eines Adoptivsohnes aus dem Kosovo. Sie geht vielseitigen Hobbys nach (Schreiben, Malen u.a.) und engagiert sich seit Jahrzehnten in der Betreuung von Flüchtlingen und Migrantenfamilien.

Hedwig Öhler wurde 1930 als erstes von zwei Kindern in eine Wiener Gemeindebedienstetenfamilie geboren. Sie absolvierte die Handelsakademie und arbeitete als Buchhalterin. Hedwig Öhler heiratete 1957 und ist Mutter von drei Kindern. Die Kultivierung eines Gartengrundstücks am Stadtrand von Wien war für sie über Jahrzehnte ein wichtiger Lebensinhalt. Hedwig Öhlers Initiative ist die Herausgabe des Gefängnistagebuchs ihres ehemaligen Religionslehrers Johann Ruggenthaler aus den Jahren 1944/45 unter dem Titel *Brennen, um ein Licht zu entzünden* zu verdanken.

Erika Payr, geb. Pollak, (1921–2010) wuchs in Innsbruck in einer gut situierten bürgerlichen Familie auf. Sie besuchte das Mädchengymnasium der Ursulinen. Nach dem »Anschluss« 1938 wurde es allerdings geschlossen, sodass sie ein Jahr vor der Matura an eine andere Schule wechseln musste. Trotzdem legte sie die Matura mit ausgezeichnetem Erfolg ab. Aufgrund ihrer Herkunft blieb ihr ein Studium jedoch verwehrt. Während des Krieges arbeitete sie als Bürokraft in der Filiale einer Versicherung. Unmittelbar nach Kriegsende heiratete sie und zog in der Folge drei Kinder groß. Bis ins hohe Alter war sie in ihrer Pfarrgemeinde engagiert, geistig rege und offen für alles Neue.

Erika Pazdera wurde 1932 in Wien als einzige Tochter von Gemeindebediensteten geboren. Ihre ersten Lebensjahre verbrachte sie großteils bei den Großeltern, die von der kleinen Kriegsinvalidenrente des Großvaters lebten. Die Eltern ermöglichten nach der Hauptschule den Besuch einer dreijährigen Hauswirtschaftsschule. Danach arbeitete sie als Krankenpflegerin, anfangs im Sanatorium Lainz, nach dem Verlust der Eltern in der Schweiz. Nach der Rückkehr nach Wien und einer beruflichen Umschulung wurde sie Röntgenassistentin. Erika Pazdera, die sich für moderne Literatur und Musik interessiert, lebt in Wien.

Erika Podpera (1932–2017) wurde in Wien geboren. Die Mutter half der Großmutter in deren »kleiner Greißlerei«, der Vater war selbständiger Taxilenker. Erika Podpera absolvierte die Lehrerbildungsanstalt und unterrichtete als Volksschullehrerin. Sie war als aktives Pfarrmitglied jahrelang für die Leitung der *Eine-Welt-Gruppe* verantwortlich und in engem Kontakt mit der österreichischen Entwicklungshilfe in Brasilien.

Felix Pytela (1919–2011) wurde als jüngstes von drei Kindern in Wien-Hernals geboren, wo die Mutter ein »Federngeschäft« geführt hatte. Er absolvierte eine Lehre als Buchdrucker und wurde zum Militär eingezogen. Nach dem Krieg reaktivierte Felix Pytela, Vater von drei Kindern, den Mandolinen- und Gitarrenverein *Alszauber,* den die Nationalsozialisten verboten hatten, und engagierte sich im Verband der Amateurmusiker und -vereine Österreichs (VAMÖ). Im Eigenverlag publizierte er das Buch *Dein Reich komme – die Idee eines Staates für gutwillige Menschen.*

Hans Rappensberger (1922–2013) wuchs in einer mittelständischen Familie in Wien-Ottakring auf, allerdings war in seiner Kindheit das Sparen auch für ihn ein Begriff. Sein Vater betrieb eine Messerschmiedewerkstatt, die er nach dem Besuch der Hauptschule, nach Gesellen- und Meisterprüfung übernahm. Privat verfasste er gerne Kurzgeschichten und Gedichte mit historischen Inhalten, für die er vorzugsweise aus dem Selbsterlebten schöpfte.

Judith Schachenhofer wurde 1933 als eines von vier Kindern im niederösterreichischen Annaberg geboren, wo der Vater Oberlehrer und die Mutter Hausfrau war. Sie absolvierte die Lehrerbildungsanstalt (LBA), maturierte 1952 und arbeitete wegen schlechter Aussichten auf Anstellung vorerst als Erzieherin, bevor sie 1957 ihre Laufbahn als Lehrerin in Oberösterreich begann und später in Niederösterreich fortsetzte. 1958 heiratete sie und wurde Mutter von zwei Kindern. Judith Schachenhofer ist Autorin des Buches *Auf den Spuren der Nachkommen von Kaiserin Elisabeth. Erinnerungen der ehemaligen Erzieherin im Schloss Persenbeug.*

Karl Schmutz wurde 1946 als einziger Sohn von Karl und Johanna Schmutz, die eine kleine Landwirtschaft betrieben, in Gmünd, Niederösterreich, geboren. Nach der Hauptschule erlernte er das Maurerhandwerk und absolvierte eine dreijährige Polierschule. Mit 24 Jahren wechselte er zu den Österreichischen Bundesbahnen, wo er 25 Jahre als Bahnmeister tätig war. Einblicke in seine berufliche Welt vermittelt sein Beitrag zu dem Sammelband *Arbeit ist das halbe Leben …* Der Vater von zwei Töchtern widmet sich in seiner Pension dem Schreiben von Erinnerungstexten, Gedichten und Liedern in Waldviertler Mundart (u.a. die Bücher *Woidviatlarisch, A weingl stadhoitn und b'sinnan* und *Hobt's schou gheart …* und die CD *Woidviatlarisch g'red't – Woidviatlarisch g'sunga*), aber auch auf Hochdeutsch *(Aus dem Leben eines Waldviertler Kleinhäusler-Buben, Mit christlichen Werten leben und Poesie & Prosa – Begleiter durch die Zeit).*

Erika Schöffauer wurde 1924 als zweites Kind einer Hausfrau und eines Gendarmeriebeamten – später betrieb er ein Detektivbüro und arbeitete als Hundetrainer – geboren und wuchs teils auf dem Land in Oberkärnten, teils in Klagenfurt auf. Nach der Hauptschule arbeitete sie während der Kriegsjahre in einem Büro. 1946 heiratete sie und wurde Mutter von zwei Kindern. Später legte sie die Externistenmatura ab und arbeitete als Beamtin, u.a. als Referentin für Frauenfragen am Landesarbeitsamt Kärnten. Seit ihrer Pensionierung widmet sie sich verstärkt dem Schreiben. Ihre Lebensgeschichte hat sie in dem Buch *Zeiten und Wege* festgehalten. Erika Schöffauer lebt in Wien und verbringt die Sommer in Kärnten.

Ilse Schubert wurde 1941 in Wien geboren. Nach der Hauptschule besuchte sie zwei Jahre die Modeschule Hetzendorf, war anschließend zwei Jahrzehnte bei der Firma Preminger Couture als Modezeichnerin und Entwurfsdirektorin tätig und dann bis zur Pensionierung in der Schnittabteilung der Fa. Komolka beschäftigt. Ilse Schubert lebt in Wien.

Hanni Steixner (1926–2017) wurde als achtes von elf Kindern in eine Tiroler Bauernfamilie geboren. Bis zum Alter von 25 Jahren arbeitete sie am elterlichen Hof mit, dann war sie als Hausgehilfin und Verkäuferin sowie als Sprengelhebamme im vorderen Stubaital tätig. Ihre Eindrücke und Erfahrungen aus dieser Tätigkeit hat sie im Buch *Erinnerungen an meine Hebammenzeit* festgehalten. 1960 heiratete sie, bekam fünf Kinder und widmete sich ab 1964 ihren Aufgaben als Mutter, Hausfrau und Vermieterin.

Gottfried Stepan (1931–2006) wurde in Wien-Ottakring als eines von zwei Kindern einer Büroangestellten und eines Goldschmiedes geboren. Ab 1945 erlernte er im Betrieb des Vaters, der einer der besten Dosenmacher (Zigaretten-, Puder-, Pillen-, Schnupftabakdosen …) von Wien war, das Goldschmiedehandwerk und übte es selbständig aus. Seine Gattin (seit 1956) arbeitete im Geschäft mit. Gegen Ende seiner beruflichen Tätigkeit hielt er sein Wissen in der Goldschmiedekunst in zwei Fachbüchern fest.

Ingeborg Tatarski-Fugger wurde 1936 im Waldviertel geboren und wuchs mit zwei Geschwistern als Tochter einer Hausfrau und eines Tischlers und Briefträgers auf. Nach der Krankenpflegeschule arbeitete sie als Diplomkrankenschwester und war Mitarbeiterin bei der betriebsärztlichen Betreuung. Ingeborg Tatarski-Fugger ist Mutter von drei Kindern und lebt in Wien.

Gertraud Unterweger wurde 1942 als Tochter einer Geschäftsfrau und eines kaufmännischen Angestellten in Wien geboren und lebte während der Kriegs- und Nachkriegszeit zeitweise bei den Großeltern im niederösterreichischen Erlauftal. Sie absolvierte die Handelsschule und arbeitete als Bürofachkraft. 1964 heiratete sie und wurde Mutter von drei Kindern. Gertraud Unterweger lebt im steirischen Fohnsdorf, schreibt Prosa (u.a. die Bücher *Menschengeschichten, Sommerstürme* und *Salzburg – »Goldener Hirsch« oder Eine Nummer zu groß*) und Gedichte (zuletzt die Bände *Immer noch Hoffnung* und *Herzgeburten*).

Ingeborg Walla-Grom (1931–2014) wurde als ältestes von drei Kindern in eine Wiener Arbeiterfamilie geboren. Nach der Volksschule besuchte sie zwei Klassen Hauptschule und Gymnasium, heiratete 1949, zog fünf Kinder auf und übte bis zu ihrer Pensionierung mit 60 Jahren eine Vielzahl von Berufen aus. Sie war Telefonistin, Verkäuferin, Hilfsarbeiterin, Postbedienstete und Fakturistin und daheim begeisterte Köchin. Mit ihrem zweiten Mann teilte sie im Alter ihre Liebe zum Reisen und zur ehemaligen Sowjetunion. Teile ihrer Lebenserinnerungen wurden im Band *Generationen erzählen. Geschichten aus Wien und Linz, 1945–1955,* Buchreihe *Damit es nicht verlorengeht …,* Bd. 54, und in einem lebensgeschichtlichen Interview im Rahmen des Projekts *MenschenLeben* der *Österreichischen Mediathek* festgehalten.

Eveline Weiss wurde 1936 in Brünn in der Tschechoslowakischen Republik geboren. Mit der Mutter gelang ihr am Neujahrstag 1946 die Ausreise nach Österreich zu Verwandten. Der Vater, ein Molkereifachmann, kam nach seiner Internierung in der Tschechoslowakei und einer Odyssee erst 1948 zu seiner Familie nach Wien. 1952 erhielt die Familie die österreichische Staatsbürgerschaft. Nach dem Besuch der Handelsakademie und ersten beruflichen Erfahrungen begann Eveline Weiss »spätberufen« ein Studium an der Hochschule für Welthandel (heute Wirtschaftsuniversität). Nach der Lehramtsprüfung unterrichtete die nunmehrige Frau Diplomkaufmann kaufmännische Fächer an einer HBLA für wirtschaftliche Berufe. Sie lebt in Wien und nimmt, theater- und musikinteressiert, regen Anteil am kulturellen Leben.

Elly Weißinger (1919–2012) wuchs als Tochter einer selbständigen Kauffrau und eines Rathausbediensteten in Wien auf. 1936 verließ sie das Gymnasium, um ihre Mutter im Lebensmittelgeschäft am Alsergrund zu unterstützen. 1938 heiratete sie ihren Verlobten. 1941 kam das erste Kind auf die Welt, dem bis 1966 sechs weitere folgten. 1960 übernahm Elly Weißinger das Geschäft und führte es bis 1964.

Ihre 1948 geborene Tochter **Ina Biechl** half gern im Geschäft mit, wollte es aber nicht übernehmen. Sie ist seit 1976 Erwachsenenbildnerin und seit 1992 viel beschäftigte selbständige Beraterin, Trainerin und Coachperson.

Alice Werany, Jahrgang 1925, wuchs als eines von zwei Kindern in der bis 1938 niederösterreichischen Siedlung Friedensstadt bei Wien auf, wo die Eltern, eine Köchin und ein Facharbeiter, das vom Großvater begonnene Einfamilienhaus weiterbauten. Nach der Haupt- und Mittelschule machte sie eine Damenschneiderlehre, wurde Schneidermeisterin und arbeitete als Beamtin in Pflegeheimen. Der 1954 geschlossenen Ehe entstammen drei Kinder. Alice Werany lebt in Wien.

Martha Willinger wurde 1928 in Wien als einziges Kind ihrer Eltern geboren. Die Eltern führten ein Geschäft in der Stadtrandsiedlung Leopoldau. Martha Willinger wurde Beamtin bei der Niederösterreichischen Landesregierung (Fachoberinspektor in diversen Referaten, zuletzt in der Niederösterreichischen Landesbibliothek). Sie arbeitete jahrelang bei der *Wiener Kinder-Kirchenzeitung* mit, u.a. als »Tante Martha«, hat zu mehreren Bänden der Reihe *Damit es nicht verlorengeht …* beigetragen und ist Autorin zahlreicher weiterer Bücher, z.B. von *Untern Nussbam tramt – Gedichte in niederösterreichischer Mundart.*

Ilse Wolfbeisser wurde 1929 in Wien als einziges Kind einer Klavierlehrerin und eines Bankbeamten geboren. Nach der Oberschule in Wien-Hietzing schloss sie eine zweijährige Handelsschule in Feldkirch ab, wohin sie Ende März 1945 mit ihrer Mutter geflüchtet war. 1951 heiratete sie, beendete ihre Arbeit als Schriftführerin am Landesgericht Feldkirch und zog mit ihrem Mann Sepp, einem gebürtigen Wiener, nach Tirol, wo sie zwischen 1952 und 1960 zwei Buben und zwei Mädchen bekam. Ab 1961 lebte die Familie wieder in Wien, 1971 setzte Ilse Wolfbeisser ihre berufliche Laufbahn fort, u.a. als kaufmännische Angestellte bei der Singer Sewing Machines GmbH, wo sie auch ihr Know-how als passionierte Schneiderin einbringen konnte. 1998 starb Gatte Sepp, 2009 die älteste Tochter. Stand Februar 2018 ist sie stolze Großmutter von sechs Enkelkindern und fünf Urenkeln. Ihre Hobbys sind neben dem Schreiben Lesen und Reisen, zudem transkribiert sie ehrenamtlich für Museen. Ein Abriss ihrer Lebenserinnerungen ist in dem Sammelband *Kinder – Küche – Karriere, Damit es nicht verlorengeht …*, Bd. 67, nachzulesen.

Silvia Zenta, Jahrgang 1949, wuchs als »Eisenbahnerkind in dritter Generation« in der Obersteiermark auf. Sie studierte Kommunikationswissenschaft, Publizistik und Kunstgeschichte an der Universität Wien und arbeitete in Werbe- und Public-Relations-Agenturen. Nach ihrer Heirat 1972 zog Dr. Silvia Zenta drei Kinder auf und agierte als PR-Beraterin, Redakteurin, Verlagsautorin, Natur-/Kulturvermittlerin. Sie gestaltete u.a. *Wir vom Jahrgang 1949* für Österreich und publizierte 2018 *Zuhören – Aufschreiben – Erzählen. Geschichten vom Leben. Porträts aus Großraming.* Ihre eigenen Kindheitserinnerungen aus den 1950er-Jahren sind unter dem Titel *Eine griechische Orange* erschienen.

* Pseudonym oder Mädchenname

Die meisten in diesem Band vertretenen Autorinnen und Autoren sind oder waren langjährige Mitglieder des Autorenkreises der *Dokumentation lebensgeschichtlicher Aufzeichnungen.* Beiträge von vielen der obengenannten Personen sind daher auch in früheren Sammelbänden der Buchreihe *Damit es nicht verlorengeht* … veröffentlicht, insbesondere in den direkt aus Schreibaufrufen hervorgegangenen Bänden

50: *Faszination des Fahrens. Unterwegs mit Fahrrad, Motorrad und Automobil,* herausgegeben von Kurt Bauer, 2003;

52: *Auf Ätherwellen. Persönliche Radiogeschichte(n),* herausgegeben von Helga Maria Wolf, 2004.

Verwendete Literatur (Auswahl)

Aleida Assmann, Der lange Schatten der Vergangenheit. Erinnerungskultur und Geschichtspolitik, München 2006.

Susanne Breuss, Franz X. Eder (Hg.), Konsumieren in Österreich – 19. und 20. Jahrhundert, Wien-Innsbruck-Bozen 2006.

Emil Brix, Ernst Bruckmüller, Hannes Stekl (Hg.), Memoria Austriae III. Unternehmer, Firmen, Produkte, Wien 2005.

Ernst Bruckmüller, Sozialstruktur und Sozialpolitik, in: Erika Weinzierl, Kurt Skalnik (Hg.), Österreich 1918–1938. Geschichte der Ersten Republik (Bd. 1), Graz-Wien-Köln 1983, 381–436.

Franz X. Eder, Peter Eigner, Andreas Resch, Andreas Weigl (Hg.), Wien im 20. Jahrhundert. Wirtschaft, Bevölkerung, Konsum, Innsbruck-Wien-München 2003.

Stefan Karner, Barbara Stelzl-Marx (Hg.), Die Rote Armee in Österreich. Sowjetische Besatzung 1945–1955, Graz-Wien-München 2005.

Benedikt Kautsky, Die Haushaltsstatistik der Wiener Arbeiterkammer 1925–1934 (Supplement der International Review for Social History), Leiden 1937.

Wolfgang König, Kleine Geschichte der Konsumgesellschaft. Konsum als Lebensform der Moderne, Stuttgart 2008.

Philipp Kratz, Sparen für das kleine Glück, in: Götz Aly (Hg.), Volkes Stimme. Skepsis und Führervertrauen im Nationalsozialismus (Die Zeit des Nationalsozialismus. Eine Buchreihe, hg. von Walter H. Pehle), Frankfurt a.M. 2006, 59–79.

Günter Müller, »Meine lieben Schriftensammler!« Über interaktive Sammelpraktiken der »Dokumentation lebensgeschichtlicher Aufzeichnungen« in Wien, in: Manfred Seifert, Sönke Friedreich (Hg.), Alltagsleben biografisch erfassen. Zur Konzeption lebensgeschichtlich orientierter Forschung, Dresden 2009.

Astrid Peterle/Jüdisches Museum Wien (Hg.), Kauft bei Juden! Geschichte einer Wiener Geschäftskultur, Wien 2017.

Stéphane Pincas, Marc Loiseau, Eine Geschichte der Werbung (Originalausgabe Paris 2006), Köln 2008.

Tanja Roos, Alle Jahre wieder? Weihnachtliche Konsumstrukturen im Wandel – ein Kölner Beispiel (Wissenschaftliche Beiträge aus dem Tectum Verlag. Reihe Geschichtswissenschaft, Bd. 21), Marburg 2013.

Roman Sandgruber, Der Strom der Zeit. Das Jahrhundert der Elektrizität, Linz 1992.

Roman Sandgruber, Franck in Linz. Geschichte eines Familienunternehmens, Linz 2014.

Roman Sandgruber, Ökonomie und Politik. Österreichische Wirtschaftsgeschichte vom Mittelalter bis zur Gegenwart (Österreichische Geschichte, hg. von Herwig Wolfram), Wien 1995.

Roberta Sassatelli, Consumer Culture. History, Theory and Politics, London 2007.

Tim Schanetzky, Wirtschaft und Konsum im Dritten Reich. ›Kanonen statt Butter‹ (Die Deutschen und der Nationalsozialismus, hg. von Norbert Frei), München 2015.

Barbara Stelzl-Marx, Erbsen für Wien. Zur sowjetischen Lebensmittelhilfe 1945, in: Stefan Karner, Gottfried Stangler (Hg.), »Österreich ist frei«. Der österreichische Staatsvertrag 1955. Beitragsband Schallaburg 2005, 54–57.

Dieter Stiefel, Die österreichischen Lebensversicherungen und die NS-Zeit. Wirtschaftliche Entwicklung. Politischer Einfluß. Jüdische Polizzen, Wien-Köln-Weimar 2001.

Technisches Museum Wien, Fahr!Rad – von der Draisine zur Hightech-Maschine (Ausstellungskatalog), Wien 2002.

Walter Ulreich, Das Steyr-Waffenrad, Gnas 1995.

Webseiten von Institutionen und Unternehmen

(zuletzt abgerufen: 19. März 2018)

ANNO, Online-Plattform der Österreichischen Nationalbibliothek für historische österreichische Zeitungen, Österreichische Nationalbibliothek, www.anno.onb.ac.at/

Österreichisches Biographisches Lexikon, www.biographien.ac.at/oebl/

Statistik Austria, www.statistik.at

Wienbibliothek im Rathaus, www.wienbibliothek.at

www.care.at

www.eisfabrik-wien.at/?section=historie

www.henkel.de/unternehmen/meilensteine-und-errungenschaften/geschichte

www.matador.at/Geschichte:_:16.html

www.meinlcoffee.com/at/geschichte/

www.muellerglas.at

www.nielsen.com/at

www.unilever.at/ueberuns/wer-wir-sind/unsere-geschichte/unilever-oesterreich/

www.weck.de/index.php/ueber-uns

Abbildungsnachweis

Der Verlag dankt den Inhabern der Rechte für die Genehmigung zum Abdruck der Bilder. Sollten darüber hinaus nachweisliche Rechtsansprüche bestehen, bitten wir um Mitteilung.

ANNO, Online-Plattform für historische österreichische Zeitungen der Österreichischen Nationalbibliothek
Abbildungen auf den Seiten
22, 23 (unten), 35, 44, 62, 65, 88, 99, 107, 118, 120 (oben und unten), 122, 124, 135.

Österreichische Nationalbibliothek, Bildarchiv und Grafiksammlung
Abbildungen auf den Seiten
21 (links oben), 25, 29, 100, 105 (oben und unten), 113, 149 (oben), 157, 159, 172, 174 (oben), 174 (unten; United States Information Service USIS), 175 (oben), 183 (unten), 207, 214 (oben und unten), 218, 223, 228 (unten; USIS), 236.

Sammlung Frauennachlässe am Institut für Geschichte der Universität Wien
Abbildungen auf den Seiten 97 (unten), 98, 121 (NL 182).

Wienbibliothek im Rathaus, Plakatsammlung
Abbildungen auf den Seiten
19 (oben), 23 (oben), 59, 72, 89, 101, 179, 199, 206, 209 (oben).

Bilder von Paul Holzapfel
Das kleine Beisl, 1990. Seite 206
Eisenwaren, 2003. Seite 237
Heizbetriebe, 1992. Seite 238
Kerzen, Seifen, Mäusetod, 2006. Seite 239

Fotos von Erzähler/innen
Günter Antony, 202
Ina Biechl, 229 (oben und unten)
Familie Doubek, 46
Helmut Drechsler, 227, 228 (oben)
Franz Halmer, 93
Luise Hanny, 190, 191
Wilhelmine Hinner, 186
Gertrud Jagob, 48
Hildegard Janderka, 175 (unten), 176
Josef Jedelsky, 146, 204, 232, 233, 234
Hans Kasper, 32
Adolf Katzenbeisser, 30
Gustav Lackinger, 38
Karl Lackner, 73, 86
Erika Neuberger, 43, 129
Otti Neumeier, 224
Familie Payr, 102
Judith Schachenhofer, 97 (oben), 110
Erika Schöffauer, 34, 154
Karl Schmutz, 69
Familie Steixner, 37
Martha Willinger, 125, 160
Ilse Wolfbeisser, 55, 87
Silvia Zenta, 183 (oben)

Die Fotos der Erzähler/innen sind mit wenigen Ausnahmen auch in der Fotosammlung der *Dokumentation lebensgeschichtlicher Aufzeichnungen* am *Institut für Wirtschafts- und Sozialgeschichte der Universität Wien* verfügbar.

Fotos aus Publikationen
Das Buch der Kochkunst. Offizielles Kochbuch des Verbandes der Köche Österreichs, Wien [o. J.; 1920er Jahre], 13, 263. Seiten 18, 78 (oben)

Stefan Karner, Gottfried Stangler (Hg.), »Österreich ist frei«. Der Österreichische Staatsvertrag 1955. Beitragsband Schallaburg 2005, 54. Seite 145

Peter Noever/MAK (Hg.), Joseph Binder. Wien – New York (MAK Studies 1), Wien 2001, 83, 95, 87, 82.Seiten 19 (oben), 40, 61, 208 (rechts)

Peter Noever/MAK (Hg.), Hans Neumann. Pionier der Werbeagenturen (MAK Studies 14), Wien 2009, 81. Seite 208 (links)

Stéphane Pincas, Marc Loiseau, Eine Geschichte der Werbung, Köln 2008 (Originalausgabe Paris 2006), 41. Seite 149 (unten)

Oliver Rathkolb, Theodor Venus, Ulrike Zimmerl (Hg.), Bank Austria Creditanstalt. 150 Jahre österreichische Bankengeschichte im Zentrum Europas, Wien 2005, 341. Seite 148

Roman Sandgruber, Franck in Linz. Geschichte eines Familienunternehmens, Linz 2014, 38, 45, 32. Seiten 21, 28

Technisches Museum Wien, Fahr!Rad – von der Draisine zur Hightech-Maschine (Ausstellungskatalog), Wien 2002, 135. Seite 26

Fotos von Unternehmen
BSH Hausgeräte Gesellschaft mbH, Wien. Seite 70
Josef Manner & Comp. AG, Wien. Seite 209
Miele Ges.m.b.H., Wals/Salzburg. Seite 178
Vereinigte Eisfabriken und Kühlhallen in Wien. Seiten 80, 84

Webseiten
CARE historisches Fotoalbum: Seite 147
https://www.flickr.com/photos/careoesterreich/sets/72157627988953276/
Creative Commons Attribution-Share. Seite 111
Alike 4.0 International Lizenz
Von Matchboxler - Eigenes Werk, CC BY-SA 4.0
https://commons.wikimedia.org/w/index.php?curid=54625704

»Damit es nicht verloren geht ...«

ist ein Leitmotiv vieler Menschen, die sich im fortgeschrittenen Alter verstärkt mit ihrer Lebensgeschichte beschäftigen und selbst Erlebtes in der einen oder anderen Form zu dokumentieren versuchen. Daran orientiert sich der Titel der Buchreihe, in der das vorliegende Werk als Sonderband erscheint. Die Reihe *Damit es nicht verlorengeht …* besteht seit 1983, wird vom Verein *Dokumentation lebensgeschichtlicher Aufzeichnungen* herausgegeben und umfasst derzeit 69 Sammelbände und Monografien.

Persönliche Erinnerungstexte bieten vielfältige Einblicke in vergangene Lebens-, Arbeits- und Beziehungsverhältnisse und können das Verständnis für historischen Wandel sowie für unterschiedliche Denkweisen und Traditionen erweitern. Über den privaten Familienkreis hinaus haben solche Lebensaufzeichnungen in den letzten Jahrzehnten in vielen gesellschaftlichen Bereichen als sozial-, kultur- und zeitgeschichtliche Dokumente Aufmerksamkeit gefunden.

Aus diesem Grund wurde am *Institut für Wirtschafts- und Sozialgeschichte der Universität Wien* die *Dokumentation lebensgeschichtlicher Aufzeichnungen* eingerichtet, ein Textarchiv, in dem schriftliche Lebensaufzeichnungen aller Art (Autobiografien, kürzere Erinnerungstexte, Tagebücher, Familiengeschichten, Chroniken usw.) gesammelt, wissenschaftlich genutzt und für fachlich Interessierte bereitgestellt werden.

Die Leserinnen und Leser sind eingeladen, Beiträge zu dieser Textsammlung zu leisten, indem sie eigene autobiografische Texte oder überlieferte Aufzeichnungen von Vorfahren zur Verfügung stellen bzw. uns auf entsprechende Materialien in Privatbesitz aufmerksam machen. Ebenso freuen wir uns über Kontakte zu schreibfreudigen Menschen, die sich durch das Motto der Buchreihe angesprochen fühlen.

Kontaktadresse:
Institut für Wirtschafts- und Sozialgeschichte, Universität Wien
Dokumentation lebensgeschichtlicher Aufzeichnungen
Universitätsring 1, 1010 Wien (z. H. Mag. Günter Müller)
Tel. +43 (0)1/4277-41306
E-Mail: lebensgeschichten@univie.ac.at
http://lebensgeschichten.univie.ac.at
http://www.MenschenschreibenGeschichte.at